CALMANN LÉVY, ÉDITEUR

———

ŒUVRES DU FEU DUC DE BROGLIE

———

ŒUVRES DU DUC DE BROGLIE

Format in-8

Format in-18

BOURLOTON. — Imprimeries réunies, F.

FRÉDÉRIC II

ET

LOUIS XV

II

FRÉDÉRIC II

ET

LOUIS XV

D'APRÈS DES DOCUMENTS NOUVEAUX

1742 — 1744

PAR

LE DUC DE BROGLIE

DE L'ACADÉMIE FRANÇAISE

II

NOUVELLE ÉDITION

PARIS

CALMANN LÉVY, ÉDITEUR

ANCIENNE MAISON MICHEL LÉVY FRÈRES

3, RUE AUBER, 3

—

1887

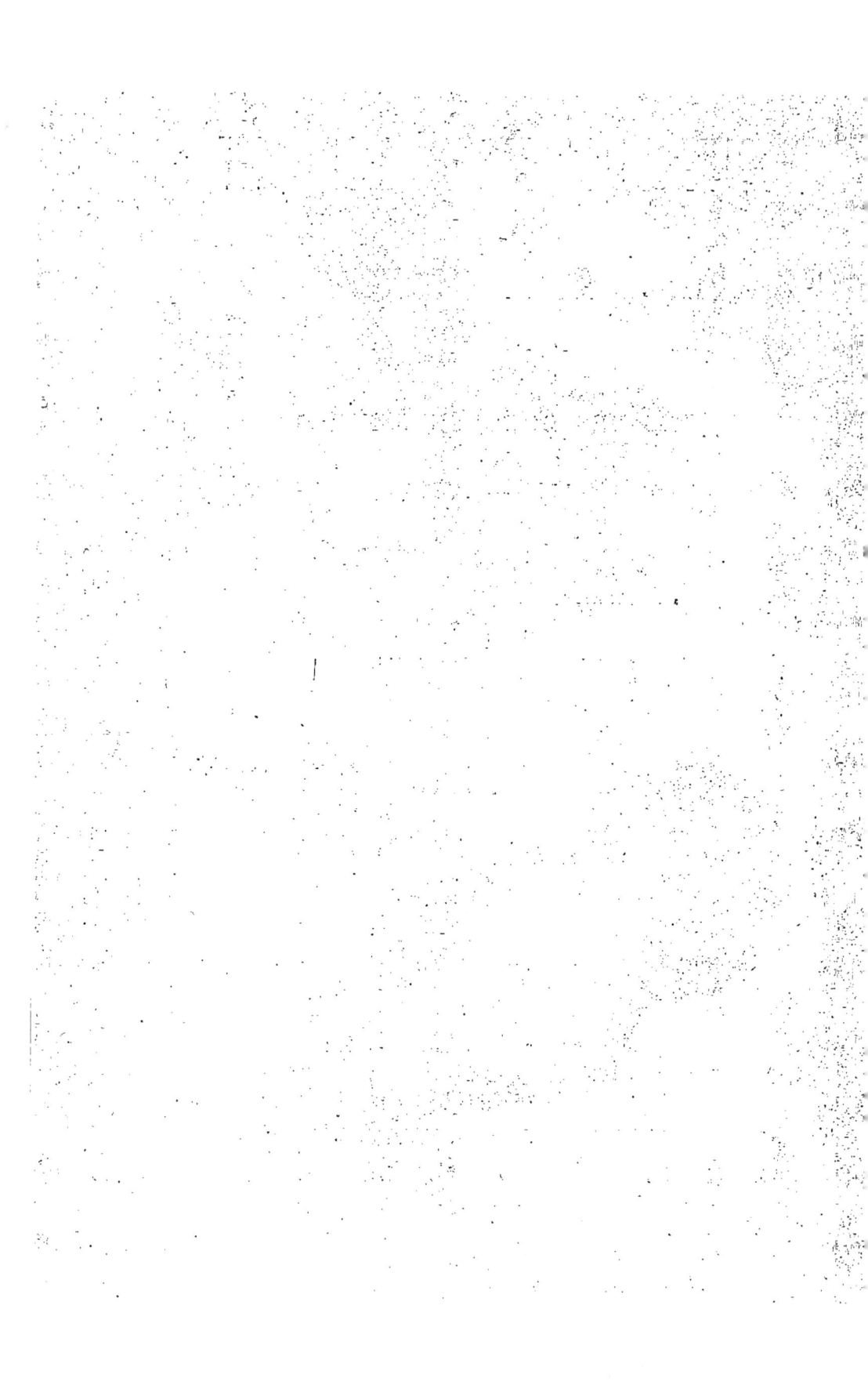

FRÉDÉRIC II ET LOUIS XV

CHAPITRE IV

MISSION DE VOLTAIRE A BERLIN

Suspension des opérations militaires après la bataille de
Dettingue. — Causes de ce temps d'arrêt. — Dissentiment
entre les alliés. — George II rentre à Worms et n'en sort
plus. — Pourparlers avec Charles VII. — Négociations de
la France et de l'Angleterre avec le roi de Sardaigne. —
La Sardaigne se déclare pour les alliés. — Traité de
Worms. — Attitude indécise et mystérieuse de Frédéric II.
— Voltaire est envoyé en mission secrète auprès de lui.
— Circonstances qui précèdent et déterminent cette
mission. — Échec de Voltaire à l'Académie française. —
Son irritation contre la cour. — On lui conseille de quitter
la France et de se rendre à Berlin. — Richelieu imagine
de profiter de cette disgrâce apparente pour faire sonder par
Voltaire les intentions de Frédéric. — Cette idée est agréée
par Louis XV et une partie du ministère et Voltaire s'y
prête. — Précautions prises pour dissimuler le but de son
voyage. — Il se rend d'abord à la Haye, chez le ministre
de Prusse dans cette ville. — Ses rapports avec le parti

opposé à la France. — Embarras que sa présence cause
au marquis de Fénelon, ambasadeur de France. — Son
départ pour Berlin. — Artifice employé par Frédéric pour
découvrir le véritable caractère de sa mission. — Accueil
qu'il lui fait. — Voyage de Frédéric à Baireuth. — Voltaire
l'y accompagne, sans avoir été prié de le faire. — Réception
empressée qui lui est faite par la marquise de Baireuth,
sœur de Frédéric. — Frédéric ne laisse rien découvrir de
ses desseins. — Retour à Berlin. — Voltaire part sans
avoir obtenu aucune confidence et sans être chargé
d'aucune communication pour le gouvernement français.
— Frédéric mande Valori pour entrer en négociations
avec lui.

I

La bataille de Dettingue et l'évacuation de la
Bavière avaient eu lieu presque simultanément
dans les derniers jours du mois de juin, au
début de la saison d'été, la seule qui, dans les
habitudes militaires encore subsistantes, pût
être utilement consacrée aux opérations de
guerre. Les alliés avaient ainsi devant eux le
temps nécessaire pour tirer profit de leur double
victoire, et tout les invitait à se mettre à l'œuvre
pour le bien employer. Deux grandes armées,
l'une manœuvrant sur le Rhin, — celle que

commandait le roi d'Angleterre ; — l'autre, celle qui, sous les ordres du prince Charles de Lorraine, traversait à grandes marches et sans obstacle la Bavière, pouvaient soit en se réunissant, soit en concertant leurs mouvements pour entrer en France, le même jour, par deux points différents, porter sur notre territoire la plus redoutable des attaques.

Effectivement on put d'abord croire que nos ennemis sentaient leur force et ne tarderaient pas à en faire usage. Lord Stairs répétait tout haut aux envoyés des petits souverains d'Allemagne, qui venaient apporter leurs hommages au camp anglais, que son maître allait fondre sur la France comme un foudre de guerre. Tel était aussi le langage du Hongrois Mentzel, qui commandait l'avant-garde du prince Charles, composée presque exclusivement de Hongrois et de Pandours, dont l'aspect farouche terrifiait les populations. Ce chef de bandes, qui ressemblait plus à un brigand qu'à un soldat, vociférait dans des ordres du jour incendiaires que l'Alsace et la Lorraine étant les biens propres de sa maîtresse, quiconque, dans ces deux pro-

vinces, ne ferait pas de bonne grâce sa soumission serait livré au feu et au pillage. C'est pour
répondre à cette double menace que Noailles,
repassant le Rhin, vint se placer aux environs de
Landau, le long de la Queiche, prêt à faire tête
à l'armée anglaise si elle apparaissait sur la
frontière du Nord, tandis que le maréchal de
Coigny, placé sous ses ordres pour commander
l'armée qu'avait ramenée le maréchal de Broglie et aidé du comte de Saxe, restait en armes
entre Strasbourg et Colmar, surveillant tous les
mouvements du prince Charles.

A la surprise générale des spectateurs (sentiment que l'historien ne peut s'empêcher de
partager), tout cet éclat, un moment si bruyant,
s'apaisa subitement. Au lieu de marcher en
vainqueur sur la France, le roi George vint
s'enfermer dans Worms, d'où il ne bougea de
tout l'été; le prince Charles, à la vérité, fit son
apparition attendue sur les bords supérieurs du
Rhin et tenta à plusieurs reprises de franchir le
fleuve, mais avec tant d'hésitation et tant de
mollesse, que le maréchal de Coigny, tout vieux
et inerte qu'il était, n'eut besoin que de peu

d'efforts pour l'en empêcher. La plus heureuse
de ces tentatives ne réussit qu'à faire passer
dans l'île de Rheinau, au-dessus de Colmar, de
huit à dix mille hommes qui en furent débus-
qués peu de jours après, et on en était encore
là aux premiers jours d'octobre, quand des
pluies précoces fournirent au prince un prétexte
pour reprendre, avant le temps ordinaire, ses
quartiers d'hiver. Tout le résultat de la campagne se borna ainsi à la soumission des forts
d'Égra et d'Ingolstadt, les deux seuls points que
les Français occupassent encore en Allemagne
et qui, bien que très faiblement défendus, ne se
rendirent qu'à de bonnes conditions.

Cette inaction prolongée des Allemands prêta
à des commentaires de toute espèce dont, dans
le camp français, on ne se faisait pas faute de
se divertir. — « Le roi d'Angleterre, écrivait
Maurice de Saxe à son frère le roi de Pologne,
partit hier avant midi sans prendre congé de
moi. Quoique cela ne soit pas poli, j'en suis bien
aise, car il m'a causé quelque insomnie avec sa
grande vilaine armée. Dieu le conduise, lui
donne bon voyage et bon vent pour revoir

l'Angleterre ! Il est apparent que M. le prince
Charles s'en ira vers le lac de Constance. Il fera
bien ; car, sans cela, nous pourrions bien le ga-
loper, pour peu qu'il tardât à s'en aller. » Les
soldats ne plaisantaient pas de moins bon cœur
que le chef. Ainsi, on rapporte que les senti-
nelles qui montaient la garde la nuit sur les
bords du Rhin avaient fait de leur cri de veille
accoutumé un petit distique ainsi conçu :

> Prenez garde à vous !
> Le prince Charles est saoûl.

Et, dans les cabarets, on chantait à gorge
déployée :

> Charles dit avec audace,
> Guidé par le dieu du vin,
> Qu'il veut passer en Alsace,
> Pour y vendanger soudain.
> Ses projets sont inutiles,
> Nos bords sont trop difficiles,
> Il boira de l'eau du Rhin,
> Il boira, il boira,
> De l'eau du Rhin.

Il n'était pas surprenant que les soldats français, revenus sur le sol natal, eussent repris leur
entrain et leur gaieté ordinaires. Après un si long

séjour au milieu de populations hostiles, ils jouissaient de se retrouver entourés de compatriotes qu'animait comme eux la haine contre l'étranger, et des paysans de la généreuse province d'Alsace, qui les aidaient spontanément à défendre la frontière depuis Huningue jusqu'à Strasbourg. Leur joie était donc bien naturelle ; mais ce qui l'est moins, c'est que le prince Charles, averti de leurs plaisanteries, en fit faire ses plaintes au commandant français, et que les rapports étaient devenus si faciles entre généraux qui se faisaient si peu de mal, que Coigny promit d'y mettre ordre et tint parole [1].

Au demeurant, cette sorte de trève amicale succédant à une mêlée sanglante et à des menaces formidables, s'établit à peu près d'un commun accord, sur toute la ligne des deux armées. Si je ne craignais d'allonger ce récit par des digressions inutiles, j'en donnerais quelques preuves ; ce serait une occasion de faire comprendre aux lecteurs de nos jours (qui peut-être

1. Ces couplets et cette anecdote se trouvent dans une correspondance du temps, que son possesseur, M. de Trudert, a bien voulu mettre à ma disposition. — (*Maurice de Saxe*, par Vitzthum, p. 473.)

en seraient surpris) ce que pouvait être, dans le feu même de la guerre, la courtoisie des rapports mutuels entre des chefs d'armée, toujours pris alors, quelle que fût leur patrie, dans l'élite de la société polie.

Voici, par exemple, l'échange de correspondances que je rencontre exactement à cette date entre Noailles et Carteret; c'est Noailles qui commence, en priant le ministre anglais de s'acquitter de je ne sais quelle commission envers un prisonnier français : « Il y a longtemps, dit-il, si je ne me trompe, que j'ai eu l'honneur de voir Votre Excellence en France, et je ne me serais pas douté que notre correspondance dût commencer à l'armée. Je ne puis cependant pas dire que Votre Excellence ne me soit pas beaucoup plus connue par la réputation de son esprit et de ses talents qu'elle ne me l'est personnellement, avec cette différence que je souhaiterais, pour ma propre satisfaction et le plaisir que j'y trouverais, à connaître par moi-même ce que je ne connais encore que par les autres. Il faut espérer que des temps plus tranquilles m'en fourniront l'occasion. En attendant, monsieur, je vous prie de considérer que, lorsque j'aurai l'honneur de vous écrire, c'est un militaire qui le fait, qui ne connaît d'autre façon de traiter que celles qui sont conformes au métier, qui sont ouvertes, franches, généreuses; qui ne cherche point à surprendre et qui voudrait fort n'être pas surpris; de qui vous n'aurez jamais de mauvaises difficultés à essuyer et qui se flatte de trouver-en vous la réciproque. ».

Carteret répond : « C'est par milord Stairs, je crois, que j'ai eu l'honneur d'être introduit chez Votre Excellence à Paris, je ne dirai pas il y a combien d'années. Votre Excellence était alors à la tête du ministère et moi trop jeune et trop *inconsidérable* pour prétendre à son souvenir. Mais je ne pourrais oublier le gracieux accueil que vous avez bien voulu me faire dans le haut rang où vous vous trouviez déjà; c'est par un pur hasard et un jeu de fortune que je me trouve, à l'heure qu'il est, engagé avec Votre Excellence dans une correspondance purement militaire... Tout ce que vous voudrez bien m'adresser sera immédiatement mis devant le roi et je vous ferai parvenir la réponse dès que je serai autorisé à le faire. Votre Excellence reconnaîtra toujours en moi une manière ouverte, franche, exempte de tous préjugés nationaux, au-dessus de la moindre démarche contraire à la bonne foi, à la candeur dont j'ai toujours usé envers amis et ennemis... Je supplie Votre Excellence de croire que ce sont mes véritables sentiments et que je serai toujours avec une très grande vénération... »

Qu'on me laisse citer encore (et ce sera tout) quelques phrases du même maréchal de Noailles adressées à un autre général autrichien, Khevenhüller, à propos du sujet plus délicat des violences exercées par le Hongrois Mentzel : « ... S'il est survenu entre nous quelques difficultés, lui dit-il, c'est qu'on a cru, de ce côté, avoir à se plaindre de la manière dont font la guerre quelques-unes de vos troupes, qui ont des noms connus en Europe et qui véritablement ne sont point, de toutes les nations de cette partie du monde, celles qui se piquent le plus de faire la guerre avec noblesse et générosité. Je ne parlerai pas, par exemple, à Votre Excellence de l'indécence des écrits qui ont été répandus

par le colonel Mentzel et qui étaient plutôt
dans le style d'un incendiaire que dans celui
d'un homme de guerre. Je pense et je suis persuadé que Votre Excellence est du sentiment
qu'il convient toujours mieux à tous égards,
avec tout le monde, de faire la guerre noblement
et généreusement. Je suis aussi persuadé que,
dans toutes les affaires de votre compétence et
de la mienne, nous rechercherons de part et
d'autre, avec la même vérité et la même droiture, à éloigner toutes les difficultés... J'adresse
ceci au gouvernement de Fribourg pour vous le
faire tenir dans la région que vous habiterez ;
car, quoique assez curieux sur les choses qui
peuvent avoir rapport à la sphère où je me
trouve, je ne dépense rien en espions pour les
choses qui n'en sont pas, et je n'ai actuellement
d'autre intérêt de savoir où est Votre Excellence
que celui que je prendrai toujours à la conservation d'une personne que j'honore, que j'estime
et que je respecte, et j'en dirais davantage dans
des circonstances plus tranquilles[1]. »

1. Noailles à Carteret. — Carteret à Noailles, 9 et 10 septembre.
— Noailles à Khevenhüller, 28 octobre 1742. (*Correspondance*

Quelle que pût être cependant la courtoisie
de ces procédés réciproques, comme ces gens de
si bonne compagnie n'en avaient pas moins
montré qu'ils étaient capables de s'aborder
moins poliment sur les champs de bataille, ce
ne pouvait être là la cause qui refroidit subitement leur humeur belliqueuse. Les raisons de
ce changement d'attitude sont nombreuses, et,
au fond, ce sont celles-là mêmes qui paralysent
habituellement l'action de toutes les coalitions,
celles dont l'alliance franco-prussienne avait eu
à souffrir et dont les Anglo-Autrichiens subis-
saient à leur tour la fâcheuse influence.

C'était, en premier lieu, comme toujours, la
différence des tempéraments et les rivalités d'intérêts des généraux. Pour commencer, le roi
George, tout étonné de se trouver un héros
(bonne fortune à laquelle il ne s'était jamais
attendu), mais encore très ému des périls per-
sonnels qu'il avait courus, n'était nullement

d'Allemagne. Lettres de divers généraux étrangers.) Ministère des affaires étrangères.) — Voltaire a été frappé de ces
rapports courtois établis entre les généraux ennemis à
cette époque, et en fait l'objet d'une remarque dans le
Siècle de Louis XV.

pressé de s'aventurer une seconde fois dans ce
jeu où il avait vu serrer de si près sa personne royale. Il repoussa presque sans le dis-
cuter le plan de marche immédiate et de vive
agression que Stairs lui soumit dès le lendemain de Dettingue. Stairs, dont le caractère
était très irritable et qui se savait, d'ailleurs, mal
vu dans l'entourage du roi, ne put cacher son
mécontentement. De vives altercations s'ensui-
virent entre lui et les courtisans, qu'il accusait
de lâcheté, et, pendant plusieurs jours, le camp
anglais offrit, dit un témoin oculaire, l'aspect
d'une république où personne n'obéissait et où
chacun disait tout haut son sentiment. Enfin
Stairs, dans un dernier mouvement de colère,
offrit une démission que ses ennemis (Carteret
était du nombre) furent très empressés d'accepter.

La timidité n'était pas, d'ailleurs, le seul défaut de George ; il y joignait aussi l'avarice,
défaut encore accru chez lui par la jalousie avec
laquelle le parlement surveillait l'emploi des
subsides accordés aux armées continentales.
Quand les princes allemands qui venaient lui

rendre hommage parlèrent des dégâts que leur
avaient causés les réquisitions supportées par
leurs sujets et murmurèrent quelques mots de
dédommagement, le roi leur coupa la parole en
leur disant que c'était le moins qu'ils pussent
faire que de défrayer de tout leur libérateur, et
qu'il verrait à les indemniser en raison de la
conduite qu'ils tiendraient à son égard. Après
cette déclaration, personne ne se soucia plus de
faire un pas en avant [1].

Chose singulière, celui de tous qui le pressa
le moins d'agir, ce fut le prince Charles, ou du
moins son envoyé, le général Brown, qui était
venu de sa part au quartier général anglais
pour arrêter le plan de la campagne d'été. Le
prince sentait que, s'il liait trop étroitement sa
partie avec l'armée anglaise, ce serait George
qui, en vertu de sa qualité royale, devrait prendre le commandement suprême, et il n'avait
nul goût à se mettre sous les ordres d'un chef
dont les talents, pas plus que le courage, ne
lui inspiraient la moindre confiance. Il fut servi

1. Frédéric, *Histoire de mon temps*, chap. VIII.

à souhait par la démission de Stairs ; mais alors, se trouvant isolé, il craignit d'avoir sur les bras les deux armées de Noailles et de Coigny réunies, et n'opéra qu'avec des précautions qui expliquent comment son action fut si peu efficace [1].

La démission de Stairs eut encore pour conséquence de laisser le ministre Carteret maître dans le conseil du roi d'Angleterre, et, avec lui, le goût des solutions diplomatiques reprit le dessus sur le parti des coups de force et de la politique à outrance. Ce fut ce que l'un des généraux autrichiens appelait une *manière philosophe* de faire la guerre qui ne servirait qu'à rendre la campagne infructueuse. En conséquence, deux négociations furent immédiatement rouvertes, l'une et l'autre très épineuses et dont les lenteurs servirent de raison ou de

---

1. D'Arneth, t. II, p. 264, 267. — On dit que Stairs, dans sa dernière discussion avec Carteret en présence du roi, s'écria : « Je me casserai plutôt la tête d'un coup de pistolet que d'attendre ici les Autrichiens... Puisqu'on prend les résolutions sans moi, on pourra aussi livrer bataille sans moi. » (*Nouvelles à la main,* dans les papiers de Condé au ministère de la guerre.)

prétexte pour motiver le retard des opérations
militaires. Ce fut d'abord la reprise d'une tentative déjà tant de fois faite et souvent si près
d'aboutir, afin de décider l'empereur à une
volte-face qui, moyennant un salaire modeste,
l'aurait fait passer dans le camp de ses ennemis
de la veille. Il semblait que, dans l'état d'exaspération et de détresse auquel ce malheureux
prince était réduit, il ne devait pas être malaisé
de le déterminer à ce changement de front.
Rancune et misère, tout paraissait l'y porter, et
l'opération eût été facile, en effet, si seulement
Marie-Thérèse eût maintenu les conditions déjà
si sévères qu'elle exigeait avant la victoire, ou si
le cabinet anglais l'eût obligée à s'en contenter.
Mais le succès enivrait tout le monde, et l'Angleterre, hier encore si accommodante, devenait
après son triomphe presque plus exigeante que
son alliée. Ce n'était pas, à la vérité, la faute
personnelle de George, qui, ne connaissant pas
d'intérêt plus cher ni plus pressant que de pacifier l'Allemagne pour protéger le Hanovre, se
montrait toujours assez traitable; mais il avait
affaire, chez lui, à un parlement ombrageux et

sur ses gardes, qui, se méfiant justement de
cette faiblesse, ne voulait pas que le sang anglais eût coulé à Dettingue uniquement pour
sauver les possessions particulières de la maison
de Brunswick. Vienne et Londres se mirent
ainsi d'accord pour offrir ou plutôt pour imposer à Charles VII des conditions telles qu'une
abdication immédiate eût été cent fois préférable : on ne lui promettait, en effet, de lui
rendre son patrimoine électoral qu'à la condition de laisser aux Autrichiens toutes les places
fortes en otage jusqu'à ce qu'une diète solennelle, convoquée par lui-même, eût déclaré,
sur sa demande, la guerre à la France au nom
de l'empire, et assuré la succession impériale
à l'époux de Marie-Thérèse.

Sous cette effroyable pression, Charles se
débattait, comme un condamné subissant la
question ordinaire et extraordinaire. Il eût
peut-être sacrifié soit l'honneur, soit l'intérêt;
mais tous deux ensemble, en vérité, c'était
trop : «Ce ne sont pas les renonciations qu'on
me demande, disait-il au ministre de France,
qui m'arrêtent. Je n'ai plus rien à perdre. J'ai

même, ajoutait-il, consulté, sur ce point, mon directeur de conscience, qui est théologien, et il m'a dit que, la violence étant avérée, je pouvais me résigner à tout ; mais (mettant la main sur son cœur) c'est ceci qui me retient : je suis le parent et l'allié du roi, et je ne puis digérer certaines conditions. Et cependant, ajoutait-il, comment faire quand on y est réduit en même temps par l'ennemi et par l'ami? »

Averti de ce scrupule, Noailles ne manquait aucune occasion de lui en faire, au nom de Louis XV, de chaleureux compliments en y joignant, sous forme de quelques millions de subsides, des moyens plus substantiels pour l'engager à y persévérer : car, depuis qu'il s'était approché de l'Allemagne, Noailles comprenait mieux que l'on ne faisait peut-être à Paris l'intérêt de conserver ce fantôme d'empereur « comme une idole, disait-il, à présenter à l'empire afin de l'empêcher de se livrer aveuglément aux vues des Anglais et des Autrichiens »[1].

Mais, parallèlement à cette négociation, une

1. *Correspondance de Bavière*, juillet et août, *passim*. — Blondel à Amelot, 7 août 1743. — Lautrec à Amelot, 11 août

autre était poursuivie qui tenait bien plus au
cœur du cabinet anglais et dont il faisait, en
réalité, dépendre la continuation de son intervention en faveur de Marie-Thérèse : celle-là
avait pour but de convertir en une alliance définitive la transaction précaire et bizarre qui
réunissait sous un même drapeau, en Italie,
l'armée autrichienne et l'armée du roi de Sardaigne. J'ai dit en quoi consistait cet arrange-
ment peut-être sans exemple dans les annales
diplomatiques. Sans renoncer à ses prétentions
personnelles sur la Lombardie, Charles-Emmanuel avait consenti à en ajourner la discussion
et à unir, en attendant, ses forces à celles de
Marie-Thérèse pour éloigner un ennemi commun (l'infant d'Espagne don Philippe), représentant de la puissance et de l'ambition de la
maison de Bourbon en Italie. Leurs armées, réu-

1743. — Chambrier au roi de Prusse, 23 août 1743. (Ministère des affaires étrangères. — Rousset, t. I. Introduction,
p. LXXVI.) — *Journal de Charles VII*, p. 96-98. C'est Charles VII
qui, dans ce journal, mentionne la consultation théologique
de son directeur ; il ajoute que Noailles lui dit à plusieurs
reprises : « Faites votre paix comme vous pourrez, pourvu
que vous ne soyez pas de nos ennemis. C'est tout ce que
nous vous demandons. »

nies avaient été heureuses ; car, à la suite d'une
bataille livrée en avant de Bologne, à Campo-
Santo, le général espagnol Gagès avait été forcé
de se retirer au delà de Rimini. Le Milanais
était délivré : c'était ce résultat qu'il s'agissait
de confirmer et d'étendre en convertissant une
coalition temporaire et purement défensive en
une amitié solide fondée sur des concessions
réciproques.

·Mais c'était là justement le pas que Charles-
Emmanuel hésitait à franchir, ou, du moins,
qu'il ne voulait faire qu'à bon escient, et en
calculant, jusqu'aux moindres sou et denier, ce
qu'il aurait à y gagner. A vrai dire, s'il avait
voulu se décider et si ses troupes avaient tiré
parti de leur victoire, la retraite des Espagnols
eût été changée aisément en une déroute ; mais
il n'avait eu garde de pousser ce succès assez
loin pour que Marie-Thérèse, n'ayant plus rien
à craindre, n'eût plus besoin de le ménager, ou
pour que les Espagnols, n'ayant plus rien à
espérer, n'eussent plus d'intérêt à lui rien offrir.
Écraser un des deux adversaires eût été le moyen
de ne plus rien obtenir d'aucun des deux. Rien

ne lui convenait mieux, au contraire, que sa situation d'allié conditionnel et provisoire de l'Autriche. Il y trouvait l'avantage de faire manœuvrer librement des soldats sur les deux rives du Pô : puis, une fois le Milanais évacué, et sa parole ainsi dégagée, il pouvait, sans manquer à la foi jurée, ouvrir de nouveau l'oreille aux propositions qui ne pouvaient manquer de lui venir du côté des Pyrénées et des Alpes. Tenir la balance entre les parties adverses qui se disputent la prépondérance, soit en Italie, soit en Europe, et passer incessamment de l'une à l'autre, c'était et c'est même resté jusqu'à nos jours la tradition héréditaire de la maison de Savoie ; mais, cette fois, on avait perfectionné la vieille pratique, et c'était une trouvaille, en vérité, que de pouvoir jouer le double jeu à ciel ouvert sans même être accusé de duplicité. Aussi rien n'a jamais autant ressemblé à un bureau de commissaire-priseur mettant une propriété aux enchères que le palais de Charles-Emmanuel pendant cet été de 1743, et surtout le cabinet de son ministre, le rusé Savoyard marquis d'Orméa.

A peine, en effet, l'échec de Campo-Santo eut-il appris aux Espagnols qu'ils étaient hors d'état de faire leurs affaires à eux seuls dans la Haute-Italie, que le cabinet français, qui n'avait jamais renoncé qu'à regret à l'alliance savoyarde, persuada à celui de Madrid de rentrer en pourparlers à Turin. Il s'agissait de savoir si la crainte d'avoir trop avancé le succès d'une des parties ne rendrait pas Emmanuel disposé à rétablir l'équilibre en se portant du côté de l'autre. Ce n'eût pas été le compte de l'Angleterre, beaucoup plus soucieuse au fond (je l'ai déjà dit) de poursuivre la maison de Bourbon en Italie qu'en Allemagne, et sur la Méditerranée que sur le Rhin.

De là deux ordres de propositions : les unes portées par les agents français, les autres émanées des agents anglais et dans lesquelles les provinces lombardes, objet de la convoitise héréditaire de la maison de Sardaigne, étaient, en quelque sorte, découpées en des sens différents, suivant l'intérêt de chacun des postulants qui, les uns et les autres, rivalisaient ainsi auprès d'Emmanuel d'avances et de séductions.

La France, au nom de l'Espagne, traçait une ligne de démarcation dans le sens de la longueur, abandonnant à la Sardaigne la rive gauche du Pô jusqu'à Mantoue, c'est-à-dire, en réalité, le Milanais tout entier, à condition que sur la rive droite les duchés de Parme et de Plaisance, et la Toscane même au besoin, deviendraient l'apanage de l'infant don Philippe. L'Angleterre, au contraire, au nom de l'Autriche, ne détachait en faveur de Charles-Emmanuel qu'une ligne très étroite du Milanais et de la rivière de Gênes, mais lui livrait toutes les provinces centrales de l'Italie, à charge d'en exclure absolument les Espagnols.

D'Orméa recevait publiquement ces offres diverses, en pesait les inconvénients et les avantages et les discutait même sur la carte et sans aucun mystère avec chacun des prétendants. Ceux-ci répondaient en vantant leur marchandise aux dépens de celle de leur concurrent. — « Pourquoi donc, lui disait un jour, par exemple, l'ambassadeur de France, le marquis de Senneterre, préférez-vous une petite partie du Milanais acquise par le moyen de l'Angle-

terre au Milanais tout entier par le moyen de la
France? — En voici la raison, répondit d'Orméa :
nous croyons que cette partie vaut mieux sans
un prince de Bourbon en Italie que la totalité
avec l'infant à nos côtés ; l'infant a des parents
trop puissants. — Mais, au moins, reprit l'ambassadeur, vous n'avez pas, comme on le dit,
accepté de l'argent des Anglais? — Pardonnez-
moi, répliqua le ministre avec un sang-froid imperturbable : deux cent mille livres, mais sans
aucun engagement de notre part. » Et, tirant
son carnet de sa poche, il lui laissa lire cette
note : « Deux cent mille livres envoyées par
l'Angleterre, qui ne seront pas restituées si la
Sardaigne s'engage envers la reine de Hongrie, mais le seront dans le cas contraire. »
D'autres fois, par bravade ou par calcul, il se
plaisait à exprimer tout haut ses hésitations.
Ainsi Senneterre lui ayant remis une lettre du
ministre Amelot, qui détaillait tous les avantages des propositions françaises, il la lut, la
commenta paragraphe par paragraphe ; puis il
se leva, et, malgré sa sciatique (cette sciatique
lui servait souvent à éviter les visites impor-

tunes), il se promena dans son cabinet en parlant tour à tour français et piémontais, tantôt haut, tantôt bas, « de façon, dit Senneterre, que je ne pouvais rien comprendre ». — « Eh bien, lui dis-je, quelle réponse voulez-vous que je fasse au roi? — Vous m'y voyez rêver... je ne vous dissimule pas mon embarras... Je ne veux fermer la porte ni à Vienne ni à Madrid... Tenez, je ne vous engage pas à venir souvent chez moi, parce que les ministres de Vienne et de Londres ne manqueraient pas d'envoyer des courriers à leur cour pour les presser d'en finir et si je veux avoir de meilleures conditions d'eux, je n'ai qu'à vous revoir deux fois de suite[1]. »

Mais ce qui n'est pas moins curieux que ce marchandage diplomatique fait ainsi en public, c'est que, tandis que les ministres de France et d'Angleterre s'escrimaient à l'envi à Turin, le texte des propositions qu'ils voulaient faire admettre n'était complètement accepté ni à Vienne ni à Madrid : ni la France n'avait plein

---

1. Senneterre à Amelot, 23 mars 1743. (*Correspondance de Turin.* — Ministère des affaires étrangères.)

pouvoir de Philippe pour traiter en son nom, ni
le cabinet anglais n'était autorisé à se porter
fort pour Marie-Thérèse. Chacun des augustes
clients murmurait, grondait, protestait contre
toutes les concessions que son avocat voulait
faire en son nom; et, des deux parts (coïncidence
encore plus étrange), ces protestations avaient
le caractère passionné et peu réfléchi de la colère féminine. La partie carrée était ainsi complète : à Madrid, c'était Élisabeth Farnèse, qui,
à chaque lambeau qu'on lui demandait de céder
des possessions qu'elle convoitait pour son fils
bien-aimé, s'écriait qu'elle était trahie, abandonnée, sacrifiée par Louis XV, qui, d'ailleurs,
disait-elle, avait toujours détesté son oncle ;
à Vienne, c'était Marie-Thérèse, plus obstinée
que jamais à ne pas lâcher un pouce de plus de
son patrimoine que le traité de Breslau ne lui
en avait enlevé. L'irritation des deux parts,
presque égale en violence, se ressentait pourtant de la différence de caractère des deux princesses. Chez Élisabeth, c'était un emportement
dont l'expression était souvent vulgaire, parce
que le mobile n'était que l'ambition de s'appro-

prier le bien d'autrui et n'avait en soi rien de noble ni d'élevé; chez Marie-Thérèse, c'était toujours la confiance hautaine du droit qui se défend. C'étaient des éclats d'éloquence, parfois mêlés de gémissements, de larmes, en un mot, cette attitude de victime dont elle avait gardé l'habitude depuis ses premières épreuves et qui n'était plus justifiée depuis que la victoire lui avait fait changer de rôle. Telle était pourtant la ressemblance des situations, qu'elle triomphait à certains moments de la diversité des natures et que souvent les mêmes arguments se retrouvaient sur les lèvres des deux reines. « Si on m'abandonne, s'écriait Élisabeth, nous irons traiter avec l'Angleterre; après tout, le roi d'Espagne est libre de traiter avec qui il veut. » — « J'aimerais mieux traiter avec la France, disait Marie-Thérèse à Robinson, qui la pressait trop vivement de consentir à la cession de Parme et de Plaisance; — elle ne me demanderait rien et m'aiderait peut-être à recouvrer ce que j'ai perdu. » — A cette résistance prolongée et qui semblait inflexible, l'Angleterre n'avait qu'un moyen à opposer, c'était de retarder ou de

ralentir son action en Allemagne tant qu'elle
n'aurait pas obtenu ce qu'elle demandait en
Italie, et ce calcul, très visible dans toutes les
dépêches anglaises de cette époque, explique
mieux que toute autre cause la stagnation
étrange des opérations militaires pendant toute
une saison[1].

Dans le cours de ces transactions si nombreuses, qui se croisèrent ainsi en tous sens pendant cet été de 1743, on s'étonnera sans doute de
ne plus voir reparaître le nom de Frédéric. Avait-il
donc cessé de se regarder lui-même et d'être, au
fond, regardé partout le monde comme l'arbitre
véritable de la situation? Cessait-on, à Londres
comme à Paris, d'appeler son intervention? En
aucune manière; sa pensée était toujours présente à tous les esprits et tous les regards
étaient encore tournés vers lui avec un mélange
de crainte et d'espérance. Seulement, une telle

---

1. *Correspondance d'Espagne*, 1743, *passim*. (Ministère des
affaires étrangères.) — D'Arneth, t. II, p.286, 288. — *Correspondance de Vienne*, juillet, août 1743, *passim*. (Record Office.)
— Presque toutes les dépêches de cette date sont relatives
aux affaires d'Italie et font connaître les efforts réitérés et
longtemps impuissants des Anglais pour obtenir des concessions de Marie-Thérèse.

incertitude planait sur ses véritables sentiments, de telles contradictions régnaient dans
ses discours et sa parole inspirait si peu de
confiance, que personne n'osait plus l'inter-
roger. Jamais même cette incohérence de langage, suite de la perplexité de son esprit, n'avait
plus étonné ses auditeurs et rendu la conversation avec lui plus difficile que depuis qu'il avait
appris l'issue douteuse de la journée de Dettingue, si tristement commentée par la retraite
de l'armée de Bavière. Ce résultat, contraire à
toutes ses prévisions, paraissait le jeter dans un
véritable égarement. Au premier moment, ce
n'étaient dans sa bouche qu'invectives et épigrammes contre les généraux français : « Ne
me parlez plus des Français, s'écriait-il, je ne
veux plus entendre nommer leur nom ; je ne
veux plus qu'on me parle de leurs troupes et de
leurs généraux. Voyez où j'en serais si je m'étais
embarqué avec ces gens-là. On sera habile si
on m'y rattrape ! » Mais, peu de jours après,
craignant évidemment de faire lui-même la
partie trop belle à la reine de Hongrie et à ses
alliés : « Voilà bien du bruit pour peu de chose,

reprenait-il, et bien des gens tués inutilement.
Cette victoire tant criée du roi d'Angleterre se
réduit au seul champ de bataille qu'il a maintenu,
et perte égale des deux côtés. » Puis venaient
des plaisanteries impitoyables sur l'attitude
gauche et la bravoure douteuse du roi George,
et l'indiscipline des troupes anglaises : « Vos
gens vont mourir de faim, disait-il à Hyndford;
ils ne vivent que de pillage. » Et, comme l'envoyé
anglais assurait que le roi d'Angleterre avait
déjà ramené son armée sur les bords du Rhin,
où elle ne manquait de rien : « M. de Mayence,
dit-il, sera un habile homme s'il peut avoir des
tables servies pour tant de convives; mais la
nappe pourra lui coûter cher. » — « Et, au même
moment, ajoute Hyndford, il se tourna du côté
de M. de Valori et lui dit cent impertinences
sur le maréchal de Broglie, puis se retira dans
une chambre voisine avec cet ambassadeur, qui
lui remit un papier dont, autant que j'ai pu le
voir de la chambre où j'étais resté, il n'eut pas
l'air d'être mécontent. » Enfin, un peu plus tard,
nouveau changement d'attitude. « Je ne suis
pour rien dans tout ceci, disait-il à un ministre

étranger, j'aime à voir ces gens-là se battre, et il m'est bien égal qui l'emporte. »

A travers ces hésitations qui, réelles ou calculées, n'en avaient pas moins l'effet de dépister tout effort fait pour pénétrer ses desseins, une seule chose était certaine, c'est qu'il remettait ostensiblement son armée sur le pied de guerre et réparait toutes ses forteresses, tant sur les frontières de Bohême que dans le voisinage du Rhin, de manière à les préserver de toute surprise. Évidemment il voyait le moment venir où il devait reparaître sur la scène, s'il ne voulait pas que le drame se dénouât sans son concours. Mais quel rôle prendrait-il, et à quelle heure? Se remettrait-il avec les vaincus pour les aider à se relever, ou avec les vainqueurs pour partager le butin? C'est ce qu'il ne savait pas encore lui-même ou ne voulait pas laisser savoir. En attendant, Valori et Hyndford, aussi las que dégoûtés d'être si souvent trompés et de ne recevoir que des rebuffades, ne faisaient plus que se communiquer mutuellement leurs répugnances, et leurs dépêches, qu'on dirait copiées les unes sur les autres; envoyaient, à Versailles

comme à Londres, ce refrain uniforme : « N'es-
pérez jamais rien obtenir de cet homme-ci, quoi
qu'il vous dise ; il n'agira que le jour où il saura
bien certainement de quel côté est la force ou
bien où il se sentira menacé dans son intérêt
personnel[1]. »

II

A défaut cependant des ministres ordinaires
de la diplomatie régulière, qui donnaient ainsi la
démission de leur métier, un ambassadeur vraiment extraordinaire se rencontra pour tenter
encore l'aventure. Celui-là ne fut autre que
Voltaire, qui, s'étant déjà employé une fois dans
une mission officieuse de ce genre, sans beaucoup de succès, n'aurait pas dû être bien tenté
de revenir à la charge. Comment il se laissa
engager de nouveau dans une seconde entre-

1. Valori à Amelot, 18 juin, 16 juillet 1743. (*Correspondance
de Prusse*. Ministère des affaires étrangères.) — Hyndford à
Carteret, 6, 16 juillet, 15 août 1743. (Record Office.) — Frédéric au comte de Rottenbourg, 3, 13 juillet 1743. (*Pol. Corr.*,
t. II, p. 381, 385.)

prise, qui ne devait pas mieux réussir que la première, et comment il s'en acquitta, c'est une histoire qui vaut la peine d'être contée avec quelque détail; car c'est peut-être l'un des plus curieux incidents de la vie de cet homme illustre aussi bien que de son royal ami.

Je n'ai pas besoin de rappeler au lecteur l'accueil si peu patriotique que le poète français avait fait à la paix perfide par laquelle Frédéric nous avait faussé compagnie au jour du malheur, la lettre de félicitation qu'il n'avait pas craint d'adresser à ce sujet à Berlin, puis la publicité inattendue que cette épître reçut, enfin l'indignation générale qui s'ensuivit. Pour préserver Voltaire de mesures de rigueur qui n'auraient été que trop bien méritées, il ne fallut pas moins, on l'a vu, que des désaveux répétés de sa part, auxquels le ministère voulut bien faire semblant d'ajouter foi[1]. Une telle conduite avait fait sans doute beaucoup de tort à sa réputation d'honnête homme et de bon citoyen; elle n'avait rien pu enlever pourtant ni à la

---

1. Voir *Frédéric II et Marie-Thérèse*, t. II, p. 322.

renommée du grand écrivain, ni à l'admiration
du public pour son génie. Bientôt même le désir
de ménager Frédéric devint si général parmi les
politiques, qu'il en rejaillit quelque chose sur
celui qui pouvait se vanter d'être son ami. Lui-
même alors, au lieu de continuer à se défendre
et à rougir d'une amitié qu'on n'osait plus lui
reprocher, trouva, au contraire, quelque avantage à l'étaler sans mystère et à s'en vanter en
toute occasion. C'était comme une haute protection qu'il invoquait pour se préserver des dangers que pouvaient lui faire courir l'audace
croissante et souvent l'inconvenance de ses
écrits. « Vous devriez avertir charitablement
Voltaire, disait (selon le récit d'un chroniqueur)
une dame de qualité à un homme de marque,
de ne pas parler si souvent du roi de Prusse
et des liens intimes qu'il a avec ce monarque. Malgré son crédit, il pourrait donner
de l'inquiétude au ministère; on a plus de prétextes qu'il n'en faut pour le chagriner, et il me
semble qu'il devrait être plus sage qu'un autre.
— Vous êtes dans l'erreur, madame, reprit
l'homme de marque. Voltaire sait qu'il ne tient

à rien ici, qu'il a le Parlement à dos, et profite
de la circonstance des affaires. On a besoin du
roi de Prusse et on n'a garde de le chagriner, et
de l'humeur singulière dont est ce prince, il se
formaliserait sûrement si on faisait un mauvais
parti à ce poète. Aussi Voltaire ne demande pas
mieux qu'on le croie bien avec ce prince, et je
suis persuadé qu'il ne néglige rien pour accréditer cette opinion. D'ailleurs, on peut se servir
de lui pour traiter avec le roi de Prusse. En voilà
plus qu'il n'en faut pour mettre cet homme à
l'abri des dangers que vous imaginiez qu'il
courait[1]. »

Fut-ce cette confiance dans l'appui d'une si
haute amitié qui suggéra à Voltaire une idée
assurément très singulière, celle de prétendre à
la succession du cardinal de Fleury pour le fau-
teuil que la mort de ce ministre laissait vacant à
l'Académie française? Que Voltaire, à près de
cinquante ans, après *OEdipe, Brutus, Zaïre,* et
tant d'autres triomphes, n'eût point encore fait
son entrée à l'Académie, c'est ce que notre

---

1. *Journal de police.*

génération aura peine à croire, et ce dont l'Académie n'a point à se vanter. « S'il n'en est pas, qui est-ce qui en est donc? » disait un petit souverain d'Allemagne, et chacun de nous est prêt à faire la même réflexion. Mais que, après avoir attendu si longtemps pour se mettre en avant (sans doute parce qu'il connaissait la nature des obstacles qu'il devait rencontrer), il ait choisi pour les braver le jour où il aurait à prendre la place d'un prince de l'Église, c'est de quoi il y a lieu aussi d'être surpris. L'éloge du cardinal de Fleury, au point de vue religieux, présentait déjà plus d'une difficulté; mais, dans la bouche de l'auteur des *Lettres philosophiques,* c'eût été une étrangeté touchant à l'inconvenance. Le roi, pourtant, dit-on, désirant entendre bien parler de son ancien maître, avait paru donner son agrément à une candidature si mal appropriée à la circonstance; mais il fut bientôt averti du scandale par les réclamations de tout le parti religieux, encore très puissant à la cour, et représenté à l'Académie même par l'archevêque de Sens, Languet, auteur d'une *Vie de Marie Alacoque,* et par le théatin Boyer, évêque démissionnaire de Mirepoix. Ce dernier venait, en outre, d'être chargé de présenter à la signature royale toutes les nominations aux dignités ecclésiastiques et, à ce titre, il se croyait investi d'un droit de contrôle à l'égard de toutes les fonctions qui pouvaient exercer une action sur l'état des mœurs et de l'esprit publics, et l'Académie, au premier chef, lui paraissait de ce nombre.

A la vérité, aux scrupules qu'on faisait naître dans la conscience du roi, Voltaire pouvait se flatter d'opposer l'attrait du charme qui touchait son cœur; car, par l'intermédiaire d'un ami commun, le duc de Richelieu, il s'était assuré du concours très empressé de madame de la Tournelle. Mais cette alliance elle-même n'était pas sans inconvénient; car elle avait déterminé sur-le-champ l'hostilité déclarée du ministre Maurepas, toujours mal vu de sa cousine, et qui trouvait l'occasion favorable pour la contrarier. Maurepas, le plus léger, le plus frivole des ministres qui aient jamais pris part au gouvernement d'un État, avait dans son département les rapports avec les théâtres et les gens de lettres, et tout en continuant à composer pour son compte et à collectionner des chansons obscènes, il n'en prit pas moins parti avec éclat pour la religion et la morale outragées.

A toutes ces oppositions combinées, Voltaire fit tête avec toutes les ressources que pouvait lui fournir la prodigieuse variété de son esprit, servie par une souplesse de conscience au moins égale. Le plus loyal, le plus légitime de ses moyens de défense, celui qui, en bonne justice, aurait dû vaincre toutes les résistances, ce fut l'immense succès qu'il sut obtenir pour sa pièce de *Mérope,* représentée pour la première fois le 21 février de cette année. Jamais triomphe dramatique ne fut plus complet, et le mérite en fut d'autant plus grand que la pièce, réellement belle, était d'une sévérité très rare au théâtre, puisque le mot même d'amour n'y était pas prononcé. Le nom de l'auteur fut salué par des cris d'une admiration frénétique : « On m'est venu prendre, écrit Voltaire lui-même, dans une cache où je m'étais tapi, et on m'a mené de force dans la loge de la maréchale de Villars, où était sa belle-fille. Le parterre était fou : il

cria à la duchesse de Villars de me baiser, et
il a fait tant de bruit, qu'elle a dû en passer par
là. J'ai été baisé publiquement, comme Alain
Chartier par Marguerite d'Écosse ; mais il dor-
mait, et, moi, j'étais fort éveillé[1]. »

Quelque austère pourtant que fût une pièce
de théâtre, ce n'était pas là un titre qui suffît
pour désarmer l'opposition des Boyer et des
Languet. Voltaire, qui ne s'y trompait pas, prit,
sans hésiter, le parti de leur envoyer à l'un
et à l'autre une profession de foi franchement
et même dévotement catholique : « Il y a longtemps, monseigneur, écrivait-il à Boyer, que je
suis persécuté par la calomnie et que je la par-
donne. Je sais que, depuis Socrate jusqu'à Des-
cartes, tous ceux qui ont eu un peu de succès
ont eu à combattre les fureurs de l'envie. Quand
on n'a pas attaqué leurs ouvrages ou leurs
mœurs, on s'est vengé en attaquant leur religion. Grâce au ciel, la mienne m'apprend à
savoir souffrir. Le Dieu qui l'a fondée fut, dès
qu'il daigna être homme, le plus persécuté de

---

1. Desnoiresterres. *Voltaire et la société au* xviiie *siècle*,
t. II, p. 262. Barbier, *Journal*, février 1743.

tous les hommes. Après un tel exemple, c'est presque un crime de se plaindre. Corrigeons nos fautes et soumettons-nous à la tribulation comme à la mort... Je puis dire, devant Dieu qui m'écoute, que je suis bon citoyen et vrai catholique, et je le dis uniquement parce que je l'ai toujours été dans le cœur... Mes ennemis me reprochent je ne sais quelles *Lettres philosophiques;* j'ai écrit plusieurs lettres à mes amis, mais jamais je ne les ai intitulées de ce titre fastueux : celles qu'on a imprimées sous mon nom ne sont pas de moi; j'ai des preuves qui le démontrent. »

Et à Languet : « J'ai écrit contre le fanatisme, qui, dans la société, répand tant d'amertume, et qui, dans l'état politique, amène tant de troubles; mais plus je suis ennemi de cet esprit de faction, d'enthousiasme, de rébellion, plus je suis l'adorateur d'une religion dont la morale fait du genre humain une famille, et dont la pratique est établie sur l'indulgence et les bienfaits. Comment ne l'aimerais-je pas, moi qui l'ai toujours célébrée?... Vous dans qui elle est si aimable, vous suffiriez à me la rendre chère...

Elle nous soutient dans le malheur, dans l'op-
pression, dans l'abandonnement qui le suit, et
c'est peut-être la seule consolation que je doive
implorer, après trente années de tribulations et
de calomnies qui ont été le fruit de trente ans
de travaux... J'avoue que ce n'est pas ce respect véritable pour la religion chrétienne qui
m'inspire de ne faire jamais aucun ouvrage
contre la pudeur; il faut l'attribuer à l'éloignement naturel que j'ai eu, dès mon enfance,
pour ces sottises faciles, pour ces indécences
ornées de rimes qui plaisent, par le sujet, à une
jeunesse effrénée. » Notez que *la Pucelle* était
composée depuis dix ans et circulait assez publiquement, bien que sous le manteau, entre les
mains des amateurs[1].

Avec Maurepas, qui était homme d'esprit, et
faiseur comme lui de petits vers, Voltaire voulait essayer ce que pourrait le charme de sa
conversation sur un confrère en poésie légère.

---

1. Voltaire à Boyer, mars 1743. (*Correspondance générale.*) —
L'autre lettre de la même date ne porte pas de suscription;
mais tous les éditeurs de Voltaire ont pensé qu'elle était
adressée à l'archevêque de Sens, et une lettre de Frédéric
qu'on trouvera plus loin confirme cette opinion.

Il l'alla voir et, après un entretien où il déploya
toutes ses grâces en le comblant de compliments : « Parlons franchement, lui dit-il; vous
êtes brouillé avec madame de la Tournelle que le
roi aime, et avec le duc de Richelieu, qui la
gouverne. Mais quel rapport y a-t-il entre cette
brouillerie et une pauvre place à l'Académie
française? C'est une affaire entre madame de la
Tournelle et l'évêque de Mirepoix. Si madame de
la Tournelle l'emporte, vous y opposerez-
vous? » Maurepas, jusque-là de bonne humeur,
se recueillit un moment; puis, d'un air sérieux :
« Oui, dit-il, et je vous écraserai. » En sortant,
Voltaire, tout déconfit et très irrité, jura, dit-on,
assez haut, qu'il saurait bien venir à bout de la
prêtraille, puisqu'il avait pour lui les *appas* de
la favorite. » (J'avertis le lecteur que le mot
d'appas est ici substitué à un autre beaucoup
plus précis que l'écrivain, tout à l'heure si
pudique, n'avait pas craint d'employer, et qui
ne pourrait être imprimé en toutes lettres.) La
liberté du propos, dont madame de la Tournelle
eut connaissance, au lieu de la blesser, la fit
sourire. Elle fit venir Voltaire, et le reçut à sa

toilette, ce qui était assez l'usage des dames du
temps, mais ce qui lui permettait de se montrer
dans le costume le plus approprié pour faire
apprécier le genre d'avantages sur lesquels Voltaire comptait pour sa candidature. « Eh bien,
monsieur de Voltaire, lui dit-elle, vous parlez
de mes *appas* : qu'en feriez-vous si vous en
étiez le maître ? — Madame, dit Voltaire en se
jetant à ses pieds, je les adorerais[1]. »

Mais Voltaire était loin de compte s'il ignorait
que le roi était d'autant plus empressé à rendre
des hommages extérieurs à la religion qu'il
mettait dans sa conduite personnelle moins de
scrupule à en observer les préceptes. Il n'eut
garde d'entrer en lutte, pour un sujet qui touchait si peu son indifférence, avec des hommes
qu'il respectait et de qui il avait beaucoup à se
faire pardonner. Si les gens religieux, d'ailleurs,

---

1. Voltaire, *Mémoires*. — *Journal de Barbier*. — Le récit
de Voltaire a fait l'objet de beaucoup de contestations;
Maurepas notamment s'est toujours défendu de lui avoir
fait la réponse brutale qui lui est prêtée et qui effectivement
n'est pas conforme au caractère connu de ce ministre. Il est
à remarquer que Voltaire appelle toujours dans ce passage
madame de la Tournelle, la duchesse de Châteauroux, titre
qu'elle ne porta que quelques mois plus tard.

furent peu touchés des pieuses courbettes de
Voltaire, le public en fut à la fois diverti et dé-
goûté, et on eut moins de peine qu'on en eût
peut-être éprouvé, sans cette fausse manœuvre,
à trouver un candidat à lui opposer. A la vérité,
plusieurs à qui on avait songé, l'archevêque de
Narbonne entre autres, se refusèrent à une
concurrence qui avait son côté ridicule, et Voltaire se flatta même un instant qu'il allait
prendre la place par famine. Mais, en ce genre,
quand on cherche, on trouve toujours. Dans le
cas présent, celui qui se sacrifia fut un honnête
ecclésiastique, l'abbé de Luynes, frère du duc et,
par là même, très bien en cour. Le jour de
l'élection, pas une voix ne lui manqua, et on
l'aurait même reçu d'emblée, dans la séance, si,
avec une modestie digne d'éloges, mais peut-
être un peu tardive, le nouvel élu n'avait demandé le temps de préparer son discours, le
sujet qu'il avait à traiter étant d'une trop grande
étendue pour ne pas mériter beaucoup de réflexions[1].

1. *Mémoires du duc de Luynes*, t. IV, p. 452.

L'irritation de Voltaire, comme on le pense
bien, fut portée au comble et se traduisit, ainsi
que c'était son ordinaire, par un déluge d'épigrammes, en vers, en prose, par écrit ou en
conversation, plus mordantes les unes que les
autres, et chacune d'elles contenant une plaisanterie qui emportait la pièce. La meilleure,
sans contredit, fut celle qui, dénaturant la signature connue de Boyer (*l'ancien évêque de
Mirepoix*), faisait de lui, par un sobriquet qui
lui resta toute sa vie, *l'âne évêque de Mirepoix*.
Naturellement, toutes ces facéties étaient expé-
diées par chaque courrier à Frédéric, très
curieux de tout ce qui faisait rire à Paris, et
aussi de tout ce qui lui permettait de rire aux
dépens des Parisiens. Voltaire, d'ailleurs, veillait
habituellement à ne le laisser en ce genre chô-
mer de rien; seulement, cette fois, les envois
de Voltaire ne furent pas complets; car il eut
soin de n'y pas comprendre les lettres édifiantes
qu'il avait écrites, avant le combat, aux représentants de l'Église à l'Académie, pour les
fléchir. Mais Frédéric, qui avait plus d'un col-
lectionneur à son service, les avait eues de pre-

mière main, et, en répondant à Voltaire, soi-
disant pour le consoler de son échec, il ne
manqua pas, suivant son habitude charitable,
de lui retourner le poignard dans la plaie. Dans
des vers moins mal tournés que ne l'étaient
d'ordinaire ses essais de poésie française, il le
raillait sans pitié de ses accès subits de dévotion.

> Depuis quand (disait-il), Voltaire,
> Êtes-vous donc dégénéré ?
> Chez un philosophe éclairé
> Quoi ! la grâce efficace opère !
> Par Mirepoix endoctriné
> Et tout aspergé d'eau bénite,
> Abattu d'un jeûne obstiné,
> Allez-vous devenir ermite ?
> . . . .
> Je vois Newton du haut des cieux,
> Se disputant avec saint Pierre,
> Auquel un partage des deux
> Pourrait enfin tomber Voltaire.
> . . . .
> Mais quel objet me frappe, ô dieux !
> Quoi ! de douleur tout éplorée,
> Je vois la triste Châtelet :
> « Hélas, mon perfide me troque,
> Dit-elle, il me plante là, net,
> Pour qui ? Pour Marie Alacoque ! »

« C'est ce que je présume du moins, ajoutait-il, par la lettre que vous avez écrite à l'évêque de Sens... Les Midas mitrés triomphent donc de Voltaire et des grands hommes ! Je crois que la France est le seul pays où les ânes et les sots fassent à présent fortune. » En terminant cependant, pour adoucir la plaisanterie par un témoignage de confiance, il lui envoyait l'avant-propos de son *Histoire de la campagne de Silésie,* à laquelle il travaillait déjà dans ses moments perdus. Ce n'était qu'une première ébauche, et il y exposait, avec une crudité naïve (fort adoucie dans les textes suivants), les motifs d'ambition et de pure convoitise qui l'avaient déterminé à se jeter sans droit sur le patrimoine de Marie-Thérèse[1].

On conçoit, à la rigueur, que Voltaire avait trop d'affaires à Paris et trop besoin de trouver appui à Berlin pour ne pas prendre ces cruelles consolations en bonne part. On peut admettre aussi que la communication confidentielle d'un document tout à fait intime était de la part d'un souverain une faveur dont il fallait le remercier.

---

1. Frédéric à Voltaire. (*Correspondance générale*, 21 mai 1743.)

Mais était-il nécessaire pourtant de pousser la reconnaissance jusqu'à se montrer plus indulgent pour le spoliateur de Marie-Thérèse que ce moraliste si peu délicat ne l'était pour lui-même, jusqu'à se mettre en peine de tranquilliser sa conscience sur des scrupules qui ne la troublaient guère; en un mot, jusqu'à prendre devant lui le rôle du renard de La Fontaine devant le lion, et à l'assurer qu'en mettant la main sur la Silésie, il lui avait fait *en la croquant beaucoup d'honneur?*

C'est pourtant à ce raffinement d'adulation que Voltaire ne craignit pas de descendre dans sa réponse aux compliments aigres-doux de son protecteur. « Je vous avouerai, lui dit-il, grand roi, avec une franchise impertinente, que je trouve que vous vous sacrifiez un peu dans cette belle préface de vos *Mémoires*. Pardon, ou plutôt point de pardon : vous laissez trop entrevoir que vous avez négligé l'esprit de morale pour l'esprit de conquête. Qu'avez-vous donc à vous reprocher? N'aviez-vous pas des droits réels sur la Silésie, au moins sur la plus grande partie? Le déni de justice ne vous autorisait-il pas assez? Je n'en dirai pas davantage : mais, sur tous les articles, je trouve que Votre Majesté est trop bonne et qu'elle est bien justifiée de jour en jour. » Suivait naturellement une invective contre Boyer sur lequel il avait soin pourtant de concentrer prudemment toute sa colère. « Le choix que Sa Majesté a fait de cet homme, disait-il, est le seul qui ait affligé la nation. Tous les autres ministres sont aimés, le roi l'est : il s'applique, il travaille, il est juste, il aime de tout son cœur la plus aimable femme du monde. Il n'y a que le Mirepoix qui obscurcisse la sérénité du ciel de Versailles et de Paris... il répand un nuage bien sombre sur les belles-lettres. Il est vrai (ajoutait-il, arrivant au point tout à fait délicat) que ce n'est pas lui qui a fait *Marie Alacoque;* mais, sire, il n'est pas vrai que j'aie écrit à l'auteur de *Marie Alacoque* la lettre qu'on s'est plu à faire courir sous mon nom. Je n'en ai écrit qu'une à l'évêque de Mirepoix, dans laquelle je me suis plaint à lui très vivement et très inutilement des calomnies de ses délateurs et de ses espions... Je ne fléchis pas le genou devant Baal. »

La réplique n'eût pas été difficile à Frédéric,
qui avait toutes les pièces en main, s'il lui eût
convenu de pousser plus loin la plaisanterie ;
mais il y avait longtemps qu'il n'avait plus
rien à apprendre sur la valeur des désaveux
de Voltaire, pas plus que sur la sincérité de
ses compliments. Satisfait de s'être diverti au
point de le piquer jusqu'au sang, il pansa lui-
même la blessure, en portant ce jugement qui
fit fortune et courut Paris : « La France est un
singulier pays : elle n'a qu'un bon général, c'est
Belle-Isle ; qu'un bon ministre, c'est Chauve-
lin; qu'un grand poète, c'est Voltaire : elle
va trouver moyen de se priver de tous les
trois. [1]»

Effectivement, Frédéric voyait juste et le
séjour de la France ne devait plus être longtemps possible à Voltaire. Avec son intempé-
rance de langue plus déchaînée que jamais, sa
bile en mouvement, son exaspération croissante
contre toutes les autorités ecclésiastiques, il
allait droit à s'attirer une lettre de cachet de la

1. Voltaire à Frédéric, juin 1743. (*Correspondance générale.*)

secrétairerie d'État, ou un ajournement personnel du parlement. « Il tonne contre nous, » écrivait-il lui-même à Frédéric. Ses meilleurs amis
lui conseillèrent de laisser passer l'orage, et de
s'éloigner spontanément pour quelque temps.
Mais quels furent ceux qui imaginèrent que cet
exil volontaire portant tous les caractères d'une
disgrâce pourrait cependant être mis à profit,
pour utiliser, dans l'intérêt de l'État, les services de Voltaire et le rapprocher lui-même du
pouvoir ministériel qu'il avait intérêt à ménager?
On attribue généralement cette ingénieuse
pensée au duc de Richelieu et je serais porté à
croire qu'on a raison, bien qu'une lettre de
madame de Tencin à ce seigneur fasse plutôt
supposer qu'il ne connut le projet qu'au moment
de son exécution. Quoi qu'il en soit, le plan fut
celui-ci, qui fait honneur à l'inventeur, quel
qu'il puisse être.

Du moment où Voltaire quittait la France
pour éviter la persécution, Berlin, où on l'attendait pour le fêter, était le lieu où il devait
naturellement porter ses pas. Quand Frédéric
le verrait arriver mécontent, parlant mal du

roi et des ministres, on pouvait espérer que lui-
même ne se gênerait pas pour en parler aussi
à son aise et découvrir le fond de son cœur.
Voltaire n'aurait alors qu'à ouvrir l'oreille et
même à poser avec art quelques questions pour
démêler quel était le secret de ces intentions
redoutables et mystérieuses qui tenaient l'Europe en peine. S'il consentait ensuite à faire
connaître à Versailles, par quelque canal sou-
terrain, le résultat de son enquête, la France
saurait enfin si elle devait renoncer définitivement, ou si elle pouvait prétendre encore à
rallier à sa cause ce puissant et perfide auxiliaire. Tel fut l'artifice que madame de la Tournelle fut chargée de proposer à Louis XV, et ce
prince montrant ce jour-là, pour la première
fois, ce goût pour les négociations secrètes et
pour la diplomatie occulte qui fut (comme je
l'ai raconté dans d'autres écrits) un des traits
les plus singuliers de son caractère, y entra sans
difficulté. Le ministre des affaires étrangères
Amelot, d'Argenson, ministre de la guerre, et
Maurepas, qui était heureux, en se réconciliant
avec Voltaire, d'échapper au feu de ses épi-

grammes, furent seuls mis dans la confidence.

Avec quel empressement Voltaire adopta la pensée de transformer son exil en mission confidentielle, c'est ce que devineront sans peine ceux qui savent combien les hommes de lettres même les plus illustres, fatigués d'être traités de rêveurs et de vivre de spéculation, sont souvent pressés de descendre des hauteurs sereines de la pensée pour se mêler au théâtre agité et subalterne de la vie active. Notre siècle a vu plus d'un exemple de ce genre d'impatience qui n'a pas toujours été justifiée, et Voltaire, s'il eût vécu de nos jours, n'eût point fait exception. Il se croyait, d'ailleurs, sincèrement très propre à traiter d'affaires avec les princes et les gens en puissance, l'art qu'il savait mettre dans son langage lui faisant illusion sur ce qui lui manquait en fait d'adresse et de sagacité véritables. Aussi, dans son contentement, il ne s'arrêta pas à regarder trop près de quelle nature était la tâche qu'on voulait lui confier et si elle ne tenait pas de l'espion plus que de l'ambassadeur. Il ne prit pas le temps de remarquer qu'en le chargeant de sonder, sous un faux

prétexte, les intentions du roi de Prusse, —
c'est-à-dire de lui soutirer sa confiance pour en
abuser, — on ne le chargeait pourtant, dans le
cas où il trouverait ces intentions favorables,
d'aucune proposition à lui soumettre et d'aucun
pourparler à engager : il ne demanda pas de
lettres de créance et pas même d'instructions.

Deux choses cependant apportèrent quelque
retard à cet empressement : d'abord, le désespoir de sa savante amie, madame du Châtelet,
qui, même pour quelques semaines, ne pouvait
se décider à se séparer du compagnon de sa
vie intime comme de ses travaux, et d'un amant
qui était en même temps son collaborateur en
mathématiques. Elle craignait toujours, d'ailleurs, qu'une fois en sûreté auprès du roi qui
le comblait de caresses, l'infidèle ne fût pas
pressé de lui revenir et ne trouvât sur son chemin quelque motif d'oubli ou de consolation.
Voltaire avait bien dit à Frédéric en lui annonçant sa venue : « Madame du Châtelet ne pourra
m'en empêcher, je quitterai Minerve pour Apollon. » Quand Minerve fut avertie, elle fit éclater tant de colère, suivie d'un tel déluge de

larmes, que tout Paris le sut et s'en divertit.
« Elle a pleuré toute la journée, dit une chronique du temps, d'être obligée de quitter son
Adonis. » Pour la calmer, il fallut l'initier elle-
même à la confidence et lui promettre surtout
qu'aucune correspondance ne passerait que par
ses mains [1].

Le règlement des frais de voyage et des ho-
noraires ne fut pas non plus sans difficulté.
Cette fois, comme ce n'était pas Frédéric qui
prenait l'initiative de l'invitation, il n'y avait
pas moyen de compter sur lui pour les débour-
sés, et, d'ailleurs, Voltaire savait par expérience
que Frédéric n'était ni large ni accommodant sur
ce chapitre. « Je reçus, dit-il, dans ses *Mémoires*,
l'argent que je voulus sur mes reçus de M. de
Montmartel. » Mais il n'ajoute pas qu'il demanda et qu'il obtint, après quelque négociation,
un supplément de viatique sous une autre forme.
Ce fut un marché de fournitures pour les armées
en campagne, accordé à ses cousins, MM. Marchand père et fils, et dans lequel il fut, chacun

---

1. *Journal de police.* — Voltaire, *Mémoires.*

le savait, largement intéressé. Ces négociants avaient déjà l'entreprise des fourrages; mais ils prétendaient qu'ils y perdaient et demandaient en dédommagement qu'on leur accordât aussi celle des subsistances et des habillements. « Nous perdons considérablement, écrivait Voltaire à d'Argenson, à nourrir nos chevaux : voyez si vous avez la bonté de nous indemniser en nous faisant vêtir nos hommes... Je vous demande en grâce de surseoir à l'adjudication jusqu'à la semaine prochaine... Marchand père et fils ne songent qu'à vêtir et à alimenter les défenseurs de la France [1]. »

Ces délais et ces pourparlers à la veille d'un voyage dont la cause transpirait toujours plus ou moins n'étaient pas sans inconvénient, car un mécontent cherchant à se venger d'une injustice, ou un fugitif pressé de se préserver d'un péril, n'aurait pas fait tant de façons pour se mettre en route. Aussi le bruit que les sévérités du ministre et les ressentiments de Voltaire n'étaient que des feintes qui cachaient sous jeu

1. Voltaire à d'Argenson, 8, 15 juillet 1743. (*Correspondance générale*.)

une affaire secrète commença-t-il à se répandre
avant même que tous les préparatifs du départ,
dont tout le monde parlait, fussent terminés.
« Ne faites mine de rien savoir, au moins par
moi, écrivait au duc de Richelieu madame de
Tencin (qui venait elle-même de faire semblant
d'apprendre en confidence de madame du Châtelet ce qu'elle savait déjà par la rumeur publique), car madame du Châtelet est persuadée
que Voltaire serait perdu si le secret échappait
par sa faute. Ce secret est à peu près celui de
la comédie. Amelot a très habilement écrit à
Voltaire des lettres contresignées; le secrétaire
de Voltaire l'a dit et le bruit s'en est répandu
jusque dans les cafés. Il est pourtant vrai que
la chose ne peut réussir que par une conduite
toute contraire et que le roi de Prusse, bien
loin de prendre confiance dans Voltaire, sera,
au contraire, très irrité contre lui s'il découvre
qu'on le trompe et que ce prétendu exilé est un
espion qui sonde son cœur et abuse de sa confiance... Pour mon frère, ajoute la chanoinesse,
on ne lui en a rien dit; il est vrai que, lorsqu'il
en a parlé, sur la publicité, on ne lui a pas

nié... Maurepas lui a dit : « Ce n'est pas pour
» négocier comme bien vous pensez. » Vous
voyez par là le cas que ces messieurs font de
Voltaire, et la récompense qu'il peut en
attendre[1]. »

La comédie était ainsi percée à jour avant
même qu'on eût commencé la représentation. Il
devint nécessaire d'y rendre quelque vraisem-
blance au moyen d'un supplément d'artifice : on
résolut de donner à Voltaire un nouveau grief,
bien formel cette fois, et bien public, le touchant en apparence au point le plus sensible,
qui lui permît de jeter avec ostentation feu et
flamme et d'être cru sur parole partout où il
irait porter l'expression de son mécontentement. L'occasion ne fut pas difficile à trouver ;
car, avec l'incroyable fécondité dont il était doué,
à peine avait-il pris le temps de jouir du triomphe
de *Mérope*, qu'il sollicitait déjà l'autorisation
de faire jouer une autre pièce, *la Mort de César*,
cette imitation heureuse bien qu'affaiblie de
l'admirable tragédie de Shakspeare. Le cen-

1. Madame de Tencin au duc de Richelieu, 18 juin 1743.

seur de la Comédie-Française, qui n'était autre
que le célèbre Crébillon, s'était prononcé contre
la permission demandée par ce motif que l'auteur mettait le meurtre du tyran romain sous
les yeux mêmes du spectateur, au lieu d'en
faire un récit à la mode classique, ce qui était
contraire à la décence de la scène. « Il soutient,
disait assez gaiement Voltaire, que Brutus a
tort d'assassiner César : il a raison; il ne faut
assassiner personne. Mais il a bien mis lui-
même sur la scène un père qui boit le sang de
son enfant et une mère amoureuse de son fils,
et je ne vois pas qu'Atrée ni Sémiramis en aient
éprouvé le moindre remords. » Effectivement,
on n'avait tenu aucun compte de cette raison qui
n'en était pas une : la pièce était montée, les
rôles appris par les acteurs, lorsqu'à la fin d'une
répétition arriva de la police une interdiction
inattendue de passer outre. Nul doute que ce
coup de théâtre n'eût été combiné avec Voltaire; car ce fut le 10 juin à minuit que fut envoyé l'ordre de la police, et, l'avant-veille
encore, le 8, il écrivait à d'Argenson: «Je pars
vendredi pour l'affaire que vous savez: c'est le

secret du sanctuaire, ainsi n'en sachez rien. » Il
n'en donna pas moins à sa colère tout l'éclat
qu'on pouvait désirer, et, avant la fin de la semaine, il était parti, secouant la poussière de
ses pieds contre cette *terre des Visigoths* où le
génie n'avait pas liberté de se produire [1].

C'est à La Haye qu'il se rendit en droiture,
dans le dessein, disait-il, d'attendre que le roi
de Prusse lui eût envoyé les permis de poste et
les passeports qui étaient nécessaires pour traverser l'Allemagne en sécurité, au milieu des
troubles de la guerre. Le lieu, d'ailleurs, était
bien choisi ; la Hollande étant par tradition
l'asile de la liberté d'écrire et de penser, si
maltraitée dans tout le reste de l'Europe, rien
d'étonnant qu'un auteur persécuté vînt y chercher la sécurité de sa personne et des impri-
meurs pour ses ouvrages. De plus, dans un
précédent voyage, Voltaire avait contracté une
liaison assez intime avec l'envoyé prussien dans
cette capitale, le jeune comte Podewils, neveu
du ministre d'État du même nom qui a déjà

1. Voltaire à d'Argenson, 8 juin 1743. (*Correspondance
générale.*) — Desnoiresterres, t. II, p. 380 et suiv.

figuré tant de fois dans ce récit. D'un naturel plus ardent et d'un caractère plus ouvert que son oncle, Podewils était, comme lui, très avant dans la confidence du maître. On pouvait donc espérer déjà tirer quelque lumière de sa conversation. Le jeune diplomate, devançant, par ordre sans doute, l'hospitalité qui attendait le fugitif à Berlin, l'établit tout de suite dans sa propre demeure, assez médiocre logis, — *vaste et ruiné palais*, dit Voltaire, — mais qui avait l'avantage d'être inviolable, non seulement comme maison diplomatique, mais aussi comme propriété particulière du roi de Prusse : et, grâce à des relations intimes et tendres qui existaient entre son hôte et l'aimable femme d'un des premiers magistrats de la cité, Voltaire se trouva transporté du premier coup dans le centre même de la politique hollandaise.

C'était en même temps le foyer de l'hostilité la plus déclarée contre la France ; car, de toutes les Provinces-Unies, celle dont La Haye était le chef-lieu était la plus soumise au joug de l'Angleterre, et le parti qui y dominait était le plus belliqueux. La vie commune avec les enne-

mis de son pays eût pu causer quelque gêne à
un patriotisme plus délicat que celui de Voltaire ;
mais rien n'était plus conforme à l'attitude de
frondeur et de mécontent qu'il voulait prendre
et même de plus utile pour le rôle qu'il devait
jouer. Aussi, dès le premier jour, dut-il à cette
situation l'avantage de recueillir, dans les conversations qu'on tenait devant lui sans précaution, deux informations très importantes, dont
il fit sans scrupule part à Versailles : l'une était
l'indication exacte du chiffre et de la composition
des forces que la République pourrait mettre en
ligne le jour où elle se déciderait à prendre
effectivement part à la guerre ; l'autre, les conditions d'un emprunt négocié par Frédéric sur
la place d'Amsterdam, précaution qui semblait
indiquer qu'il se préparait à quelque opération
coûteuse et qui permettrait de supposer que,
son trésor n'étant plus très bien garni, il ne
serait pas insensible, le cas échéant, à l'offre
d'un subside pécuniaire [1].

C'était bien le genre de services que pouvait

---

[1]. Voltaire à d'Argenson, 15, 18, 23 juillet ; à Amelot.
2 août 1743. (*Correspondance générale.*)

rendre un observateur intelligent, caché sous
un déguisement d'emprunt, dans un camp ennemi, et c'est ce que Voltaire appelait par
euphémisme « faire tourner à l'avantage de la
France l'heureuse obscurité à l'abri de laquelle
il pouvait être reçu partout avec assez de familiarité ». Il était pourtant un lieu à La Haye où,
même dans ces conditions d'action restreinte et
d'une loyauté douteuse, la présence de ce visiteur suspect ne pouvait manquer de causer
quelque ombrage : c'était l'ambassade de France.
Cette importante légation était confiée alors à
un chef très estimable, porteur d'un nom qui,
par une singulière coïncidence, est du petit
nombre de ceux qu'on peut, dans l'ordre du
talent et de la renommée, mettre à côté de celui
de Voltaire ; car c'était le marquis de Fénelon,
neveu de l'illustre prélat et élevé sur ses genoux,
l'aimable *Fanfan*, en un mot, à qui sont adressées, dans une correspondance qu'on ne saurait
trop relire, des lettres charmantes, modèles ini-
mitables de grâce et de douceur paternelle.

Avec les années, *Fanfan* avait grandi et même
vieilli ; s'il n'avait pas hérité du génie de son

oncle, il avait au moins profité de ses leçons ; il était devenu le chef respectable d'une nombreuse famille ; un brave général ayant conquis tous ses grades sur le champ de bataille et dont on avait fait sans peine un diplomate éclairé et prudent. Fénelon était, d'ailleurs, utilement secondé par un jeune ecclésiastique qu'il avait amené lui-même comme précepteur de ses enfants, dont il avait ensuite fait son secrétaire, et dont le mérite avait été si vite reconnu, qu'on le laissait sans inquiétude chargé des affaires pendant les fréquentes absences de son chef. L'abbé de La Ville était lui-même un écrivain fort distingué en son genre, puisque, bien des années plus tard, après avoir dirigé longtemps les bureaux des affaires étrangères, il fut appelé à siéger à l'Académie française ; — bonne fortune qui n'est arrivée, je crois, après lui dans les mêmes conditions, qu'à mon ami M. de Viel-Castel.

A eux deux, à force de soins et de prudence, ces dignes agents avaient réussi, sinon à changer la tendance naturelle de la politique hollandaise qui la rapprochait de l'Angleterre, au

moins à en paralyser les effets. Ils avaient su
opposer avec art le flegme flamand aux ardeurs
autrichiennes et britanniques, les intérêts com-
merciaux et pacifiques aux susceptibilités ré-
publicaines et protestantes. S'ils n'avaient pu
former un parti qui disputât la majorité, ils
groupaient du moins autour d'eux tous les
esprits raisonnables et modérés auxquels répu-
gnaient les partis extrêmes, et jouissaient auprès
de tous d'une considération véritable. En un
mot, ils avaient réussi (et c'était le comble de ce
qu'on pouvait espérer) à faire de la Hollande,
suivant l'expression de La Ville, une non-valeur
dans les comptes de l'Angleterre.

Ce n'étaient pas là des serviteurs qu'on pût
traiter sans ménagement. Aussi, usant avec eux
de meilleurs procédés que Louis XV n'en eut
plus tard avec ses ambassadeurs et même avec
ses ministres, on ne leur avait pas fait mystère de
la mission secrète de Voltaire. Ils n'avaient donc
pas lieu d'être trop surpris de son attitude,
mais ils n'en étaient pas moins très gênés. La
présence d'un homme dont la réputation était
européenne, venant apporter le prestige de son

amitié aux adversaires qu'ils n'avaient cessé de combattre, — détruisant par là une partie de l'effet de leurs conseils et de leurs menaces, — laissant échapper à tout moment, soit dans des accès d'humeur, soit pour mieux cacher son jeu, des épigrammes piquantes contre la cour, les ministres et les généraux français, qui circulaient de bouche en bouche et finissaient par passer dans les gazettes, — c'était là un appui dont ils se seraient bien passés. Ce partenaire brouillait leurs cartes ; aussi, malgré leur respect pour l'ordre ministériel, ne pouvaient-ils s'empêcher d'en témoigner discrètement leur humeur dans leurs dépêches : « M. de Voltaire est arrivé, écrivait Fénelon le 21 juillet, il voit toute sorte de monde. » — « Il est plus à portée que personne, ajoutait-il le 6 août, de vous faire connaître les dispositions réelles ou affectées des plus grands ennemis que la France ait dans ce pays ; car c'est avec eux qu'il vit dans la plus intime familiarité... Il n'y a qu'à souhaiter qu'il ne se méprenne pas dans la façon dont on lui fait envisager les choses et dans le compte qu'il a l'honneur de vous en rendre. »

Quelques jours après, l'abbé de La Ville envoyait, en pièce jointe à sa dépêche officielle, une comédie intitulée *la Présomption punie*, qu'on jouait publiquement sur le théâtre d'Amsterdam, aux applaudissements de la foule. On y voyait un vieux bailli impuissant qui, ne pouvant séduire une jeune fille, tâchait de la priver de la succession de son père et finissait par être mis à la raison par un cousin nommé Charlot : c'étaient Fleury, Marie-Thérèse et Charles de Lorraine. Le jeu, aussi bien que le costume des acteurs, ne permettaient pas de s'y tromper. L'auteur était, disait-on, un médecin de La Haye. — « M. de Voltaire, écrivait La Ville, est plus en état que personne de vous donner des notions sur ce médecin, avec lequel il vit en particularité. » Et, effectivement, à la même date, Voltaire envoyait cette facétie au duc de Richelieu en l'accompagnant d'une plaisanterie d'un goût douteux : « J'aime mieux, disait-il, cette farce que celle de Dettingue; on y casse moins de bras et de jambes[1]. »

---

1. Fénelon à Amelot, 21 juillet, 6 août 1743. (*Correspondance de Hollande*. Ministère des affaires étrangères.) — Voltaire à Richelieu, 8 août 1743. (*Correspondance générale.*)

Il faut ajouter que Voltaire, novice dans le métier autant qu'impatient de s'y distinguer, et ne pouvant tenir, deux jours durant, la même conduite, s'y prenait avec un manque d'égards, de suite et de ménagements qui auraient agacé les nerfs du tempérament diplomatique le plus calme. Ainsi, un jour, Fénelon lisait dans la *Gazette de Bruxelles* qu'un courrier d'ambassade français venait de traverser la ville à bride abattue ; n'ayant aucune mémoire d'avoir fait cet envoi, il alla sur-le-champ aux informations. « M. de Voltaire ne m'a pas dissimulé, écrit-il au ministre, que c'était lui qui avait fait partir, par cet exprès, une lettre pour vous, et il m'a même dit qu'il était en grande inquiétude sur le sort de ce courrier, dont il n'avait aucune nouvelle depuis son expédition. » Une autre fois, il arrivait chez l'ambassadeur, déployant une grande lettre du roi de Prusse, dont il ne lui laissait lire qu'une partie. Puis il empruntait le chiffre de la chancellerie pour rendre compte de cette pièce à Paris, dans une dépêche dont il ne donnait aussi à Fénelon qu'une communication incomplète. Une ignorance absolue eût paru moins désagréable à l'ambassadeur que des demi-confidences qui blessaient son amour-propre et engageaient à l'aveugle sa responsabilité.

Tout alla bien pourtant, ou du moins tolérablement, tant que Voltaire consentit à se renfermer dans son rôle d'agent d'observation, et même, au besoin, d'agent provocateur; mais, exalté par les premiers compliments qu'il reçut de Paris, il ne tarda pas à se lasser de ce métier en soi-même un peu louche et qui ne mettait pas suffisamment en lumière, à son gré, les talents dont il se croyait pourvu. Il avait beau écrire au ministre : « Il ne m'appartient pas d'avoir d'opinion. Je laisse le jugement à M. l'ambassadeur et à M. l'abbé de La Ville, dont les lumières sont trop supérieures à mes faibles conjectures. Je n'ai ici d'autre avantage que celui de mettre les partis différents et les ministres étrangers à portée de me parler librement. Je me borne et me bornerai toujours à vous rendre un compte simple et fidèle ;... » ce rôle d'auditeur et de rapporteur ne lui suffisait pas, il aspirait à exercer lui-même une action qui pût constater son influence par quelque résultat de nature à lui faire honneur. Ce fut sur le jeune Podewils d'abord qu'il essaya ou se vanta d'exercer son empire. Dans les mouvements militaires qui se préparaient, quelques officiers hollandais avaient eu le tort d'emprunter, pour le passage de leurs troupes, une lisière des provinces prussiennes limitrophes des Pays-Bas ; Podewils ayant dû rendre compte de cette irrégularité, Frédéric, qui n'entendait pas raillerie sur le moindre de ses droits, envoya sur-le-champ à son ministre l'ordre de demander réparation. Voltaire vit dans cette démarche une occasion toute trouvée pour lui d'amener, entre la république et la Prusse, une rupture favorable, suivant lui, aux intérêts français. Prenant feu sur cette espérance, il oublia qu'il était censé à La Haye la victime de l'injustice et non le serviteur des intérêts de la France. Il conseilla et crut avoir persuadé à Podewils de donner à ses réclamations un grand éclat et d'en aggraver même le caractère en interdisant, pour l'avenir, non seulement tout passage de troupes, mais tout transport de munitions de guerre à travers le territoire prussien. « Je fais fermenter

ce petit levain, » écrivait-il tout joyeux à Amelot. Puis il vint annoncer mystérieusement à
Fénelon qu'on allait voir, grâce à ses utiles excitations, le ministre prussien adresser aux états
généraux une note de telle nature et conçue
dans de tels termes, que le séjour de La Haye
ne lui serait pas longtemps possible. Frédéric
se trouverait, par cette retraite, engagé bon gré
mal gré dans une voie d'hostilité déclarée avec
l'un au moins des ennemis de la France.

Fénelon savait par expérience qu'il y avait
toujours lieu de rabattre un peu des menaces
proférées par Frédéric dans un premier accès
d'humeur ; il doutait encore plus que ce prince,
à la fois irascible et prudent, attendît les conseils de personne, pas même de Voltaire, pour
prendre souci de sa dignité. Il se borna donc à
faire son compliment sur la bonne nouvelle avec
un léger sourire d'incrédulité. Il n'avait pas tort ;
car, dès la semaine suivante, c'était Voltaire
lui-même qui venait lui annoncer, la tête basse,
que décidément Podewils était trop attaché au
séjour de La Haye par le charme qui l'y retenait
pour se décider à faire quoi que ce soit qui pût

l'en éloigner : « La mésintelligence, écrivait-il à Amelot, que j'avais trouvé l'heureuse occasion de préparer, était fondée sur l'intérêt. Celle qui naît du passage des troupes vient du juste maintien de la dignité de la couronne. Je souhaiterais que ces deux grands motifs pussent servir à déterminer le monarque au grand but où il faudrait l'amener. Mais j'ai peur que son ministre à La Haye, qui a plus d'une raison d'aimer ce séjour, ne ménage une réconciliation, et je ne m'attends plus à une rupture ouverte. » En réalité, ni Podewils ni sa maîtresse n'étaient pour rien dans ce changement de front. C'était tout simplement Frédéric lui-même qui, ne se souciant pas qu'on lui fît faire un pas de plus qu'il ne lui convenait, avait prescrit à son agent de modérer ses exigences de manière à ne pas alarmer les états généraux. « Il est regrettable, écrivait malicieusement Fénelon, que les espérances de M. de Voltaire ne soient pas mieux justifiées [1]. »

1. Voltaire à Amelot, 2, 3, 17 août 1743. (*Correspondance générale.*) — Fénelon à Amelot, 9, 23 août 1743. — (Ministère des affaires étrangères.) — Frédéric à Podewils. (*Pol. Corr.*, t. II, p. 399, 401.)

N'ayant jamais compté sur rien, Fénelon n'éprouvait que peu de mécomptes ; mais une autre manœuvre de Voltaire, plus déplacée encore, quoique moins importante, vint lui causer plus de surprise et d'impatience. On lui écrivit de Paris pour lui demander qui était un sieur Van Haren, à qui Voltaire, de son chef et sans consulter personne, avait offert de le faire désigner pour le poste d'ambassadeur à Paris. Le titulaire en exercice de cette fonction était un brave docteur Van Hoey, excellent homme, aimé à Paris et s'y plaisant, s'employant toujours de son mieux à accommoder tous les différends, très bon chrétien d'ailleurs, ne parlant que par citations de l'Écriture sainte et méritant lui-même toutes les béatitudes que l'Évangile promet aux pacifiques. Dans les circonstances présentes, c'était, par la simplicité de son esprit et la droiture de son cœur, un diplomate tout à fait à souhait pour ceux qui avaient à traiter avec lui. On n'avait aucune raison de désirer sa retraite et moins encore de le mécontenter en y travaillant sous main. Qu'était-ce donc que le successeur que Voltaire imaginait de lui donner?

Fénelon n'eut pas de peine à répondre, car il ne connaissait que trop bien le protégé de Voltaire. C'était un tout jeune homme, récemment nommé aux États de Hollande, où il affectait des allures de tribun, et, par son déchaînement passionné contre la France, scandalisait même cette petite assemblée, très malveillante pour nous, mais toujours paisible de caractère. De plus, il était poète à ses heures et consacrait sa verve à célébrer les vertus de Marie-Thérèse et à exciter par des vers enflammés le tempérament, à son gré trop peu militaire, de ses compatriotes. Quand viendrait le jour décisif, il annonçait qu'il paraîtrait lui-même sur le champ de bataille, et ses amis lui avaient frappé d'avance une médaille avec cette inscription : *Quæ canit, ipse facit.* Voltaire, en le saluant à son arrivée, l'avait baptisé lui-même de Tyrtée des états généraux. « Je suis bien aise, avait-il dit, pour l'honneur de la poésie, que ce soit un poète qui ait contribué ici à procurer des secours à la reine de Hongrie et que la trompette de la guerre ait été la très humble servante de la lyre d'Apollon. » Naturellement Van Haren avait répondu à ces compliments par d'autres pareils, comme c'est assez l'usage entre poètes, surtout quand ils ne sont ni rivaux ni compatriotes. Il n'en fallut pas davantage pour que Voltaire s'imaginât qu'il avait exercé sur lui une séduction irrésistible, et tel était l'homme à qui il proposait de faire confier, dans les conjectures les plus délicates, une mission dont pouvait dépendre, à un moment donné, la sécurité même de la frontière française. Il comptait sans doute ainsi compléter la preuve qu'il donnait déjà dans sa personne de l'union naturelle du génie poétique et de l'habileté diplomatique. « Il m'a paru, écrivait-il à Amelot, qu'il aime la gloire et les ambassades. » Van Haren n'était pas absolument le seul à qui on pût appliquer cette appréciation piquante[1].

Il ne fut pas difficile à Fénelon de faire comprendre qu'un dithyrambe fait en l'honneur de Marie-Thérèse n'était pas un titre suffisant pour devenir à Paris un négociateur prudent et pa-

1. Voltaire à Amelot, 16 août; à Thiériot, 6 août 1743. (*Correspondance générale.*) — Fénelon à Amelot, août 1743. (*Correspondance de Hollande.* Ministère des affaires étrangères.)

cifique. Le seul résultat de ces fausses manœuvres fut d'avoir amené Voltaire à découvrir
imprudemment son secret et à rendre sa situation, dans ses rapports surtout avec la société
qu'il s'était choisie, des plus embarrassantes.
Cette ardeur subite qui l'enflammait pour les
intérêts français dessillait, en effet, tous les
yeux; car tant de zèle patriotique eût supposé,
chez un mécontent, une vertu surhumaine
dont, avec la meilleure volonté du monde, ni le
caractère ni le passé connu du grand écrivain
ne permettaient de le croire capable. Et que devaient penser Van Haren et ses amis d'un proscrit qui se croyait assez bien en cour pour promettre des ambassades au premier venu? La
feinte, ainsi mise à nu, n'était plus qu'une supercherie enfantine propre seulement à offenser
ceux qui avaient été assez simples pour s'y
laisser prendre. Le bruit que Voltaire n'était
que l'agent, assez mal déguisé, du cabinet de
Versailles se répandit aussitôt dans toute la
Hollande et les gazettes se divertirent aux
dépens des dupes qu'il avait pu faire.

« En même temps, monseigneur, écrivait La

Ville à son ministre, que je me fais un devoir
de rendre témoignage au zèle de M. de Voltaire,
à son envie de devenir utile au service du roi et
au désir extraordinaire qu'il a de mériter votre
approbation, je ne dois pas vous dissimuler que
le motif de son voyage auprès du roi de Prusse
n'est plus un secret. La *Gazette de Cologne*, en
faisant usage de ce qui se trouve à ce sujet dans
le supplément de celle d'ici, du 16 de ce mois,
n'a été que l'écho de ce qui se dit publiquement [1]. »

Voltaire lui-même ne tarda pas à sentir la
gaucherie de sa position et laissa apercevoir
assez clairement son embarras à l'ambassadeur.
Le marquis, dont le bon sens et la droiture souffraient depuis longtemps d'être mêlés à une comédie assez peu honnête, lui conseilla tout
simplement d'y renoncer et de se donner sans
détour pour ce qu'il était : « Je lui ai dit, écrivait-il, qu'il ne pouvait se couvrir plus longtemps de ce masque. Il me parla encore hier,
dans ce qu'il me fit voir qu'il vous écrivait, de

---

1. L'abbé de La Ville à Amelot, 20 août 1743. (*Correspondance de Hollande*. Ministère des affaires étrangères.)

ce qu'il concertait avec le comte de Podewils, en
l'engageant à écrire au roi son maître dans un
esprit tout français. Comment concilier cette
manière de se conduire envers ce ministre avec
la disposition d'un homme sorti de France mécontent?... Je lui ai donc conseillé de déposer
toute cette fiction, et, quand il verrait le roi de
Prusse, de couper court sur ce point en répondant laconiquement à ce prince qu'il ne pouvait
être que très content puisqu'il se voyait arrivé
auprès de lui. Après ce début, ce serait à lui à
se prévaloir, sans mélange de déguisement, des
occasions que la familiarité du prince lui don-
nerait de placer à propos toutes les réflexions
lumineuses que lui fournissait votre dépêche
que je lui ai remise et dont il ne pouvait trop
se remplir pour en former son langage. J'ai
dit aussi ma pensée à M. de Voltaire sur ses
idées au sujet de M. Van Haren. Puisqu'il
s'était avancé jusqu'à lui parler de l'ambassade
en France et à le flatter des agréments person-
nels qu'il y trouverait, il était sans doute de son
devoir et de sa fidélité de vous rapporter l'impression qu'il se figurait lui avoir faite

et ce qu'il en espérait pour le changer en notre faveur. Mais j'ai, en même temps, averti M. de Voltaire de l'obligation où je me croyais, de mon côté, de vous donner à considérer le revers de la médaille, de ce qui pourrait être regardé comme une recherche de la part de M. Van Haren. Je ne connaissais rien de plus propre à nous faire tomber, ici, dans le mépris et à confirmer l'opinion que l'on voudrait si fort accréditer de notre faiblesse, et qu'elle est si grande qu'il n'y a rien que nous ne soyons disposés à subir pour nous tirer d'embarras... Il y avait une autre manière de s'y prendre avec M. Van Haren, et qui, à mon jugement, serait la seule décente : au lieu de le flatter, on pourrait profiter du désir que M. de Voltaire croit lui avoir reconnu de pouvoir figurer en France pour lui remontrer avec ménagement, mais néanmoins sans lui dissimuler la vérité, combien il a à réparer avant de pouvoir concevoir l'espérance de rien de semblable. On pourrait en même temps lui représenter notre cour comme n'étant point implacable et la France comme pleine de gens qui sauraient priser ses talents et lui

faire honneur quand on l'aurait vu faire des
démarches qui marquassent que, s'il s'était
laissé aller à son feu dans la cause qu'il avait
prise en main, il savait en revenir quand il était
temps et qu'il n'y a plus de prétexte d'animer
cette république contre la France. Il faut bien
du temps et une longue expérience de ce pays-
ci pour ne se pas méprendre dans le discerne-
ment à y faire des choses... Enfin, concluait
Fénelon, quand j'aurais parlé à mon fils, je
n'aurais su lui dire rien de plus pour lui indiquer les moyens de réussir. » Ces réflexions
étaient si sages, qu'à Paris on s'y rendit sans
peine et qu'on écrivit à Voltaire pour lui faire
savoir que le temps des feintes était passé et
que, pour lui rendre plus facile son changement
d'attitude et de langage, on était prêt à lever
l'interdiction de sa pièce de *Jules César* et à lui
ôter ainsi son motif de plainte le plus apparent[1].

Mais ce changement de front, sur place, en
plein champ de manœuvre diplomatique, n'était

1. Fénelon à Amelot, 17 août 1743. — Amelot à Voltaire,
22 août 1743. (*Correspondance de Hollande*. Ministère des affaires étrangères.)

pas si aisé à opérer, et, quand on est sorti de la
voie droite, il n'est pas si commode d'y rentrer
que le pensait le bon ambassadeur. Après avoir
fait retentir La Haye de l'écho de ses plaintes;
s'être glissé à la faveur de ses fausses confidences dans l'intimité des chefs d'un parti politique, venir tout à coup leur avouer qu'on n'était
que l'agent secret du gouvernement qu'on accusait la veille, c'était se donner à soi-même un
triste démenti et confesser qu'on avait joué un
singulier personnage. — Heureusement pour
Voltaire, un billet du roi de Prusse, auquel
étaient joints les passeports qu'il avait deman-
dés, vint le tirer de peine. Le prince, de retour
d'une tournée en Silésie, l'attendait avec impatience à Berlin. « Ce ne sont pas, disait-il en
lui envoyant ses permis de poste, des Bucé-
phales qui vous amèneront, ni des Pégases non
plus; mais je les aimerai davantage parce qu'ils
m'amèneront mon Apollon. » Voltaire ne se
le fit pas dire deux fois, ravi de trouver une
bonne raison pour se dérober au rôle ridicule
d'un comédien dont on a reconnu la voix sous
le masque et d'un trompeur pris dans son piège.

Quant à Frédéric lui-même, il y avait long-temps qu'il savait à quoi s'en tenir sur le caractère de la visite qu'il allait recevoir. Soupçonnant tout de suite quelque artifice, il mit en œuvre pour le déjouer un de ces procédés d'une malice dénuée de scrupule qui lui étaient familiers. Parmi les épigrammes envoyées par Voltaire sous l'empire d'un premier accès d'irritation, il fit choix de celles qui contenaient les traits les plus sanglants contre l'évêque de Mirepoix, et, les expédiant à un ami sûr qu'il avait à Paris, il le chargea de trouver quelque moyen détourné pour faire passer ces outrages sous les yeux du prélat offensé lui-même. « Je veux, écrivait-il à ce correspondant, brouiller si bien Voltaire avec la France, qu'il ne puisse plus quitter Berlin. » Et telle est, en effet, l'explication que Voltaire lui-même (informé plus tard, comme on va le voir, du tour qui lui était joué) en a donnée dans ses *Mémoires*. Il y en a une plus vraisemblabe : Frédéric avait tout simplement calculé que Boyer, piqué au vif, irait porter plainte auprès des ministres et demander justice. S'il ne l'obtenait pas, si quelque lettre d'exil ou quelque arrêt du Parlement (auquel plus d'un livre de Voltaire avait déjà été dénoncé, ne venait pas venger l'autorité offensée, c'est que cette autorité elle-même avait quelque raison de ne pas s'émouvoir : c'est qu'injure, colère et disgrâce, tout n'était qu'un jeu concerté dont on prétendait, lui, Frédéric, le rendre dupe.

La pièce envoyée dans ce dessein était bien choisie ; car elle contenait un trait qui, passant par-dessus la tête de l'évêque, devait atteindre plus haut que lui et était presque un acte de lèse-majesté.

> Non, non (y était-il dit), pédant de Mirepoix,
> Prêtre avare, esprit fanatique,
> Qui prétends nous donner des lois,
> Sur moi tu n'auras pas de droits.
> Loin de ton ignorante clique,
> Loin *du plus stupide des rois,*
> Je vais oublier à la fois
> La sottise de Mirepoix
> Et la sottise académique.

Les choses se passèrent pourtant exactement comme Frédéric l'avait prévu, et cette indigne supercherie (que Frédéric qualifie lui-même d'une expression beaucoup plus vive) eu

tout le succès qu'il s'était promis. Boyer, qui
n'était prévenu de rien, laissa éclater son ressentiment ; mais les ministres firent la sourde
oreille à ses réclamations. Louis XV, ou ne fut
pas averti de ce qui le touchait, ou ne s'en
émut pas, et Maurepas conseilla au prélat le
pardon des injures. Tout était clair alors : le
prétendu proscrit n'était qu'un agent déguisé;
celui dont on voulait sonder les intentions était
mis sur ses gardes; on voulait se jouer de lui,
ce fut lui qui s'apprêta à se bien divertir [1].

Voltaire à peine débarqué à Berlin, la plaisanterie commença. L'artifice de Frédéric, cette
fois très innocent, surtout pour un homme mis
en défense légitime, consista tout simplement
à aller lui-même, avec une franchise apparente,
au-devant des explications qu'on espérait tirer
de lui par surprise. Si Voltaire s'était flatté de
prendre son temps, de commencer par recon-

1. Frédéric au comte de Rottenbourg, 17 et 27 août 1743.
(*Correspondance générale de Frédéric*, dans ses *OEuvres com-
plètes*, t. XX, p. 523 à 525.) Si le lecteur est curieux de savoir comment Frédéric lui-même qualifie le procédé qu'il
employa dans cette occasion, cette indication lui en donne
le moyen. La décence ne me permet pas d'en dire davantage.

naître son terrain et de guetter l'heure favorable où le prince, entraîné par la chaleur de la
conversation, laisserait échapper quelque parole
indiscrète, il était loin de compte; car on ne lui
donna pas même un jour pour se mettre en
observation. Il raconte bien, dans ses *Mémoires,*
qu'il eut l'adresse d'amener insensiblement
Frédéric de la littérature à la politique et de le
faire causer des affaires courantes sans qu'il
s'en aperçût, à propos de l'*Énéide* de Virgile;
mais ses lettres à Amelot (dont il ne pouvait
avoir perdu le souvenir, puisqu'il en gardait la
minute, qui est imprimée dans ses Œuvres) attestent que tant d'art ne lui fut pas nécessaire.
Ce fut, au contraire, Frédéric lui-même qui, le
soir même de l'arrivée de Voltaire, après l'avoir
comblé d'embrassades et de compliments, puis
établi dans un appartement d'honneur du palais,
le fit dîner presque en tête-à-tête avec l'ambassadeur de France (celui qu'il appelait *Mon gros
Valori*), comme s'il eût voulu tout de suite témoigner qu'entre le représentant officiel de
Versailles et l'envoyé secret qu'on lui députait
en éclaireur, il ne faisait vraiment pas de diffé-

rence. Puis, dès le lendemain matin, c'est encore Frédéric lui-même qui entre familièrement chez son hôte. « J'ai été bien aise, lui dit-il, de vous faire dîner avec l'envoyé de France afin d'inquiéter un peu ceux qui seraient fâchés de cette préférence. » Et, là-dessus, il entame au pied levé toutes les questions du jour avec une abondance et une liberté de langage, mais aussi une confusion de pensées dont son interlocuteur (dans le compte visiblement embarrassé qu'il en rend) paraît à la fois surpris, flatté et déconcerté: Quelque effort, en effet, que fasse Voltaire pour donner à ce premier entretien la gravité d'une conférence diplomatique où il s'attribue à lui-même un assez beau rôle, rien ne ressemble moins à une conversation sérieuse que la suite d'assertions incohérentes qui sortent, pour ainsi dire, pêle-mêle de la bouche de Frédéric. Tous les points y sont abordés et aucun n'est résolu. Ce sont alternativement des sarcasmes amers contre les armées françaises et des invectives méprisantes contre le roi d'Angleterre, puis une énumération formidable des ressources militaires de la Prusse,

de la force de ses citadelles et de l'effectif de son
armée suivie du serment de rester en paix et
de ne jamais sortir de la stricte neutralité; le
tout dit, d'ailleurs, par le roi avec bonhomie, en
quelque sorte le cœur sur la main. Il n'évite
même pas les souvenirs les plus délicats à réveiller, puisqu'il ne craint pas de convenir du
tour qu'il nous avait joué à Breslau et de demander (à la vérité, dit Voltaire en baissant les
yeux) si la France, dans le cas d'une alliance
nouvelle, ne lui en garderait pas toujours rancune et ne lui rendrait pas à l'occasion la pareille. Le silence le plus affecté eût été moins
énigmatique que ces idées sans suite noyées
dans un flux de paroles.

Les mêmes scènes se renouvelèrent plusieurs
jours de suite et se continuèrent même par
écrit au moyen de petits papiers tracés au courant de la plume et échangés d'un appartement
à l'autre quand le roi, retenu par ses occupations,
n'avait pas le temps de sortir du sien. La seule
chose peut-être qu'un observateur vraiment sa-
gace aurait relevée dans ce passage rapide de
pensées incohérentes, c'étaient des compliments

un peu ironiques à l'adresse de Louis XV. Ces flatteries aigres-douces étaient sans doute destinées, si elles passaient sous les yeux du monarque français, à le piquer d'honneur en lui montrant qu'on mettait encore en question en Europe les résolutions viriles dont on lui témoignait, à Paris, une reconnaissance prématurée[1].

« Vous me dites tant de bien de la France (écrit par exemple Frédéric dans un de ces billets du matin) et de son roi qu'il serait à souhaiter que tous les souverains eussent de pareils sujets et toutes les républiques de semblables citoyens... Cette nation est la plus charmante de l'Europe et, si elle n'est pas crainte, elle mérite qu'on l'aime. Un roi digne de la commander, qui gouverne sagement et qui s'acquiert l'estime de l'Europe entière, peut lui rendre son ancienne splendeur... C'est assurément un ouvrage digne d'un prince doué de tant de mé-

---

1. Voltaire à Amelot, 3 septembre 1743. (*Correspondance générale*.) — Les dépêches de Voltaire à Amelot, datées de Berlin, sont imprimées dans sa *Correspondance générale*, d'après les minutes qu'il avait sans doute conservées lui-même. Le texte définitif ne s'en trouve pas, ou n'a pu être mis à ma disposition au ministère des affaires étrangères.

rite que de rétablir ce que les autres ont gâté, et jamais souverain ne peut acquérir plus de gloire que lorsqu'il défend ses peuples contre des ennemis furieux et que, faisant changer la face des affaires, il trouve le moyen de réduire ses adversaires à lui demander la paix humblement. J'admirerai tout ce que fera ce grand homme et personne de tous les souverains d'Europe ne sera moins jaloux que moi de ses succès. Mais je n'y pense pas, de vous parler politique : c'est précisément présenter à sa maîtresse une coupe de médecine... Adieu, cher Voltaire. Veuille le ciel vous préserver des insomnies de la fièvre et des fâcheux [1]. »

Au bout de quelques jours passés dans cet échange de communications stériles, Voltaire sentit pourtant la nécessité d'arriver à quelques informations plus précises. Le temps pressait, en effet, car le roi annonçait son prochain départ de Berlin pour Baireuth, où il devait faire visite à sa sœur, la margrave, femme du souverain de ce petit État, et il ne cachait pas qu'il

---

1. Frédéric à Voltaire, 7 septembre 1743. (*Correspondance générale.*)

comptait y rencontrer plusieurs princes importants d'Allemagne et s'entretenir avec eux des
intérêts de l'empire. Tout le désir de Voltaire
était d'être emmené avec lui comme conseiller
et comme auxiliaire, dans cette tournée diplomatique. Mais, auparavant, il semblait pourtant
nécessaire de savoir ce qu'on y allait faire. Voltaire saisit donc l'occasion d'une lettre qu'il avait
reçue de l'abbé de la Ville, lui annonçant des
propositions de paix faites par un magistrat
hollandais et, en communiquant ce renseigne-
ment à Frédéric, il crut pouvoir lui poser quelques questions dont il le priait de mettre en
marge les réponses. Le roi ne s'y refusa pas,
et cette pièce, écrite sur deux colonnes, a été
conservée dans les manuscrits de Voltaire, qui
en fait mention avec complaisance dans ses
Mémoires. Bien qu'elle soit connue sans doute
de plus d'un lecteur, je ne puis me refuser le
plaisir de la citer intégralement, quand ce ne
serait que pour la recommander à l'attention
des faiseurs de *Maximes* et de *Caractères*, des
La Rochefoucauld ou des La Bruyère futurs qui
seraient tentés de moraliser sur les illusions de

l'amour-propre. Si Voltaire, en effet, qui avait assez raillé en sa vie pour s'entendre en plaisanterie, ne s'est pas aperçu, ce jour-là, à quel point on se moquait de lui, c'est que les nuages élevés par la vanité dans l'intelligence sont trop épais pour que tout l'esprit du monde suffise à les dissiper.

A Frédéric II, roi de Prusse.

Septembre 1743.

Votre Majesté aurait-elle assez de bonté pour mettre en marge ses réflexions et ses ordres?

VOLTAIRE.	FRÉDÉRIC.
1º Votre Majesté saura que le sieur Bassecour, premier bourgmestre d'Amsterdam, est venu prier M. de la Ville, ministre de la France, de faire des propositions de paix. La Ville a répondu que, si les Hollandais avaient des offres à faire, le roi son maître pourrait les écouter.	1º Ce Bassecour est apparemment celui qui a soin d'engraisser les chapons et les coqs d'Inde pour Leurs Hautes Puissances?
2º N'est-il pas clair que le	2º J'admire la sagesse de

parti pacifique l'emportera infailliblement en Hollande, puisque Bassecour, l'un des plus déterminés à la guerre, commence à parler de paix? N'est-il pas clair que la France montre de la vigueur et de la sagesse?

3º Dans ces circonstances, si Votre Majesté parlait en maître, si elle donnait l'exemple aux princes de l'empire d'assembler une armée de neutralité, n'arracherait-elle pas le sceptre de l'Europe des mains des Anglais, qui vous bravent et qui parlent hautement de vous d'une manière révoltante, aussi bien que le parti des Bentinck, des Fagel, des Obdam? Je les ai entendus et je ne vous dis rien que de très véritable.

4º Ne vous couvrez-vous pas d'une gloire immortelle en vous déclarant efficacement le protecteur de l'empire? Et n'est-il pas de votre plus pressant intérêt d'empêcher que les Anglais ne fassent votre ennemi le grand-duc roi des Romains?

5º Quiconque a parlé seulement un quart d'heure au duc d'Arenberg, au comte

la France; mais Dieu me préserve à jamais de l'imiter!

3º Ceci serait plus beau dans une ode que dans la réalité. Je me soucie fort peu de ce que les Hollandais et Anglais disent, d'autant plus que je n'entends point leur patois.

4º La France a plus d'intérêt que la Prusse de l'empêcher ; et, en cela, cher Voltaire, vous êtes mal informé; car on ne peut faire une élection de roi des Romains sans le consentement unanime de l'empire. Ainsi vous sentez bien que cela dépend toujours de moi.

5º

> On les y recevra,
> Biribi,

de Harrach, au lord Stairs, à tous les partisans d'Autriche, leur a entendu dire qu'ils brûlent d'ouvrir la campagne en Silésie. Avez-vous, en ce cas, Sire, un autre allié que la France? et, quelque puissant que vous soyez, un allié vous est-il inutile? Vous connaissez les ressources de la maison d'Autriche, et combien de princes sont unis à elle. Mais résisteraient-ils à votre Puissance, jointe à celle de la maison de Bourbon?

6º Si vous faites seulement marcher des troupes à Clèves, n'inspirez-vous pas la terreur et le respect, sans crainte que l'on ose vous faire la guerre? N'est-ce pas, au contraire, le seul moyen de forcer les Hollandais à concourir sous vos ordres à la pacification de l'empire et au rétablissement de l'empereur, qui vous devra deux fois son trône et qui aidera à la splendeur du vôtre?

7º Quelque parti que Votre Majesté prenne, daignera-t-elle se confier à moi comme à son serviteur, comme à celui qui désire de passer ses jours à votre cour? Voudra-t-elle que j'aie l'honneur de l'accompagner à Baireuth?

A la façon de Barbari.
Mon ami.

6º

Vous voulez donc qu'en vrai dieu de
[machine,
J'arrive pour le dénoûment;
Qu'aux Anglais, aux Pandours, à ce peuple
[insolent,
J'aille donner la discipline?
Mais examinez mieux ma mine;
Je ne suis pas assez méchant

7º Si vous voulez venir à Baireuth, je serai bien aise de vous y voir, pourvu que le voyage ne dérange pas votre santé. Il dépendra donc de vous de prendre quelles mesures vous jugerez à propos.

et, si elle a cette bonté, veut-
elle bien me le déclarer, afin
que j'aie le temps de me
préparer pour ce voyage? Pour
peu qu'elle daigne m'écrire
quelque chose de favorable
dans la lettre projetée, cela
suffira pour me procurer le
bonheur ou j'aspire depuis
six ans de vivre auprès d'elle.

8º Si, pendant le court séjour que je dois faire cet
automne auprès de Votre
Majesté, elle pouvait me
rendre porteur de quelque
nouvelle agréable à ma cour,
je la supplierais de m'honorer
d'une telle commission.

9º Faites tout ce qu'il vous
plaira ; j'aimerai toujours
Votre Majesté de tout mon
cœur.

VOLTAIRE.

8º Je ne suis dans aucune
liaison avec la France; je
n'ai rien à craindre ni à
espérer d'elle. Si vous voulez,
je ferai un panégyrique de
Louis XV, où il n'y aura pas
un mot de vrai; mais, quant
aux affaires politiques, il
n'en est aucune à présent
qui nous lie ensemble; et
d'autant plus, ce n'est point
à moi à parler le premier. Si
l'on me demande quelque
chose, il est temps d'y répondre; mais vous qui êtes
si raisonnable, sentez bien
le ridicule dont je me char-
gerais si je donnais des projets politiques à la France
sans à-propos, et, de plus,
écrits de ma propre main.

9º Je vous aime de tout
mon cœur, je vous estime,
je ferai tout pour vous avoir
hormis des folies et des
choses qui me donneraient
à jamais un ridicule dans

> l'Europe, et seraient, dans le
> fond, contraires à mes in-
> térêts et à ma gloire. La
> seule commission que je
> puisse vous donner pour la
> France, c'est de leur con-
> seiller de se conduire plus
> sagement qu'ils n'ont fait
> jusqu'à présent. Cette mo-
> narchie est un corps très
> fort, sans âme et sans nerfs.
>
> FRÉDÉRIC.

Il eût été impossible, on en conviendra, d'être moins pressé que Voltaire ne l'était par Frédéric de le suivre à Baireuth; aussi hésita-t-il un peu à user d'une permission si froidement donnée. « Je ne sais, écrivait-il à Amelot, si le roi me mettra du voyage; ma situation pourra devenir très épineuse. » Il se décida cependant à partir avec le roi, à la surprise de ceux qui l'ayant entendu se plaindre de sa santé et des fatigues du voyage, ne trouvaient peut-être pas qu'il fût obligé de s'en imposer de nouvelles pour se rendre à une invitation assez peu chaleureuse. On sait, en effet, qu'il ne cessait de gémir de ses infirmités et qu'il est resté mourant toute

sa vie jusqu'à quatre-vingt-quatre ans. Pour un
tempérament délicat, Frédéric, avec ses allures
brusques et pressées, était un compagnon de
route assez incommode ; aussi Valori , qui en
savait quelque chose par expérience, fit-il honneur à Voltaire de cet acte de dévouement dans
ses dépêches avec une nuance d'ironie :
« M. de Voltaire, dit-il, va partir avec le roi de
Prusse ; il s'expose à aller un train inconnu
aux Muses... J'admire beaucoup son courage
dans l'état où il est ; car il ne paraît avoir qu'un
souffle de vie... Il peut être d'une grande utilité, si l'on en juge par son zèle et par la manière
dont il s'est conduit ici. »

Le sacrifice était plus méritoire encore, à ce
qu'il paraît, que Valori ne le supposait ; car, au
moment où cet envoyé fermait sa lettre, il vit
Voltaire entrer lui-même chez lui pour lui confesser que ce voyage de Baireuth, en retardant
son retour à Paris, l'exposait, de la part d'une
belle abandonnée, à de tendres reproches dont
l'éclat pouvait être fâcheux. En conséquence,
il demandait à ajouter lui-même à la dépêche
annonçant son départ un *post-scriptum* qu'on y

retrouve, en effet, tout entier écrit de sa main et qui est ainsi conçu : « Le roi de Prusse me donne l'ordre de le suivre à Baireuth. J'y vais, monseigneur, uniquement pour votre service. Je vous supplie d'engager M. le comte de Maurepas à le faire entendre à une personne qui se plaint trop d'une absence nécessaire. Sauvez-moi le ridicule en faveur de mon zèle [1]. » Je ne sais, en vérité, pourquoi Voltaire s'est plaint dans ses *Mémoires* de n'avoir rencontré chez Valori, pendant le cours de sa mission secrète, que méfiance et jalousie ; ce simple détail tout intime, inséré dans une lettre officielle, montre que la confiance entre eux était complète et que l'ambassadeur même ne manquait pas de complaisance.

Au demeurant, si Voltaire, en se mettant en route, éprouvait encore quelque scrupule de se faire de fête là où il n'était pas précisément appelé, l'accueil qu'il reçut à Baireuth eut bien vite dissipé ce léger embarras. De la part de la margrave elle-même, d'abord, il n'avait rien à

1. Valori à Amelot, 7 et 10 septembre 1743. (*Correspondance de Prusse.* Ministère des affaires étrangères.)

craindre ; car, depuis son premier voyage à Berlin, il avait dans cette princesse une admi-
ratrice, une correspondante assidue, presque
une amie. De toutes les sœurs du roi de Prusse,
Frédérique-Wilhelmine, margrave de Baireuth,
était la plus spirituelle, la plus aimable, la plus
chère aussi à son illustre frère. Associée à tous
ses malheurs, pendant leur jeunesse commune,
confidente de toutes ses peines, dévouée, depuis
qu'il était roi, à tous les intérêts de sa gloire,
elle partageait même de loin toutes ses préoccupations et tous ses goûts. Dans la petite
ville obscure qui servait de capitale à son mince
État et qui était pour elle un lieu d'exil, elle
vivait consacrée au culte des lettres, de la philosophie et des arts. Elle avait même élevé aux
Muses (pour parler le langage du temps) un véritable temple dont elle a fait la description
dans les piquants *Mémoires* qu'elle nous a laissés. C'était un château d'un seul étage, bâti à
quelque distance de la ville, dans un site
agréable et solitaire. De vastes salles dont les
parois étaient revêtues de marbres rares et de
boiseries du Japon conduisaient à une salle de

spectacle et de concert dont toutes les frises
étaient surmontées des plus belles peintures. A
la suite venait un petit cabinet décoré de laque
brune, ouvrant par une seule fenêtre sur le jardin. C'était la retraite où Wilhelmine se réfu-
giait, pour se livrer, loin des importuns, à ses
études favorites. Combien de fois et avec quelle
dévotion le nom de Voltaire avait été prononcé
dans cet asile de méditations savantes ou rê-
veuses! C'était là, qu'après chaque envoi de
France, étaient dévorés avec avidité les moindres écrits sortis de sa plume, les moindres
fruits de sa verve poétique. C'était là aussi
qu'étaient reçues et serrées précieusement les
lettres flatteuses qu'il adressait à « la princesse
philosophe, la protectrice des arts, la musicienne
parfaite, le modèle de la politesse et de l'affabi-
lité ». Le recevoir en personne dans ce lieu où
on avait si souvent parlé de lui était un bien
inespéré. C'était vraiment le dieu qui paraissait
dans le sanctuaire.

Ce furent aussitôt de longues, d'interminables, de charmantes conversations auxquelles
la princesse se prêta avec d'autant plus d'em-

pressement que le commerce de la petite noblesse allemande, telle qu'elle nous l'a dépeinte,
lui imposait pour son régime ordinaire un jeûne
plus complet de plaisirs d'esprit. Les confidences allèrent même assez loin, s'il est vrai,
comme le rapporte Voltaire, qu'en lui racontant
les malheurs de son jeune âge, elle ne se
borna pas à lui parler des violences matérielles
que lui avait infligées la main brutale de son
père : « Elle en gardait, dit-il, des cicatrices au-
dessus du sein gauche, qu'elle m'a fait l'honneur de me montrer [1]. »

Le margrave, lui-même, jeune prince moins
ami des lettres, mais encore très épris de sa
femme et subissant entièrement sa domination,
s'associa de bonne grâce à cette réception chaleureuse et il ne fut pas le seul ; car la cité, ordinairement peu animée, de Baireuth devint tout
de suite le rendez-vous de tous les princes du
voisinage appelés par Frédéric ou accourus pour
lui faire leur cour. Toutes les puissances petites
ou grandes du cercle de Franconie, têtes cou-

1. Desnoiresterres, *Voltaire et la société au* xviiie *siècle*
t. II, p. 401. — Voltaire, *Mémoires*.

ronnées ou mitrées, noblesse, magistrature, se
pressaient autour du héros du jour. L'illustre
Français qui vivait dans la familiarité du grand
homme devint ainsi lui-même l'objet d'une curiosité universelle. Son nom était, d'ailleurs, du
petit nombre de ceux qui étaient apportés dans
ces pays reculés par les échos lointains de la
renommée. C'était le représentant de ce génie
français dont le prestige éblouissait, depuis des
siècles, l'Allemagne entière. Aussi, dans une
suite de fêtes brillantes, disposées avec art par
le goût éclairé de la margrave, Voltaire se vit-
il entouré d'hommages qui lui causèrent un
véritable enivrement et lui firent oublier pour
un moment ses soucis et ses prétentions politiques : « J'ai suivi à Baireuth, écrivait-il tout en
extase au jeune Podewils, l'Orphée couronné!
J'y ai vu une cour où tous les plaisirs de l'esprit et tous les goûts de la société sont rassemblés. Nous y avons des opéras, des comédies,
des chasses, des soupers délicieux. Ne faut-il
pas être possédé du malin esprit pour s'exter-
miner sur le Danube ou sur le Rhin, au lieu de
couler aussi doucement sa vie! » Son entraîne-

ment était tel que, oubliant tout, il négligea
quinze jours de suite d'écrire à madame du Châtelet. Le crédit de Voltaire auprès de Frédéric était, d'ailleurs, si bien établi dans la pensée
de tous, que les princes eux-mêmes recouraient
à lui pour les grâces qu'ils voulaient obtenir.
C'est ainsi que, mandé un jour par la duchesse
régente de Wurtemberg, il la trouva tout éplorée
et le suppliant presque à genoux de lui faire
rendre son fils, qui, bien que déjà en âge de
régner, était retenu presque de force à la cour
de Prusse. Voltaire promit son intercession et
eut la jouissance de se faire bénir d'une
princesse en séchant des larmes maternelles [1].

Mais, pendant que la royauté littéraire était
ainsi comblée d'encens et de compliments, que
faisait le roi véritable et de quoi parlait-il dans
ses entretiens particuliers avec les princes
qui s'étaient rendus à son appel? Évidemment,
des projets d'alliance et de confédération étaient
toujours en travail dans son esprit; mais, dans

1. Voltaire à Podewils et à Amelot, 3 octobre 1743. (*Correspondance générale.*)

quel sens et dans quel dessein? Était-ce pour
venir en aide à la France ou pour se passer d'elle
en lui fermant les portes de l'Allemagne ? C'est
ce que Voltaire, malgré l'étourdissement des
plaisirs, aurait pourtant désiré savoir et sur
quoi il essaya, plus d'une fois, d'obtenir des
confidences. Mais ses tentatives furent, cette
fois, très mal accueillies. Frédéric se plaignit
avec amertume que la France ne savait que
mendier la paix à tout le monde et qu'elle frap-
pait à toutes les portes pour l'obtenir et fit
entendre qu'il était obligé de se mettre en
garde contre la tentation qu'elle pourrait avoir,
pour se tirer d'affaire, d'entrer dans des arrangements contraires aux intérêts de la Prusse.
Voltaire, il faut lui rendre cette justice, ne
craignait pas d'user, même avec les princes,
d'une hardiesse gracieuse qui lui avait plus
d'une fois réussi. Il essaya donc, sans se troubler, de prendre le ton plaisant et demanda au
roi en souriant s'il n'avait pas lui-même quelque péché de ce genre sur la conscience et si on
ne pourrait pas le prendre en flagrant délit de
pourparlers avec les ennemis de la France.

Mais le roi s'en défendit avec une vivacité maussade. « S'il ne le faisait pas, dit-il, c'est qu'il ne lui plaisait pas de le faire; car il en était pressé tous les jours, et s'il offrait seulement dix mille hommes à l'Angleterre et à l'Autriche il ferait la loi à son gré dans l'empire. Que la France gardât seulement, ajoutait-il, ses frontières pendant une année, et il se chargeait à lui seul de protéger l'empereur[1]. »

Éconduit ainsi sans façon, Voltaire essaya encore de revenir à la charge par une voie indirecte. Le jeune margrave, à qui son puissant beau-frère venait de faire décerner le titre de feld-maréchal du cercle de Franconie, brûlait de se distinguer et, avec l'ardeur naturelle à son âge, accusait tout haut les lenteurs et les hésitations de la politique prussienne. Voltaire lui persuada que, s'il obtenait seulement de Frédéric la disposition d'un corps de dix mille hommes, on lui ferait aisément avancer par la France un subside suffisant pour lever lui-même une force pareille; ces troupes, jointes

1. Voltaire à Amelot, 13 septembre 1743. (*Correspondance générale.*)

aux débris de celles qui restaient autour de l'empereur, pourraient former le noyau d'une petite armée qui, sous le nom d'armée des cercles, arborerait l'étendard de la liberté germanique et à laquelle plus d'un prince de l'empire serait empressé de se rallier. Le prince entra avec chaleur dans cette pensée et en fit part à Frédéric. Celui-ci, sans le décourager absolument, lui annonça qu'il allait faire une courte visite au margrave d'Anspach, mari d'une autre de ses sœurs, chez qui il verrait les princes du cercle de Souabe, et ajouta, d'un air mystérieux, qu'il reviendrait de là avec de grands desseins et peut-être de grands succès. Le voyage d'Anspach eut lieu en effet et dura quelques jours, au bout desquels Frédéric revint à Baireuth et ne dit rien du tout à son beau-frère; ce qui, dit Voltaire, l'étonna beaucoup,

Force était donc bien de regagner Berlin aussi incertain qu'on en était parti, et Voltaire, sortant de son enchantement, dut faire part de son mécompte au ministre sur un ton de découragement : » Sa Majesté prussienne est partie pour Leipzig et n'a rien déterminé... Mais toutes ses conversations me font voir évidemment qu'il ne se mettra à découvert que quand il verra l'armée autrichienne presque détruite.» — « Je reviens de Franconie, écrivait-il en même temps à un ami, à la suite du roi, qui est la terreur des postillons comme de l'Autriche, et qui fait tout en poste. Il traîne ma momie après lui [1]. »

A Berlin, Valori l'attendait avec une révélation qui n'était pas faite pour le mettre en meilleure humeur : l'ambassadeur avait découvert, je ne sais comment, la perfidie royale qui avait livré à l'évêque de Mirepoix les épigrammes sanglantes du candidat refusé par l'Académie. Voltaire apprit ainsi ce qu'il devait penser des fausses caresses dont il était bercé, et, comme Valori n'avait pas manqué de faire rapport de tout au ministre (qui devait déjà en savoir quelque chose), il était clair que la mystification était complète et qu'on s'amusait à ses dépens à Versailles comme à Paris. Jamais réveil ne fut plus pénible, et son dépit fut tel, qu'un

---

1. Voltaire à Amelot, 3 octobre. — A Thiériot, 8 octobre 1743. (*Correspondance générale.*)

moment il songea à partir sans prendre congé :
« Ce que vous mande M. de Valori, touchant
la conduite du roi de Prusse à mon égard, écrivit-il à Amelot, n'est que trop vrai... Ne pouvant me gagner autrement, il croit m'acquérir
en me perdant en France ; mais je vous jure
que j'aimerais mieux vivre dans un village
suisse que de jouir à ce prix de la faveur dange-
reuse d'un roi capable de mettre de la trahison
dans l'amitié même ; ce serait, en ce cas, un
trop grand malheur de lui plaire. Je ne veux
point du palais d'Alcine, où l'on est esclave
parce qu'on est aimé, et je préfère surtout vos
bontés vertueuses à une faveur si funeste.
Daignez me conserver ces bontés et ne parlez
de cette aventure curieuse qu'à M. de Maurepas [1]. »

Qui l'aurait cru pourtant? les charmes d'Alcine furent encore les plus forts, et huit jours
n'étaient pas écoulés, que déjà le plaisir
de paraître le favori d'un souverain l'emportait

---

1. Voltaire à Amelot, 5 octobre 1743. (*Correspondance
générale.*) — Frédéric à Rottenbourg, 14 octobre 1743. (*Correspondance générale.*)

sur le déplaisir d'avoir été sa dupe. Frédéric, d'ailleurs, en était sûr d'avance ; car, averti que sa ruse était éventée, il en donnait avis, en riant sous cape, à son complice de Paris : « La Barbarina, disait-il (c'était le nom d'une danseuse italienne attendue par l'opéra de Berlin), ne pourra venir qu'au mois de février, étant déjà engagée à Venise. A propos de baladins, Voltaire a déniché la petite trahison que nous lui avons faite, il en est étrangement piqué; il se défâchera, je l'espère. » Le moyen, en effet, de rester fâché contre un prince qui avait aidé lui-même à mettre en musique le bel opéra de Métastase, *la Clémence de Titus*, et qui vint offrir à Voltaire d'en faire donner une représentation tout exprès en son honneur? « En quatre jours, de temps, écrivait Voltaire le 8 octobre, Sa Majesté prussienne daigne faire ajuster sa magnifique salle de machines et faire mettre son opéra au théâtre, le tout parce que je suis curieux. » Un tel procédé ne réparait-il pas toutes les injures du monde? Puis, au cours de la représentation même, un bon sentiment, suivi d'une bonne œuvre, vint encore contribuer à apaiser le ressentiment du poète. Il y avait dans la prison de Spandau un pauvre Français enrôlé de force dans l'armée de Frédéric-Guillaume, en raison de sa belle taille, puis condamné, pour désertion, à la captivité perpétuelle, après avoir eu le nez et les oreilles coupés. Il avait fait appel à la puissante intercession de Voltaire. « Je pris mon temps (disent les *Mémoires*) pour recommander à la clémence de Titus ce pauvre Franc-Comtois sans oreilles et sans nez... Le roi promit quelque adoucissement, et il eut la bonté de mettre le gentilhomme dont il s'agissait à l'hôpital à six sous par jour. Il avait refusé cette grâce à la reine mère, qui, apparemment, ne l'avait demandée qu'en prose [1]. »

Dès lors, tout fut oublié. Frédéric, ne craignant même plus les explications, eut l'art de persuader à l'offensé que le tour qu'il lui avait joué, loin de devoir être pris en mauvaise part, ne faisait qu'attester l'excès de son amitié et son désir ardent de le garder à sa cour. Il lui arracha

---

1. Voltaire à Thiériot, 8 octobre 1743. (*Correspondance générale. — Mémoires.*)

même la promesse qu'il reviendrait le plus tôt possible, pour ne plus le quitter. « Choisissez, lui dit-il, appartement ou maison, réglez vous-même ce qu'il vous faut pour l'agrément et le superflu de la vie..., vous serez toujours libre et entièrement maître de votre sort. Je ne prétends vous enchaîner que par l'amitié et le bien-être[1]. »

Mais, en attendant le retour d'un ami si cher, il fallait bien se résigner et se préparer à son départ. Le mot d'ordre fut donné d'éblouir Voltaire, pendant ces derniers jours, par une profusion de coquetteries sans conséquence et de politesses, à la vérité, toujours étrangères à la politique. « Tout, ici, est tranquille, écrit Hyndford à Carteret, et le roi de Prusse ne semble plus occupé qu'à préparer des opéras et des bals. M. Voltaire est revenu; il est constamment avec Sa Majesté Prussienne, qui semble décidée à lui donner la matière d'un poème sur les divertissements de Berlin. On ne parle que de Voltaire. Il lit des tragédies aux deux reines et aux princesses jusqu'à les faire fondre en larmes,

1. Frédéric à Voltaire, 7 octobre 1843. (*Correspondance générale.*)

il dépasse le roi lui-même en verve satirique et
en saillies extravagantes. Personne ne passe
pour un homme bien élevé s'il n'a pas la tête
et les poches pleines des compositions de ce
poète et s'il ne parle pas en vers. J'espère cependant que Votre Seigneurie m'excusera si je
prends la liberté de l'assurer, sur le ton de mon
refrain ordinaire (*in humming*), que j'ai l'honneur, etc. »

Le même Hyndford raconte pourtant que,
quelque soin que mît Frédéric à ne pas mêler,
dans ses représentations brillantes, la politique
à la poésie et aux arts, l'habitude parfois l'emportait, et des coups de langue lui échappaient
qu'il ne pouvait retenir. Ainsi, à un ballet
d'opéra, un incident assez comique survint.
Avant la représentation, le rideau se trouva à
moitié levé, et l'on aperçut les jambes des dan-
seuses françaises, qui essayaient leurs pas, sans
qu'on pût voir leur visage. Le roi se mit à rire
et dit à demi-voix, mais assez haut pour être
entendu de l'envoyé de France : « Voilà le ministère de France, des jambes qui remuent et
point de tête. — Voilà mon paquet, dit Valori à

Hyndford, et, pour ce soir, c'est moi qui l'em-
poche[1]. »

Mais Frédéric était le seul qui prît la liberté
d'interrompre par des traits piquants de si belles
réunions. Toute la cour, d'ailleurs, fidèle à la
même consigne ou subissant le même entraîne-
ment, ne semblait sensible qu'au plaisir de
posséder encore l'homme de génie et troublée
seulement par le chagrin de le quitter. Les
princesses, plus que tous autres, étaient sous
le charme, et une en particulier, la princesse
Ulrique, plus tard reine de Suède. De toutes les
sœurs de Frédéric, si Wilhelmine était la plus
spirituelle, Ulrique était la plus jolie. C'est pour
ce motif sans doute que Voltaire semblait aussi
plus empressé de lui plaire, et on vit s'établir
entre eux un échange de propos aimables qui
semblaient parfois dépasser, chez l'une, la mesure de l'admiration, et, chez l'autre, les bornes
du respect. Il est vrai qu'il est admis que c'est
en ce genre surtout que la poésie a ses licences,
et que ce qui se dit en vers n'est jamais compro-

1. Hyndford à Carteret, 5 et 29 octobre 1743. (*Correspondance de Prusse*. Record Office.)

mettant. Aussi assure-t-on que la princesse
permit au poète de lui faire une déclaration,
sous la seule condition que le mot d'amour n'y
serait pas prononcé, et c'est alors que, sur place
et sur-le-champ, il improvisa ce madrigal, qui
est dans toutes les mémoires et qui est vraiment
la perle du genre :

> Toujours un peu de vérité
> Se mêle au plus grossier mensonge,
> Cette nuit, dans l'erreur d'un songe,
> Au rang des rois j'étais monté.
> Je vous aimais alors et j'osais vous le dire.
> Les dieux à mon réveil ne m'ont pas tout ôté :
> Je n'ai perdu que mon empire.

Ulrique n'était pas de force à répondre séance
tenante, sur le même ton ; aussi ne fit-elle (c'est
elle qui le dit elle-même) qu'une assez chétive
réplique. Mais la nuit porte conseil, et, aidée
par son frère, elle renvoyait, le lendemain, une
pièce plus longue, plus lourde, où elle entrait
dans la plaisanterie, avec beaucoup moins de
grâce, mais non sans un certain art, pour garder
son rang et éloigner la familiarité. C'était Apollon, qui, informé qu'elle avait reçu des vers de

son favori, l'avertissait qu'il s'était trompé d'adresse, et qu'en songe il l'avait prise pour la belle Émilie.

> Quand vous fûtes ici, Voltaire,
>   Berlin, de l'arsenal de Mars,
>   Devint le temple des beaux-arts,
> Mais trop plein de l'objet dont le cœur sut vous plaire,
> Émilie est toujours présente à vos regards.
> . . . .
>   Au sortir de ce songe heureux,
>   La vérité, toujours sévère,
> A Bruxelles bientôt dessillera vos yeux.
> . . .   .
> Je sens assez de nous la différence extrême;
> Au haut de l'Hélicon vous vous placez vous-même,
>   Moi, je tiens tout de mes aïeux,
>   Tel est l'arrêt du sort suprême,
> Le hasard fait les rois : la vertu fait les dieux [1].

Faut-il croire que, pendant que Frédéric dictait à sa sœur cette réponse pleine de tact et de dignité, il s'amusait à en versifier à huis clos une tout autre, qui parut plus tard sous son nom, où Voltaire était traité de *faquin*, et où

---

1. Ulrique à Voltaire, octobre 1743. (*Correspondance géné-*
~ale.)

sa prétention d'aspirer, au moins en songe, à la main d'une princesse, était comparée au rêve *d'un chien qui aboie à la lune?* — Les biographes de Voltaire contestent avec une sorte d'indignation l'authenticité de cette grossière boutade. Pour l'honneur du bon goût comme de la dignité royale, nous ne demandons pas mieux que d'en douter avec eux. Mais les éditeurs allemands sont moins délicats ; car, dans la collection officielle des œuvres de Frédéric, les deux pièces mises dans la bouche d'Ulrique sont insérées à la suite l'une de l'autre, sans qu'ils aient l'air de se douter du joli trait de caractère, que, par ce rapprochement et ce contraste, ils prêtent à leur souverain.

La date fatale du 12 octobre fixée pour le départ arriva enfin, et Voltaire, faisant son compte à la dernière heure, dut tristement reconnaître qu'il s'en retournait absolument les mains vides, sans rapporter même un indice, même un soupçon des véritables intentions du roi. Il se résolut alors de tenter un dernier effort, véritablement désespéré et pourtant très

modeste. Il supplia le roi de Prusse, dans un
dernier entretien, de lui donner à porter un
mot de sa main, un seul, propre à être mis sous
les yeux de Louis XV, et qui pût attester que
son langage à Berlin n'avait tendu qu'à rapprocher les deux souverains et à faire tomber les
préjugés qui les éloignaient l'un de l'autre. Il
demandait cette légère faveur non comme un
acte utile à la politique, mais comme un service
personnel, propre à lui faire obtenir à Versailles
le retour des grâces royales dont on l'avait
privé. « Je n'ambitionne point du tout, disait-il,
d'être chargé d'affaires comme Destouches et
Prior, deux poètes qui ont fait deux paix entre
la France et l'Angleterre. Vous ferez tout ce
qu'il vous plaira avec tous les rois du monde
sans que je m'en mêle; mais je vous conjure
instamment de m'écrire un mot que je puisse
montrer au roi de France... Je ne demande
autre chose, sinon que vous êtes satisfait aujourd'hui des dispositions de la France, que
personne ne vous a jamais fait un portrait si
avantageux de son roi, que vous me croyez
d'autant plus que je ne vous ai jamais trompé,

et que vous êtes bien résolu à vous lier avec un prince aussi sage et aussi ferme que lui. Ces mots vagues ne vous engagent à rien, et j'ose dire qu'ils feront un très bon effet : car, si on vous a fait des peintures peu honorables du roi de France, je dois vous assurer qu'on vous a peint à lui sous les couleurs les plus noires, et assurément on n'a rendu justice ni à l'un ni à l'autre. Permettez donc que je profite de cette occasion si naturelle pour rendre l'un à l'autre deux monarques si chers et si estimables. Ils feront de plus le bonheur de ma vie : je montrerai votre lettre au roi, et je pourrai obtenir la restitution d'une partie de mon bien que le cardinal m'a ôté. Je viendrai dépenser ici ce bien que je vous devrai[1]. »

Comme nous ne trouvons pas de réponse à cette supplication, il est à présumer que Frédéric fut insensible, et ce qui prouve bien que même cet acte de bonne grâce fut refusé, c'est que, pour y suppléer, Voltaire fut réduit à citer, dans une dépêche postérieure adressée au mi-

---

1. Voltaire à Frédéric, octobre 1743. (*Correspondance générale*.)

nistre, un fragment d'une des lettres royales
que j'ai citées et où le nom de *grand homme*
était décerné à Louis XV, dans un sens que la
tournure de la phrase rendait manifestement
ironique. Cette rigueur n'empêcha point Frédéric d'assurer au voyageur, du plus grand
sérieux du monde, avant de le mettre en voiture, qu'il avait eu tort de ne pas apporter de
lettres de créance, ce qui aurait permis de
traiter avec lui.

Ce n'est pas là, je le sais, le compte que
rendent de ce dernier entretien les écrivains qui
s'en sont fiés aux *Mémoires* de Voltaire. Tous
racontent, au contraire, qu'au moment de le
quitter, Frédéric lui glissa dans l'oreille ces
simples paroles : *Que la France déclare la
guerre à l'Angleterre et je marche avec elle.*
Par malheur, rien ne se trouve dans les correspondances, et, comme elles sont imprimées
depuis longtemps, tous les narrateurs auraient
pu prendre la peine de s'en assurer. La suite
des faits fera voir, d'ailleurs, que cette exigence
imposée, en effet, par Frédéric à la France, ne
lui vint à l'esprit que beaucoup plus tard et par

suite de circonstances qui n'étaient pas encore réalisées[1].

Voltaire partit donc, — il le fallait bien ; — mais il s'éloignait à regret, se rendant non en droiture à Paris, où il n'avait rien à dire, mais à Bruxelles, où madame du Châtelet, se mourant d'impatience, était venue l'attendre et où il ne paraît pas qu'il fût également pressé d'arriver ; car il s'arrêta de ville en ville, dans les petites cours d'Allemagne, où chacun voulait le retenir, entre autres à Brunswick, pendant deux mortelles journées dont Émilie comptait toutes les minutes. « C'est un voyage céleste, écrivait-il, où je passe de planète en planète. » Et, la tournée finie, il ne demandait pas mieux que de recommencer ; il proposait, au contraire, à Amelot de repartir sans débrider si on voulait le charger de lettres pressantes de Charles VII

1. Voltaire à Amelot, Bruxelles, 5 novembre 1743. (*Correspondance de Hollande.* Ministère des affaires étrangères.) — On trouve dans la Correspondance générale de Voltaire une lettre également adressée à Amelot en date du 27 octobre, et qui est si semblable pour le fond, et souvent même pour la forme, à celle-ci, qu'il est à présumer que l'une n'est que le brouillon dont l'autre est le texte définitif. Voir appendice A à la fin du volume.

pour tous les princes de l'empire, afin de les
décider à agir en commun sur les résolutions de
Frédéric. Il ne savait pas, et personne ne lui fit
savoir que, pendant qu'il cherchait ainsi à renouer les fils d'une négociation qui n'avait pas
même été entamée, Frédéric faisait venir Valori
dans son cabinet et lui proposait d'aller, de
sa personne, porter à Versailles le plan d'une
action commune avec la France. La comédie était jouée; la partie sérieuse allait commencer[1].

« Ce siècle-ci, dit Frédéric dans l'*Histoire de
mon temps*[2], est bien fait pour les événements
singuliers et extraordinaires; car je reçus un

1. Voltaire à Amelot, dépêche citée. — Valori à Amelot,
5 octobre 1744. (*Correspondance générale*. Ministère des
affaires étrangères.)

2. Frédéric, *Histoire de mon temps*, chap. xi. Nous ex-
trayons ce passage du texte primitif dont les archives de
Berlin ont donné récemment connaissance au public. La
forme, mais non le fond, en a été altérée dans le texte définitif, le seul connu jusqu'à ces dernières années. Voici cette
variante : « Sur ces entrefaites, Voltaire arriva à Berlin.
Comme il avait quelques protecteurs à Versailles, il crut que
cela était suffisant pour se donner les airs de négociateur;
son imagination brillante s'élançait sans retenue dans le
vaste champ de la politique : il n'avait point de créditif et
sa mission devint un jeu, une simple plaisanterie. »

ambassadeur poète et bel esprit de la part de la France : c'était Voltaire, un des plus beaux génies de l'Europe, l'imagination la plus brillante qu'il y ait peut-être jamais eue, mais l'homme le moins né pour la politique. En même temps, il n'avait point de créditif; mais aussi peux-je assurer qu'il ne s'était pas débité ambassadeur sans fondement; sa négociation fut une plaisanterie, et elle en resta là. »

Les modernes éditeurs des papiers politiques de Frédéric ont vu dans cette appréciation dédaigneuse une leçon qu'ils ont cru devoir suivre; aussi ont-ils retranché avec soin de leur publication tout ce qui pouvait rappeler la négociation prétendue de Voltaire; son nom même est à peine prononcé dans leur recueil, et ils ont poussé le scrupule, je dirais volontiers la pruderie, jusqu'à faire disparaître les lettres ou même les paragraphes où ce nom figurait[1]. Ces consciencieux serviteurs ont-ils bien fait? Ont-

---

1. C'est ce dont on peut s'assurer en comparant la correspondance de Rottenbourg, insérée dans le Recueil général des œuvres du roi de Prusse, avec cette même correspondance telle qu'on la trouve dans le nouveau Recueil politique. Tous les passages relatifs à Voltaire ont été supprimés.

ils bien compris la pensée du maître? N'ont-ils
pas manqué eux-mêmes de mémoire et de reconnaissance? Les voyages répétés de Voltaire
à Berlin ont été, il faut bien en convenir, sans
résultat pratique, sans action directe sur la politique des cabinets et les incidents du jour. Mais,
vues de plus haut et de plus loin, ces apparitions
brillantes ont-elles été sans influence, sinon sur
le cours immédiat des événements, au moins
sur la révolution d'idées qui a si profondément
modifié, depuis lors, les relations de la France
et de l'Allemagne? Voltaire n'a-t-il pas, par sa
seule présence, aidé Frédéric à faire, de la demeure gothique des vieux chevaliers teutons, un
centre de civilisation prêt à devenir la capitale
d'un grand empire? A la suite de Voltaire, le
génie français pénétrait, avec sa grâce légère et
frondeuse, jusque dans les sables de Brande-
bourg et sur les rives glacées de la Baltique.
Mais, la communication une fois établie, n'est-ce
pas par la route ainsi frayée que l'esprit allemand, à son tour, devait, d'un pas plus lourd
peut-être, mais par une sorte de retour offensif,
venir opérer parmi nous des conquêtes intel-

lectuelles qui ont précédé et préparé la victoire
du champ de bataille? Qu'est-ce que la puissante
Allemagne d'aujourd'hui ne doit pas, en bien
comme en mal, à l'influence du génie de Goethe?
et Goethe lui-même, que n'a-t-il pas dû à Voltaire? Si Voltaire n'eût précédé madame de
Staël à Berlin, y eût-elle été chercher, en eût-
elle rapporté le livre révélateur qui, le premier,
nous a fait apprécier l'originalité de la pensée
germanique?

Il faudrait pourtant ne pas être plus dédaigneux que ne l'était au fond Frédéric lui-même,
malgré les boutades de son humeur sarcastique;
car, si Frédéric aimait à se jouer de Voltaire,
jamais pourtant il n'a renoncé à l'honneur et
même au profit qu'il croyait tirer de ses hommages. En lui fermant l'entrée de son cabinet
diplomatique et de son camp, il lui gardait toujours grande ouverte celle de sa cour et de son
palais. Ces amitiés philosophiques et littéraires,
qu'il malmenait à ses heures, il n'a jamais cessé
de les étaler avec un orgueil complaisant.
C'étaient des joyaux, direz-vous, dont il aimait
à parer sa couronne? Oui; mais il savait que

leur éclat, loin d'être un vain ornement pour
sa puissance, en propageait le rayonnement, et
qu'éblouir les hommes est le plus sûr moyen de
les dominer.

CHAPITRE V

LOUIS XV A L'ARMÉE

Frédéric se détermine à rentrer en guerre. — Motif de cette résolution. — Inquiétude que lui cause le traité de Worms. — Avant de se mettre en campagne, il veut se mettre en sûreté du côté de la Russie et de la Suisse. — Double mariage de sa sœur Ulrique avec l'héritier de la couronne de Suède et de la princesse d'Anhalt-Zerbst avec le grand-duc héritier de Russie. — Tentative pour former une ligue de princes allemands dévouée à l'empire. — Concours demandé dans ce dessein à la France dans des conditions qui ne peuvent être acceptées. — Débats à ce sujet entre Frédéric et Valori. — Arrivée à Francfort de Chavigny, envoyé en mission extraordinaire auprès de Charles VII. — Il entreprend de constituer la ligue des princes allemands sous la direction de la France. — Projet de traité rédigé dans ce sens. — Frédéric refuse d'y adhérer, mais se décide à entrer directement en relation avec Louis XV par l'intermédiaire d'un envoyé secret, le comte de Rottenbourg.

Caractère et antécédents du comte. — Situation où il trouve
les esprits à Versailles. — Le ministère est divisé entre
ceux qui désirent la paix et les partisans d'une action
plus décisive. — Louis XV, conseillé par madame de la Tournelle, incline vers les résolutions énergiques. — Traité
d'alliance offensif conclu avec l'Espagne contre la Sardaigne. — Madame de la Tournelle est créée duchesse
de Châteauroux. — Le fils du prétendant au trône d'Angleterre s'échappe de Rome et vient offrir de servir contre
l'Angleterre. — Rottenbourg, introduit par Richelieu chez
Louis XV, offre l'alliance du roi de Prusse. — Négociation
secrète sur les conditions de cette alliance. — Difficultés
qu'elle rencontre. — Louis XV se décide à agir sans
attendre la conclusion du traité avec la Prusse. — Déclaration de guerre à l'Autriche et à l'Angleterre. —
Louis XV va prendre le commandement de l'armée de
Flandre.

I

La pensée que Frédéric ne voulait pas laisser
pénétrer à Voltaire était, au fond, déjà arrêtée
dans son esprit. Deux incidents, survenus pendant qu'il semblait ne s'occuper que de ballets
et d'opéras, avaient fixé ses incertitudes, et sa
résolution d'agir était prise.

La première de ces causes déterminantes était
la conclusion si longtemps attendue, si vive-

ment disputée, mais enfin réalisée, d'un traité
d'alliance entre l'Autriche et la Sardaigne,
sous la garantie de l'Angleterre. Ce traité
venait, en effet, d'être signé le 13 septembre (pendant le séjour même de Voltaire à Berlin), dans le camp du roi George à Worms, par
les plénipotentiaires des trois puissances. L'en-
chère ouverte par Charles-Emmanuel était
close, et le lot de l'alliance piémontaise adjugé
à l'Autriche comme au plus offrant des deux
compétiteurs.

Ce résultat, incertain jusqu'à la dernière minute de la dernière heure, avait été précédé de
péripéties vraiment comiques. Comme la reine
de Hongrie persistait à se refuser aux concessions qui lui étaient demandées, Charles-Emmanuel, voulant en finir, eut recours pour la faire
céder à un procédé très simple, mais franc jusqu'à l'effronterie. Il se fit remettre par le marquis de Senneterre le traité que proposait la
France, tout rédigé et n'attendant plus que la
signature ; mais il prévint en même temps l'ambassadeur que cette signature, encore laissée en
blanc, ne serait donnée par lui que si, dans un

délai dont il fixait le jour final, l'Autriche n'avait
pu être amenée aux sacrifices qu'il exigeait.
En même temps, un exprès allait de sa part
avertir le roi d'Angleterre que, si, à ladite date,
l'Autriche n'avait pas entendu raison, tout serait
consommé sans retour avec la France. Il mit
alors en panne et attendit le retour du courrier
dans l'attitude vraiment convenable à un fils de
la maison de Savoie qui voulait toujours, disait
le proverbe italien, *avoir son pied chaussé de
deux souliers à la fois.*

Puis, pendant ces jours d'attente, le roi se
promenait familièrement dans ses jardins avec
l'envoyé français, qui, ne voulant pas manquer
l'instant critique, n'avait garde de le perdre de
vue. — « Convenez, lui disait-il en riant, que
ma situation est singulière. A l'heure qu'il est,
je ne sais pas avec qui je suis. Si mon courrier
est arrivé à temps, je suis l'allié de l'Angleterre,
sinon je suis avec vous. — Laissez-moi espérer,
répondait l'ambassadeur, dans les hauteurs de
la reine de Hongrie et la dureté de la cour de
Vienne. — Ah! dit le roi, sur ce point vous
avez raison; on ne peut rien ajouter à la hau-

teur avec laquelle on pense à Vienne[1]. » La
hauteur fléchit pourtant devant la nécessité, et,
moyennant la cession des duchés de Plaisance
et de Pavie, plus quelques autres parcelles de
territoire sans importance, plus aussi un subside de 200,000 livres sterling promis par
l'Angleterre, Charles-Emmanuel fut décidément enrôlé parmi nos ennemis. « Croyez à
tout mon regret, disait en son nom le marquis
d'Ormea, en congédiant Senneterre, qui venait
lui annoncer son départ; ce sont de ces choses
affligeantes comme il en arrive dans la vie.
Que puis-je pour votre service? » Et ses
yeux, dit Senneterre, parurent baignés de
larmes[2].

Comme tous les actes qui, après avoir été
souvent annoncés, ont beaucoup tardé, la nouvelle convention prit à peu près tout le monde
par surprise. Frédéric, en particulier, qui ne
s'y attendait plus, fut très péniblement affecté

1. Senneterre à Amelot, 5 et 6 septembre 1743. (*Correspondance de Turin. — Ministère des affaires étrangères.*)
2. Senneterre à Amelot, 26 septembre 1743. (*Correspondance de Turin. — Ministère des affaires étrangères.*) *Journal de Charles VII*, p. 102.

130 FRÉDÉRIC II ET LOUIS XV

de n'en avoir pas été prévenu autrement que
par la voix publique. La lecture du texte n'atté-
nua pas cette impression. Les deux souverains,
qui se partageaient désormais la haute Italie,
s'engageaient à se garantir réciproquement
toutes leurs possessions telles qu'elles étaient
déterminées par des traités antérieurs. Or, dans
l'énumération de ces traités qui remontaient
jusqu'à celui d'Utrecht, Frédéric chercha vainement la moindre mention du traité de Breslau
et de la réduction apportée, l'année précédente,
aux domaines de l'Autriche par la cession à lui
faite de la Silésie. Cette omission lui parut suspecte. Dès qu'on n'exceptait pas expressément
la Silésie des possessions garanties à Marie-
Thérèse, c'est qu'elle prétendait encore l'y
comprendre ou l'y faire rentrer. De plus, les
dispositions ostensibles étaient complétées par
d'autres secrètes dont le mystère même était
inquiétant, et il ne fallut pas beaucoup de peine
à la police active et vigilante du cabinet prussien pour se procurer la connaissance d'un certain article 13, en vertu duquel le roi de Sardaigne s'engageait, « dès que l'Italie serait

délivrée d'ennemis, à fournir les troupes nécessaires pour assurer la sûreté des États de la
reine en Lombardie, afin qu'elle pût se servir
d'un plus grand nombre des siennes en Allemagne ».

« Voilà donc, s'écria Frédéric, la reine de
Hongrie qui veut retirer ses troupes d'Italie
pour les employer en Allemagne. Contre qui
sera-ce? Contre la Bavière? Elle a si bien humilié
l'empereur, qu'elle possède son patrimoine. On
peut en conclure qu'elle médite une nouvelle
guerre, et ce ne peut être que contre moi....
Le roi d'Angleterre, ajouta-t-il, par les engagements pris à Breslau, devait me communiquer
tous les traités qu'il ferait et n'a garde de m'ouvrir la bouche de celui-ci. La raison est claire :
ce qui est forgé à Worms et ratifié à Turin ren-
verse tout ce que le roi d'Angleterre avait stipulé
à Breslau. » — Ainsi raisonnait Frédéric, ainsi
raisonne-t-il encore, vingt ans après, dans ses
Mémoires. Voyait-il juste? Était-ce la mauvaise
conscience, qui soupçonne toujours chez autrui
les torts dont elle se reconnaît coupable? Était-
ce le génie politique, qui devine l'orage dans le

nuage à peine encore visible à l'horizon? Quoi
qu'il en soit, il fut confirmé dans ses craintes
par la nouvelle d'un autre traité conclu presque
immédiatement après entre Marie-Thérèse et
Auguste de Saxe, et qui semblait, en effet, remettre entre les mains de l'Autriche la clef
d'une des portes de la Silésie.

Mais ce qui contribua plus que toute chose à
le convaincre qu'il pénétrait la pensée de sa
rivale et ses projets de revanche, ce fut une
démarche dont le caractère, à la vérité très pro-
vocant, semblait indiquer chez elle un redou-
blement de hauteur et de confiance. Marie-Thérèse n'avait jamais reconnu, on le sait, la
légalité du vote fédéral qui avait porté Charles VII
au trône, acte vicié, suivant elle, dès l'origine,
parce que le souverain légitime de la Bohême
n'avait pas été appelé à y concourir. Mais cette
réserve, bien que constamment renouvelée dans
toutes les publications autrichiennes, n'avait
pas empêché le cabinet de Vienne d'ouvrir à
plusieurs reprises l'oreille à des propositions
faites au nom de l'empereur lui-même. On s'était
donc habitué à n'y voir qu'une clause de style

dont la répétition même atténuait l'importance.
Marie-Thérèse choisit le lendemain du traité de
Worms pour reproduire subitement sa protes-
tation avec un éclat inaccoutumé. Cette fois, ce
n'était pas seulement l'élection de Charles VII,
c'étaient tous les actes émanés de l'autorité
impériale ou fédérale depuis deux années qui
étaient déclarés nuls et non avenus, y compris
la convocation de la diète actuellement réunie
à Francfort, dont l'existence était, par là même,
dénoncée comme irrégulière; le tout accompagné des invectives accoutumées contre
l'alliance conclue avec l'ennemi de la patrie et
la violation flagrante des constitutions germaniques. Ce défi, jeté en face à tous les pouvoirs
établis, eût déjà été un acte en soi très audacieux; mais ce qui en accrut le retentissement
et le scandale, ce fut que le nouvel archevêque
de Mayence, archichancelier de l'empire, mais
créature connue de l'Autriche, en ayant reçu
communication en ordonna ce qu'on appelait la
dictature, c'est-à-dire l'insertion aux procès-
verbaux de la diète. La seconde autorité de
l'empire entrait ainsi en quelque sorte en com-

plicité d'insurrection contre le corps même qu'elle était censée diriger.

L'émotion fut grande, moindre pourtant qu'elle n'aurait dû être ; car, l'empereur ayant vivement réclamé contre la décision du chancelier, exigé la radiation immédiate de l'acte de Marie-Thérèse et fait appel, pour l'obtenir, au concours de tous les princes, — et surtout de ses électeurs, dont l'honneur, disait-il, était mis en cause en même temps que la dignité qu'il tenait d'eux, — les réponses furent d'abord lentes à venir, puis timides et embarrassées. On y découvrait sans peine, avec le dessein de témoigner encore au pouvoir du jour un respect au moins apparent, le désir de ménager d'avance celui du lendemain. Frédéric seul bondit de colère et exprima son indignation avec sa verve et sa vivacité accoutumées : c'était, à ses yeux, la résurrection du joug odieux et trop long-temps supporté de la maison d'Autriche ; on ne pouvait trop s'empresser de le secouer. A Podewils, qui, toujours prudent, lui conseillait de concerter sa réponse avec les autres membres du collège électoral : Non, disait-il, je veux qu'on parle fort; vous êtes la plus grande poule mouillée que je connaisse : je veux qu'on parle sur le plus haut ton; je veux lire moi-même la note que vous écrirez à l'empereur. Avant tout, il faut parler tout haut de la liberté de l'Allemagne, que la reine de Hongrie veut opprimer. Il faut sonner le tocsin contre cette reine... Il faut faire là-dessus un carillon de tous les diables [1]. » Sonner les cloches à toute volée, c'était presque annoncer que les canons allaient partir.

On peut donc tenir pour assuré qu'à partir de ce moment la nécessité de rentrer en lice pour prévenir à temps le triomphe complet suivi du retour offensif de Marie-Thérèse ne fit plus doute dans l'esprit de Frédéric. Mais, avant de se découvrir, plusieurs précautions lui paraissaient indispensables à prendre pour sa sûreté personnelle; ce qui explique suffisamment qu'il ne se souciait pas de livrer prématurément le secret de ses desseins à la bruyante et vaniteuse inexpérience d'un négociateur tel que Voltaire.

1. *Pol. Corr.*, t. II, p. 439-440. — Frédéric à Podewils, 3 et 7 octobre 1743.

En premier lieu, la prudence lui commandait, au moment d'aller braver, au sud de ses États, un ennemi toujours redoutable, de commencer par préserver ses derrières de toute atteinte du côté du Nord, et il croyait ne pouvoir obtenir cette sécurité qu'en se ménageant, sinon l'appui, au moins la neutralité bienveillante de la Suède et de la Russie. La paix conclue récemment entre ces deux puissances, dans des conditions très défavorables à la Suède, ne rendait que plus nécessaire de s'assurer des bonnes intentions de toutes deux, puisqu'on ne pouvait plus espérer de faire diversion à l'hostilité de l'une avec le concours de l'autre. En outre, le jour où il se hasarderait à rentrer en lutte avec la plus grande, la plus illustre, la plus allemande (si on ose ainsi parler) des puissances du saint-empire, il aurait voulu, cette fois, ne plus être le seul parmi les princes allemands à soutenir le choc. Le temps n'était plus où, ne respirant que l'audace de la jeunesse et n'ayant, en fait de réputation, que tout à gagner et rien à perdre, il s'était lancé en avant sans appui, sans allié, à la garde de Dieu et de son épée, au milieu de la surprise et du blâme universels, au risque de n'être plus, le lendemain, si la fortune le trahissait, qu'un aventurier malheureux. En possession maintenant d'une renommée qui faisait l'orgueil de l'Allemagne, fixant les regards de toute l'Europe, de telles équipées ne pouvaient plus lui convenir. S'il devait reparaître sur les champs de bataille, il prétendait que ce fût à côté et pour la défense de l'empereur légitime et entouré d'un cortège de princes dévoués comme lui à la cause du droit. Son projet de faire lever officiellement par la diète une armée d'empire proprement dite avait échoué devant l'impossibilité de mettre cette vieille machine en mouvement et ne pouvait, à son grand regret, être repris. Mais, au moins, on pouvait former une ligue d'un certain nombre de princes et d'États volontairement rassemblés pour soutenir le drapeau impérial et qui, partageant l'Allemagne en deux camps, enlèverait à la résistance de Marie-Thérèse le vernis de patriotisme dont elle se plaisait à se couvrir. Ce serait la guerre civile peut-être, mais c'était, à ses yeux et pour son honneur,

encore mieux qu'une partie liée seulement
avec l'étranger. Enfin, avec cet étranger même,
avec la France, pour l'appeler par son nom
(s'il fallait, bon gré mal gré, recourir encore à
cette fâcheuse et gênante compagnie), il lui
convenait, avant tout, de se mettre en garde
contre les défaillances et les défections possibles. Frédéric, on le sait, ne cessait pas de
prétendre qu'en nous abandonnant à Breslau, il
n'avait fait que devancer la trahison déjà consommée à Versailles. C'était une fausseté dont
lui-même n'était pas dupe; mais, dans le cas
d'une alliance nouvelle, ce mensonge pouvait
devenir une réalité justifiée par son propre
exemple et par le précédent qu'il avait créé.
Le tour qu'il avait joué à la France, la France,
si elle trouvait à son tour l'occasion favorable,
pouvait être tentée de le lui rendre en le payant
dans sa propre monnaie : « Le roi me pardon-
nera-t-il jamais ma paix particulière? » avait-il
dit à Voltaire dans sa première conversation.
Poursuivi de cette crainte, il ne voulait rentrer
en affaire avec Louis XV qu'après avoir engagé
le cabinet français par des liens si étroits et des

démarches tellement compromettantes, que, si
le souverain offensé gardait encore un fonds de
rancune, il ne fût plus en liberté d'user de
représailles.

C'est à mettre ordre à ces soins divers qu'il
se proposait de consacrer dans le silence tout
le loisir que la saison d'hiver, qui commençait,
lui laissait encore avant l'époque ordinaire de
la reprise des opérations militaires. Peut-être
aussi se souvenait-il qu'en essayant l'année
précédente d'intimider l'Angleterre par des paroles comminatoires, demeurées stériles, il n'a-
vait pas mis les rieurs de son côté, et était-il,
cette fois, décidé à ne proférer de menaces que
quand il serait sûr que les effets pourraient les
suivre.

Du côté du Nord, tout marcha facilement et au
gré de ses désirs. La reine de Suède, Éléonore,
sœur de Charles VII, n'ayant point eu d'héritier
de son mariage avec le landgrave de Hesse
(qu'elle avait associé à la couronne et qui lui
survivait), ce fut à la diète nationale à pourvoir,
suivant la loi constitutionnelle, à la prochaine
vacance du trône. Le choix fut longtemps et

vivement disputé : de concert avec le cabinet
russe, Frédéric réussit à déterminer enfin la majorité des suffrages en faveur du prince d'Hols-
tein-Eustin, cadet de la maison de Wasa et
allié à la famille de Pierre le Grand. Puis,
pour se concilier plus sûrement l'esprit du nouveau prince royal, il lui accorda la main de sa
sœur Ulrique : c'était la beauté célébrée par
Voltaire qui obtenait ainsi une couronne moins
idéale, moins brillante, mais plus solide que
celle dont le rêve du poète l'avait flattée. Voltaire,
il faut le dire, quand il apprit ce projet d'alliance
et cette rivalité royale, continua la plaisanterie
de très bonne grâce : « Je regrette, écrivait-il
gaiement à Frédéric, de n'avoir pas encore réuni
les trois cent mille hommes avec lesquels je
devais enlever la princesse ; mais, en récompense, le roi de France en a davantage [1]. »

Cette union, en elle-même agréable à Élisabeth, puisqu'elle consolidait l'influence russe à
Stockholm, aurait dû suffire pour rapprocher
les cabinets de Berlin et de Saint-Pétersbourg ;

---

1. Voltaire à Frédéric, 16 novembre 1743. (*Correspondance
générale.*)

mais une action en sens contraire était encore exercée par plus d'un des ministres russes, entre autres par le chancelier Bestuchef, tout dévoué à la politique austro-anglaise. Avec l'humeur capricieuse de la princesse, on ne savait jamais la veille quelle serait sa disposition du lendemain. Heureusement un incident inattendu, survenu à peu près au même moment et dont Frédéric sut habilement profiter, lui permit d'aller droit à son cœur et de gagner tout à fait ses bonnes grâces. Arrivée au trône par la surprise d'une insurrection militaire, Élisabeth craignait à tout instant d'être à son tour victime d'une de ces péripéties si fréquentes à la cour et dans les armées russes, qu'on s'y attendait toujours et qu'on ne les comptait plus. Dans cet automne de 1743, on lui persuada qu'on était sur la trace d'une conspiration ourdie par des officiers supérieurs pour rendre la couronne au jeune Ivan, l'enfant qu'elle en avait privé et qui grandissait misérablement relégué dans une province éloignée avec ses parents. Une instruction criminelle fut commencée, et, dans l'enquête qui suivit, on crut reconnaître, non seule-

ment que le complot était sérieux, mais que
l'origine en remontait à l'année précédente, et
que l'un des premiers instigateurs n'était autre
qu'un envoyé de Marie-Thérèse, le marquis de
Botta, alors ministre à Saint-Pétersbourg et
récemment transféré à Berlin dans la même
qualité. La dénonciation était-elle fondée? Botta
avait-il réellement cherché à assurer le succès
de sa mission diplomatique en intronisant un
roi à sa dévotion? On peut en douter; mais, en
tout cas, si le fait n'était pas certain, il était
possible et même vraisemblable; car Botta, dans
cette supposition, n'aurait fait que suivre
l'exemple donné par le Français La Chétardie,
dont Élisabeth elle-même avait profité. Aussi la
tsarine, que ce souvenir rendait facilement
soupçonneuse, n'eut-elle pas de peine à se laisser
convaincre, et, sans se soucier de recueillir trop
soigneusement les preuves de la trahison prétendue, elle en demanda justice avec hauteur à
la cour de Vienne. Marie-Thérèse, comme tous
les souverains qui ont l'instinct de l'autorité et
en connaissent les conditions, n'aimait pas à
abandonner ses serviteurs : elle défendit éner-

giquement son représentant, et la querelle
devint très vive entre les deux souveraines.

Frédéric, attentif à tout, saisit le joint et in-
tervint à temps pour envenimer le débat. « Il
faut prendre la balle au bond, écrivait-il[1] sur-le-
champ à Podewils et à Mardefeld, son ministre à
Saint-Pétersbourg... C'est l'heure du berger ;...
il faut que j'aie la Russie, cette fois, ou je ne
l'aurai jamais. » Sans se mettre en peine ce
s'enquérir si Botta était accusé justement ou à
tort, il déclara qu'il ne pouvait garder à sa cour,
accrédité auprès de sa personne, un homme
dont une souveraine, sa sœur et son amie, avait
à se plaindre, et engagea poliment l'ambassadeur à demander ses passeports. Il poussa
même l'empressement jusqu'à faire à la tzarine
des remontrances amicales sur l'excès et les
dangers de sa clémence. Jamais elle ne serait
en sûreté, lui fit-il dire, tant qu'elle laisserait la
famille détrônée vivre paisiblement dans ses
États. Il fallait au plus tôt expédier le père en
Allemagne, enfermer la mère dans un couvent

1. *Pol. Corr.*, t. II, p. 406-408, — Droysen, t. II, p. 145-153.

et confier l'enfant à une famille obscure dans un pays où son origine serait inconnue. Sans cela elle ne cesserait d'avoir à trembler pour ses jours et verrait toujours des canons pointés contre elle.

Élisabeth fut touchée jusqu'aux larmes de ces soins fraternels. « Croirait-on, écrivait-elle, qu'il y a des langues de vipère qui prétendent que je dois me défier du roi de Prusse et de sa fourberie? Je crois bien que ce sont ceux-là qui me trompent. » Dans l'effusion de sa reconnaissance, elle accorda sans hésiter son accession et sa garantie au traité de Breslau, faveur qu'elle avait toujours promise, mais jusque-là tardé à réaliser. Ce ne fut pas tout : un nouveau mariage dut sceller d'une façon définitive l'union des deux couronnes. Ce fut, cette fois, le propre neveu de l'impératrice, Pierre de Holstein-Gottorp, fait par elle grand-duc de Russie et appelé à sa succession, qui fut fiancé à une proche parente de Frédéric, la fille de la duchesse d'Anhalt-Zerbst, sœur elle-même du nouveau prince royal de Suède. La future dut se rendre ur-le-champ à Saint-Pétersbourg pour que la

cérémonie se fît sans délai. Sophie-Auguste
d'Anhalt n'avait pas encore achevé sa quinzième
année, et, bien que, dans cet âge encore tendre,
elle subît entièrement la domination d'une mère
intrigante et spirituelle, au moment de se lier
par un serment indissoluble, elle semblait hésiter, ne pouvant cacher sa répugnance pour
l'époux qu'on lui destinait et la religion nouvelle qu'elle devait embrasser. Frédéric dut
exercer son autorité pour vaincre cette résistance, qui paraissait plus mutine que sérieuse.
L'enfant céda et vint recevoir au pied des autels
ce nom de Catherine, déjà porté par une vivan-
dière couronnée et qu'elle devait illustrer par
un éclat inattendu. Qu'aurait pensé Frédéric
s'il eût pu prévoir que cette fille timide et sau-
vage, dont il fixait ce jour-là la destinée au gré
de son ambition, deviendrait sa rivale dans
l'admiration du monde et l'impérieuse alliée
qu'il serait contraint d'associer au partage de
ses conquêtes comme à la complicité de ses
attentats? Mais aucun œil n'était assez perçant
pour discerner cet avenir, et, pour l'heure présente, Frédéric était tout entier à la joie d'avoir

pu mettre, par une double alliance, toutes les forces du Nord dans sa main. « J'ai fait, écrivait-il à son ministre Mardefeld, tout ce qui était humainement possible pour faire réussir mes affaires, ayant travaillé pour faire le mariage entre le grand-duc de Russie et la princesse de Zerbst et accordé ma sœur au prince successeur de Suède et employé des sommes considérables pour le succès de ces affaires ; si, contre mon attente, elle venait à manquer, je n'aurais rien à me reprocher[1]. »

1. *Pol. Corr.*, t. III, p. 47, 48 et 166. — Droysen, *loc. cit.* — Le double mariage d'Ulrique et de Catherine n'eut lieu que dans le cours du printemps; mais l'un et l'autre étaient arrêtés dès le commencement de l'année, et l'effet diplomatique était produit. La répugnance de la jeune princesse d'Anhalt à embrasser la religion grecque est mentionnée dans les lettres de Frédéric à sa mère; une publication récemment faite par la Société de l'histoire de Russie, du récit de son mariage par sa mère atteste aussi qu'il fut difficile d'obtenir son assentiment à ce changement de croyance. Dans la lettre où elle annonce sa conversion à son père, elle écrit elle-même qu'elle s'y décide parce qu'on l'a convaincue qu'il n'y avait presque aucune différence *entre la religion grecque et la religion luthérienne,* et qu'elle *a regardé dans les gracieuses instructions de Son Altesse.* On peut croire que Frédéric, tout-puissant dans le petit duché d'Anhalt, était pour quelque chose dans ces *gracieuses instructions.* (Publications de la Société de l'histoire de Russie, t. VII, p. 2 et suiv.)

Le projet de former une confédération armée d'États favorables à la cause impériale, de *princes bien intentionnés,* suivant l'expression de Frédéric, rencontra à l'exécution plus de difficultés. C'étaient ces princes dont il avait été sonder les dispositions dans ce voyage de Bayreuth et d'Anspach auquel Voltaire s'était associé sans en être prié et sans parvenir à en pénétrer le secret, et le silence significatif gardé par Frédéric au retour était un indice suffisant qu'il n'était pas content du résultat de ces démarches. Il n'avait rencontré, même chez les meilleurs et les plus fidèles, que doute, hésitation et timidité. Ce qui les retenait, ce n'était pas seulement la crainte bien fondée d'être mis en avant et de ne pas se trouver soutenus à la dernière heure par un roi qui ne passait pas pour un modèle de bonne parole : un motif plus pressant les arrêtait : tous ces princes étaient besoigneux, leurs sujets ne l'étaient pas moins, et comment lever et enrôler des hommes sans argent? Si Frédéric eût laissé ses parents et ses amis puiser dans sa bourse, il les aurait sans doute trouvés mieux disposés à le seconder.

Mais lui-même n'avait que des ressources limi-
tées et de grands besoins, et une économie voisine de la parcimonie, dont son père lui avait
donné l'exemple, était chez lui une qualité héré
ditaire. Qui donc se chargerait de faire les frais
de l'association? Dans cet embarras, Frédéric
trouva tout simple de se retourner encore vers
la France, et de lui faire payer par avance le
secours qu'il n'était pas encore bien décidé à
lui fournir. Mais la question était de savoir si on
trouverait de ce côté des prêteurs assez com-
plaisants pour escompter de confiance des billets
dont on n'était jamais sûr qu'ils ne seraient pas
protestés à l'échéance.

Le doute à cet égard était assez fondé, et la
proposition par elle-même de nature assez délicate pour que Frédéric crût devoir engager
Valori à aller lui-même en faire l'ouverture à
Versailles : c'était la mission dont il voulait le
charger le jour même où il congédiait Voltaire
sans lui en faire part. Mais telle était pourtant
devenue son habitude de ne garder aucun ménagement avec les personnes, et surtout avec les
Français, et de se railler des gens en face, au

moment où il réclamait leurs services, qu'il ne réussit pas même à donner à sa communication la forme de la plus simple politesse. Il rédigea de sa main une note qu'il remit à Valori et qui portait en tête cet intitulé : « Plan que devront suivre les Français, s'ils sont sensés. » — Après quelques indications données sur les mesures à prendre pour défendre le territoire français, les dispositions et l'effectif convenable pour les troupes à opposer soit à l'armée anglaise, soit au prince Charles de Lorraine, la note poursuivait en ces termes :

« Mais, comme, dans les circonstances où se trouve la France, il ne suffit point de se défendre, et qu'il faut bien plus se procurer des secours étrangers, on ne peut assez penser à les trouver, et cela même le plus promptement possible. Ces secours ne peuvent se trouver qu'en Allemagne. Le roi de Prusse ne peut pas à la vérité secourir ouvertement la France sans contrevenir à sa paix avec la reine de Hongrie ; mais il ne saurait se dispenser de donner son contingent à l'empire, *quoiqu'il ne puisse le donner sans que d'autres princes s'associent dans l'Allemagne.*

*La France peut faire réussir ce projet moyen-
nant qu'elle promette au roi de Prusse la garantie de la Silésie et quelque concours à ce qui
peut être de ses intérêts; il faut qu'elle paye
300,000 écus de subsides au Palatin, autant à
la Hesse, un présent à la duchesse de Wurtemberg et des corruptions à sa cour, de même qu'à
la (philosophique) duchesse de Saxe-Gotha.* Mais,
comme il ne convient point que la France se
mêle directement de tout ceci, il faut, pour éviter les dissipations de l'empereur, qu'elle mette
le maréchal de Seckendorf en état de faire toutes
ces dépenses au nom de l'empereur. Cette dépense assemblera une armée de soixante mille
hommes dans le cœur de l'Allemagne et obli-
gera, à coup sûr, les fanatiques de la reine de
Hongrie à prendre des sentiments plus pacifiques
et plus raisonnables. Si la France est capable de
prendre un parti sensé, elle choisira à coup sûr
celui qu'on lui propose et qui est, en vérité,
l'unique à suivre dans la situation où se trouve
ce royaume[1]. »

1. *Pol. Corr.*, t. II, p. 431. — Ces mots entre parenthèses
(la *philosophique* duchesse de) ne se trouvent pas dans

« Cette pièce, dit Podewils dans une remarque écrite en marge de ce document, m'a été remise par Sa Majesté, de son auguste main (*hochsteigenhandig*), et il m'a recommandé de bouche de la faire lire en ma présence au marquis de Valori, de lui en dicter ensuite le contenu, mais sous le sceau *firmissimi silentii*, et en l'avertissant que, si, de la part des Français, la moindre indiscrétion était commise, tout serait désavoué par Sa Majesté. C'est ce que j'ai fait aujourd'hui[1]. »

La recommandation du secret était inutile ; car il n'y avait, en vérité, aucun danger que Valori eût la tentation de se vanter d'avoir écouté sans sourciller une telle proposition, pas plus que de se montrer assez naïf pour aller plaider une telle cause à Versailles. Sans parler du ton cavalier de cette étrange pièce diploma-

cette note, mais dans une précédente (p. 425), où le même plan est exposé presque dans les mêmes termes. La duchesse de Saxe-Gotha était une princesse qui recherchait le bel esprit et correspondait avec Frédéric sur les sujets littéraires et philosophiques. C'est à elle que Frédéric recommande d'offrir ce qu'il appelle *des corruptions*.

1. *Ibid.*, in Not.

tique, la moindre clairvoyance suffisait pour
apercevoir que Frédéric poussait, cette fois, l'ar-
rogance jusqu'à tout demander à la France, non
seulement sans lui rien donner, mais même sans
lui rien promettre. Il ne s'engageait nullement
à entrer en campagne à aucune époque ; persis-
tant à se couvrir de la neutralité promise à
Breslau, il ajournait toute action sérieuse jusqu'à la formation d'une ligue de princes dont
l'accord n'existait encore que dans son imagination. En attendant, la France devait lui garantir la sécurité de ses États, même des possessions
qu'il avait acquises à ses dépens ; de plus, s'engager, d'une façon vague, à le servir à l'avenir ;
immédiatement, enfin, avancer de grosses
sommes dont elle n'aurait à faire elle-même
ni l'emploi, ni même la distribution. Elle paye-
rait par avance la solde de troupes qui ne
seraient pas levées en son nom, dont elle
n'aurait pas le commandement et ignore-
rait jusqu'à la dernière heure la destination. C'était là ce que Frédéric, par dérision
sans doute, appelait *agir en gens sensés*. Jamais pareil métier de dupe ne fut proposé

de sang-froid à un gouvernement sérieux.

Valori garda cependant assez d'empire sur lui-même pour se borner à recevoir la communication avec froideur et à décliner poliment l'invitation de s'en faire porteur. « Tout cela est inutile, répondit-il sans s'émouvoir : les princes d'Allemagne ne bougeront pas tant que le roi de Prusse ne donnera pas l'exemple et ne se mettra pas en devoir d'accomplir, pour venir en aide à la France, toutes les obligations du traité qui le lie encore envers elle. » Frédéric, sans se mettre en peine de répondre à cet argument *ad hominem*, témoigna une surprise jouée ou véritable de n'être pas mieux apprécié. « Quoi! dit-il, je mets mon imagination à la torture pour trouver le moyen d'être utile à la France et elle ne me rend pas plus de justice? Eh bien, que la couronne impériale retourne à la maison d'Autriche; la mienne a bien su y résister pendant des siècles, et dans un moins bon état que celui où je me trouve [1]. »

Il était pourtant, au fond, si peu indifférent à

---

1. Valori à Amelot et au roi, 3 et 5 octobre 1743. (*Correspondance de Prusse.* — Ministère des affaires étrangères.)

cette perspective que, pendant les deux mois
qui suivirent, il ne pouvait rencontrer Valori,
même dans les réunions publiques, sans revenir
à la charge pour cette demande de subsides;
dissimulant toujours, à la vérité, cette mendicité
déguisée sous ce ton goguenard et hautain qui
lui était familier, et auquel Valori répondait souvent avec une gaieté qui, sans manquer au respect, n'était pas moins piquante. « Ah! mon
ami, lui disait Frédéric dans une de ces ren-
contres, où est le temps où vous n'auriez pas
manqué la plus belle occasion du monde pour
le double de la dépense que je vous demande?
— Sire, répliqua Valori, voulez-vous nous
prêter de l'argent? — Ah! que dirait le monde
si un petit roitelet comme moi offrait de l'argent
au plus grand roi du monde? Puis, deux jours
après, abordant Valori à un bal chez la reine :
« Bonjour! la France, que dit-elle? — Sire, la
France dit qu'elle est votre servante. — Ah!
c'est moi qui suis et dois être son serviteur, mais
non pas son admirateur; car vous êtes des avares,
des ladres, des vilains. La Saxe nous échappe,
c'est votre faute. Est-il possible que vous n'aper-

ceviez pas que l'argent donné en Allemagne vous
éviterait les dépenses de quelques campagnes au
moins? les Anglais sont plus avisés. » Et, se
tournant vers un de ses familiers, le comte de
Rottenbourg (dont le nom va reparaître tout à
l'heure dans ces pages) : « Que dites-vous de
ces vilains, qui ne veulent pas donner de l'argent aux princes allemands?... Vous avez les
épaules larges, mon cher Valori, vous pouvez
supporter tout ce qu'on vous dit. — Que diable,
sire, interrompit Valori, poussé à bout, que
voulez-vous que nous fassions? Ce serait de
l'argent donné en pure perte, si Votre Majesté
ne sonne pas les grosses cloches ! — Et qui vous
a dit que je ne m'en mêlerais pas? mais je ne
veux pas être seul. — Qu'à cela ne tienne, sire,
que nous y voyions Votre Majesté et tout ira
bien. »

Ces prises personnelles et cet échange de
propos piquants entre l'envoyé de France et le
roi n'échappaient pas à l'Anglais Hyndford, qui
avait toujours l'oreille au guet : « Le roi de
Prusse est de bien mauvaise humeur, écrivait-il;
je ne sais si c'est parce que les représentations

de son opéra ne vont pas comme il le désire,
ou parce que les Français n'ont pas passé le
Rhin pour entrer en Brisgau, ou parce que les
électeurs ecclésiastiques se comportent en véritables Allemands. Il ne m'honore plus de sa
conversation, le marquis de Valori est son
favori; mais il lui lance de tels lardons, que
celui-ci s'en montre *piqué*, quoiqu'il les sup-
porte avec dignité. La dernière fois que j'étais
à la cour, il a demandé à M. de Valori :
« Eh bien, messieurs les Français, où en êtes-
vous? Allez-vous passer le Rhin? — Je crois
que oui, sire. — Ah! vous le passeriez bien,
si les Autrichiens n'y étaient pas. » Valori,
du reste, se savait appuyé dans sa résistance
par le jugement unanime de sa cour; car, s'il
n'avait pas consenti à porter lui-même l'étrange
projet du roi de Prusse, il n'avait pas négligé
d'en envoyer le texte à Versailles. « Le
roi de Prusse, écrivait au maréchal de
Noailles le cardinal de Tencin, a communiqué à M. de Valori un projet qu'il a com-
posé, en le chargeant de l'envoyer promple-
ment au roi comme une marque de son

amitié. Ce projet n'a pas le sens commun[1]. »

On ne sait combien de temps cette controverse, toujours renouvelée, aurait duré sans aboutir, et lequel se serait lassé le premier, ou le roi de tendre la main, ou l'ambassadeur de faire la sourde oreille, si une intervention inattendue survenue non à Berlin, mais à Francfort, n'était venue changer inopinément le terrain même de leur débat.

L'empereur, comme on peut bien le penser, donnait pleinement les mains au plan de confédération imaginé par Frédéric, qui lui procurait l'espérance d'avoir, au moins nominalement, un surcroît d'argent à dépenser, et un supplément de troupes à lever en son nom. Mais, en attendant que le projet fût réalisé, il n'en continuait pas moins à réclamer et à recevoir, pour son entretien personnel et celui de sa

---

1. Valori à Amelot et au roi, 14, 21, 31 décembre 1743. (*Correspondance de Prusse*. Ministère des affaires étrangères.] — Le cardinal de Tencin au maréchal de Noailles, 16 octobre 1743. (Collection imprimée déjà citée.) — Frédéric à Chambrier, 8 octobre. — Chambrier à Frédéric, 24 octobre 1743. (Ministère des affaires étrangères.) — Hyndford à Carteret, 7 décembre 1743. (*Correspondance de Prusse*. Record Office.)

petite armée, un subside annuel de plusieurs millions dont il ne cessait de demander, en criant toujours misère, que le montant fût accru. C'était chaque mois, avec le représentant de la France à sa cour, des difficultés nouvelles, et de sa part sur la quotité du payement, et de celle de l'ambassadeur sur l'emploi à faire des fonds. A chaque réduction qu'on voulait lui faire subir, à chaque augmentation qu'on lui refusait, à chaque observation qu'on osait lui faire sur l'inutilité et souvent la prodigalité de ses dépenses, il s'irritait, s'emportait, menaçant de fausser compagnie et de subir, quelles qu'en fussent les conditions, la loi de l'alliance austro-anglaise. Le successeur de Belle-Isle, le comte de Lautrec, s'épuisait dans ces récriminations incessantes, qui tournaient toujours à l'aigreur et pouvaient amener à tout instant une rupture inattendue. Pour y mettre un terme, pour sonder les vraies intentions du prince et contenir ses exigences, on résolut de lui dépêcher, avec une mission spéciale, un agent renommé par sa dextérité, son expérience et ses lumières. Chavigny (c'était son nom) appartenait à cette classe de l'ancienne

diplomatie française dont j'ai eu l'occasion, dans
d'autres écrits, de signaler les mérites obscurs
et les services modestes, et qui, éloignés des
plus hauts emplois par les préjugés aristocra-
tiques du temps, ne s'en consacraient pas moins
dès leur jeunesse, et pendant toute leur vie,
à l'étude de nos grands intérêts nationaux.
Passant, au moins en sous-ordre, par tous les
postes de quelque importance, s'élevant à tous
les degrés de l'échelle hiérarchique (sauf le
premier), ils acquéraient par cette longue pratique la connaissance approfondie de tous les
ressorts de la politique européenne. Chavigny
arrivait en ce moment de Portugal et était, par
conséquent, étranger aux derniers événements
du Nord; mais mêlé au début de sa carrière, et
depuis le traité d'Utrecht, à toutes les négociations qui avaient eu pour but d'assurer ou de
maintenir l'équilibre du corps germanique, il
ne lui fallut que quelques jours passés à Francfort pour comprendre les intrigues qui s'y
agitaient et en démêler tous les fils.

On vit alors de quelle utilité peut être, dans
les circonstances les plus critiques et sous

l'empire des nécessités les plus impérieuses,
l'habileté et l'expérience d'un bon agent. Cha
vigny n'eut pas plus tôt entendu parler d'une
association à former entre un certain nombre
de princes allemands, que sa mémoire, riche-
ment meublée de tous les précédents diplomatiques, lui rappela sur-le-champ un souvenir
qui se rattachait aux temps les plus glorieux et
les plus prospères de la politique française.
Une alliance de ce genre avait été conclue, en
effet, un siècle à peine auparavant, sous les
auspices de Mazarin, au lendemain de la paix
de Munster, entre les princes de l'Allemagne
méridionale, pour la défense des libertés germaniques. Le *Rheinbund*, comme on l'appelait
(alliance du Rhin), demeurait fameux dans les
fastes du saint-empire. La France n'avait pas
été seulement l'âme et l'inspiratrice de cette
confédération, elle s'y était fait officiellement
admettre, et son nom figurait en tête même de
l'acte fédératif, en sa qualité de protectrice des
petits États d'Allemagne et en vertu de la
garantie apportée par sa signature au traité de
Westphalie. C'était là, pensa tout de suite

Chavigny, le modèle qu'il fallait suivre et le
seul rôle qui convenait à la France. A la vérité,
il s'agissait alors de défendre les États secon-
daires contre les envahissements de la puissance
impériale détenue par la maison d'Autriche.
Aujourd'hui, tout l'ordre des choses était ren-
versé, puisque c'était l'empereur qu'il fallait
défendre contre des vassaux rebelles ; mais peu
importait, cette différence plus nominale que
réelle : c'était toujours, au fond, l'équilibre de
l'Allemagne à protéger et les usurpations de
l'Autriche à combattre. Les droits comme les
intérêts de la France étaient les mêmes ; ce
n'était donc pas à côté et en dehors d'elle, mais
avec sa participation et sous sa tutelle, que la
nouvelle association, si elle voyait le jour,
devait entrer en exercice.

Chavigny n'eut pas beaucoup de peine à faire
entrer dans cette pensée l'empereur lui-même,
qui ne désirait rien tant que de voir la France
s'engager de nouveau et par un lien plus étroit
dans ses intérêts, et à qui, d'ailleurs, on avait
toujours le moyen de faire entendre raison en
se montrant coulant sur ses réclamations pécu-

niaires. Mais ses ouvertures trouvèrent de plus
un accueil favorable de la part de plusieurs
princes, présents à Francfort de leur personne
ou par leurs envoyés. De ce nombre était le
nouvel électeur palatin, l'aîné de la maison de
Bavière, et qui, ayant dû à l'intervention de la
France la paisible possession des duchés de
Juliers et de Berg, craignait toujours d'en être
privé si la voix de la France cessait complètement de se faire entendre en Allemagne; puis
le jeune duc de Wurtemberg, élevé à Berlin et,
par là même, mal vu de l'Autriche; enfin le
prince Guillaume de Hesse, gouvernant le petit
duché de ce nom, en qualité de régent, depuis
que son frère le landgrave était devenu roi de
Suède par son mariage. Celui-là surtout était
un aide précieux à ménager; car il était le père
d'un des gendres du roi d'Angleterre, et c'était
lui qui avait incorporé dans l'armée britannique
une légion de six mille Hessois, dont la valeur
avait fait bonne figure à la bataille de Dettingue.
Le terme de l'engagement de ce corps auxiliaire
étant expiré, Guillaume éprouvait quelque hésitation à le renouveler, et ce fut lui-même qui

fit entendre qu'on le trouverait disposé à changer
de camp, pour peu qu'en lui offrant les mêmes
conditions pécuniaires, on y ajoutât l'espérance
d'élever à la dignité électorale la couronne
ducale dont il devait hériter [1].

Toute la question roulait donc encore ici sur
l'argent à trouver et à fournir; mais elle se
présentait dans de tout autres conditions que
celles qu'avait imposées impérieusement Frédéric. Autre chose était, en effet, pour la France,
de prendre à sa charge les frais d'une confédération où elle aurait non seulement une part
ostensible, mais encore une voix décisive et
prépondérante; autre chose de laisser puiser de
confiance dans son trésor pour subventionner

1. Chavigny à Amelot et au roi, novembre et décembre
1743, *passim*. (*Correspondance de Bavière*. Ministère des
affaires étrangères.) — La correspondance de Chavigny, très
spirituelle, très animée, est pleine d'intérêt. Je regrette que
l'importance relativement secondaire de la négociation
dont il était chargé ne permette pas d'en faire de plus
longues citations. — Le cardinal de Tencin au maréchal de
Noailles, 2 octobre, 31 décembre 1743, 25 janvier 1744. —
Mémoires du duc de Luynes, t. V, p. 153. — Le même Luynes
dit de Chavigny : « Il faut lui rendre la justice qui lui est
due. Outre ses talents supérieurs pour la négociation, il ne
m'a pas paru avoir oublié sa naissance. »

en secret une armée dont la direction anonyme cacherait une main suspecte. C'est ce que Chavigny, d'abord dans un long mémoire adressé au roi lui-même, puis dans un voyage rapide qu'il fit à Paris, s'appliqua et réussit à faire comprendre. « Cette ligue, disait-il, de la plus saine partie de l'empire, sous l'autorité de son chef suprême et sous la puissance du roi, serait plus politique que militaire, et son poids serait tout-puissant pour contenir les uns au devoir, y remettre les autres et imposer à tous.» L'objet propre et parfaitement défini serait de forcer la reine de Hongrie à reconnaître l'empereur et à lui restituer ses États, puis à soumettre le reste de ses prétentions à la Diète, double hommage rendu à l'autorité qui représentait par excellence le droit germanique. Ces considérations l'emportèrent, non sans peine, à la vérité, sur la résistance de quelques-uns des ministres, — en particulier du ministre des affaires étrangères, Amelot, qui, trop heureux de s'être tiré d'Allemagne n'importe à quel prix, répugnait à y mettre le pied sous une forme et un prétexte quelconques. Tout ce qui

venait de ce pays maudit lui paraissait suspect ;
il ne voyait de l'autre côté du Rhin que mensonge et perfidie. Ce prince de Hesse, par
exemple, qui, allié au roi d'Angleterre et
recevant de lui une solde, et même une solde
assez grasse, n'en songeait pas moins à le planter
là, était un monstre en politique : comment oser
s'y fier? Ce fut Noailles, qui, moins découragé
et connaissant mieux le terrain sur lequel il
avait à combattre, fit pencher la balance en
faveur des demandes de Chavigny : et encore
ne put-il décider ses collègues à ouvrir la caisse
qu'en leur représentant que le meilleur moyen
de ne plus envoyer de soldats en Allemagne,
c'était, à l'instar de Richelieu et de Mazarin, d'y
solder des troupes allemandes. Bref, Chavigny
revint à Francfort porteur d'un crédit ouvert
de 10 millions pour faire face aux subventions
et, comme disait effrontément Frédéric, aux
corruptions nécessaires[1].

1. Mémoire de Chavigny au roi, 13 janvier 1744. — Mémoire
du maréchal de Noailles, 14 janvier. — Pleins pouvoirs
donnés à Chavigny, 19 janvier. — Directions données par
le ministère à Chavigny, 20 janvier 1744. (*Correspondance
de Bavière*. Ministère des affaires étrangères.) — Rousset,

Restait à savoir de quel œil Frédéric lui-même verrait une combinaison si différente de celle qu'il avait imaginée et où on ne pouvait lui offrir qu'un rôle si peu semblable à celui qu'il avait rêvé ; car se passer de lui et avec lui de la meilleure ou, pour mieux dire, la seule armée qu'eût l'Allemagne, était impossible. Son abstention, prêchant d'exemple, eût inspiré un découragement et une défaillance universels. Son déplaisir pourtant n'était pas douteux ; car, avec la perspicacité dont il était doué, la seule présence de Chavigny à Francfort lui avait inspiré tout de suite de l'ombrage ; le voyage de cet agent en France et son prompt retour l'inquiétèrent encore davantage. « Écrivez à Chambrier, disait-il à Podewils, de bien savoir ce que fait Chavigny à Paris et de se donner toutes les peines du monde pour découvrir quel peut être le plan qu'il veut soumettre au gouvernement français. » Et ordre fut envoyé

Correspondance du maréchal de Noailles, t. II, p. 94 et *suiv.* Le mémoire du maréchal au roi, cité en entier dans cette correspondance, porte la date du 10 février 1744, et correspond exactement au moment du voyage de Chavigny à Paris.

aussi au ministre de Prusse à Francfort, le
baron de Klingskræff, de suivre de près toutes
ces démarches et de sonder à fond les intentions
du diplomate français [1].

Chavigny n'attendit pas les résultats de l'enquête et, à vrai dire, ne laissa à personne ni le
temps ni la peine de le faire ; car il accepta et
même rechercha tout de suite la conversation
avec le ministre prussien. Il eut avec lui plusieurs entretiens confidentiels dont les termes
furent d'abord assez vagues ; mais, à mesure
qu'il se sentait lui-même plus sûr de son fait,
ayant en poche le nerf de la guerre, il devint
plus précis et plus pressant. Quittant le mode
déférent et même un peu suppliant qu'avaient
employé jusque-là Voltaire et Valori, Chavigny ne craignit pas d'élever le ton et de laisser
voir à Klingskræff qu'il avait pénétré les embarras, les inquiétudes, les visées secrètes de
son maître. « Il est temps, lui dit-il, de ne plus
se tromper soi-même et de ne plus vouloir
tromper autrui. Je n'ai eu l'honneur de voir

1. *Pol. Corr.*, t. III, p. 12, 31.

votre maître qu'une fois, une bonne demi-heure,
et j'avais eu dès lors une grande opinion de
lui ; depuis, je l'ai suivi volontiers, quoique de
bien loin ; mais il aurait lui-même peu d'opinion
de moi, si je me hâtais de le juger définitivement avant le dénouement des troubles qui
agitent l'empire. Pour faire court, il ne peut
conserver la Silésie que par les mêmes moyens
qui l'ont aidé à la conquérir, et ce sera la part
qu'il prendra au dénouement général qui cou-
ronnera pour jamais sa gloire et sa sûreté. Il a
les cartes en mains; mais qu'il se le tienne
pour dit, faute de savoir les jouer à propos,
elles peuvent passer à d'autres... Votre maître,
ajouta-t-il encore dans un autre entretien, n'a
point d'amis; l'Autriche est irréconciliable avec
lui, et la Saxe fait cause commune avec elle.
S'il ne veut pas être prévenu, il faut qu'il pré-
vienne. »

En réponse, le ministre de Prusse, beaucoup
moins prompt à la réplique que son souverain,
insistait timidement sur les difficultés qu'oppo-
sait à une action énergique la neutralité sti-
pulée par le traité de Breslau et dépeignait la

situation faible des États prussiens répandus en Allemagne sur une ligne longue et sans défense, « comme une sorte de boudin », disait-il. Alors Chavigny, après avoir insisté sur les périls de l'abstention, se mit en devoir de lui démontrer que ceux d'une conduite active, beaucoup moins graves, étaient, en quelque sorte, imaginaires. « Je ne connais pas si peu l'intérieur de la basse Allemagne et la situation actuelle du Nord, lui dit-il, pour me figurer des fantômes là où il n'y aurait que des moulins à vent. Dès que la France se met visiblement en état d'occuper l'Angleterre et la Hollande, ce n'est pas un problème de statuer que le roi de Prusse, aussi puissamment armé qu'il est, a ses coudées franches, et je ne crois pas qu'il ait aucune inquiétude du côté de la cour de Russie, qui est hors de toute mesure avec celle de Vienne. » Enfin, Klingskræff ayant exprimé la crainte que la France, réduite à une guerre défensive sur ses frontières, ne fût paralysée par la nécessité de sa préservation personnelle : « Je vois bien, dit Chavigny avec hauteur, qu'on ne peut donner de la confiance à qui n'en veut pas prendre. Dieu merci! la nôtre est fondée sur nos propres forces, et la France ne s'en est pas plus mal trouvée dans des temps plus difficiles. » Poussé ainsi l'épée dans les reins, le Prussien finit par cette confession un peu naïve : « Mon maître veut bien ne pas rester les mains dans ses poches, mais à la condition d'être sûr de ne pas se brûler les doigts [1]. »

Cette attitude visiblement intimidée montra à Chavigny qu'il avait touché juste. Jouant hardiment la carte décisive, il rédigea lui-même, de concert avec le ministre hessois, un projet d'alliance entre l'empereur, la France, la Prusse, le roi de Suède en qualité de landgrave de Hesse, l'électeur palatin et le duc de Wurtemberg, pour affermir la sécurité de l'empire et l'équilibre de l'Europe sur les bases de la paix de Westphalie. Le seul fait que l'envoyé fran-

---

1. Chavigny à Amelot et au roi, 25 novembre, 4 décembre 1743, 14, 19, 29 février 1744. (*Correspondance de Bavière.* Ministère des affaires étrangères.) — Les entretiens de Chavigny avec le ministre prussien furent nombreux et répétés. J'ai dû en reproduire seulement l'esprit général et les traits les plus saillants. — *Pol. Corr.*, Klingskræff à Frédéric, 4 février 1744, t. III, p. 30.

çais rédigeait de sa propre main un tel acte engageait d'avance la signature de la France elle-
même : aussi, dans la dépêche qu'il envoyait
avec le projet à Versailles, Chavigny excusait
son audacieuse initiative en alléguant la pression violente qu'exerçait sur lui le prince de
Hesse, pressé lui-même par le terme de ses
engagements envers l'Angleterre, puis laissant
bientôt de côté ce prétexte : « Voilà, disait-il,
le roi de Prusse au pied du mur. Il demandera
peut-être quelque chose de plus que la Silésie,
il faudra lui faire un pont d'or. » Il faut ajouter
que, pour bien montrer combien il se croyait
sûr d'avance d'emporter à Berlin une adhésion
forcée ou volontaire, il comprenait parmi les
signataires futurs du traité les propres beaux-
frères de Frédéric, les margraves d'Anspach et
de Bayreuth, dont les sentiments favorables à la
France étaient connus[1].

Sa confiance fut justifiée, non que Frédéric
quand le projet lui fut remis, ne se récriât tout

1. Chavigny à Amelot et au roi, 29 février 1744. (*Correspondance de Bavière.* — Ministère des affaires étrangères.)
Pol. Corr., t. III, p. 30.

de suite avec hauteur et ne déclarât même en termes assez positifs qu'il refusait d'y apposer sa signature. Il s'éleva surtout contre la prétention de la France de s'y faire admettre tant qu'elle n'aurait pas donné des gages de sa résolution d'agir plus vigoureusement qu'elle n'avait fait jusque-là. Il s'exclama aussi contre le procédé en effet un peu familier qui consistait à promettre l'accession de ses beaux-frères, tous deux cadets de sa maison, sans s'être assuré de son consentement ou du leur. Il insista également sur le danger de mettre par une levée de boucliers prématurée la reine de Hongrie en garde. Mais, en réalité, le coup était porté ; il avait compris que son jeu était percé à jour et qu'à persévérer dans ces ambages, il risquerait de s'embarrasser lui-même dans ses propres artifices. Désespérant désormais d'obtenir ni argent français ni troupes allemandes, autrement qu'en payant lui-même le premier de sa personne, il se résigna à franchir le pas. Les résolutions hardies succédaient promptement chez lui à l'excès de la prudence. Avant même que l'original du projet de traité

fût remis entre ses mains, pendant qu'on le débattait encore à Francfort, il décidait d'envoyer
à Versailles, en mission spéciale, son chambellan et son ami, le comte de Rottenbourg, avec
pouvoir de négocier un traité direct entre lui
et la France, où il promettrait, sous certaines
conditions déterminées, et moyennant certains
avantages, son entrée en campagne au printemps suivant. Il renonçait ainsi à faire agir
autrui en restant dans l'ombre, afin de fixer plus
à son aise le jour et le lieu de son entrée en
scène. S'il ne ratifiait pas le projet de Chavigny, il l'exécutait, ce qui valait encore
mieux; mais la malveillance et le dédain qu'il
témoigne pour cet agent, et dans ses lettres,
et bien longtemps encore après, dans ses *Mémoires,* montrent assez quelle contrariété il
éprouvait de s'être vu forcer la main[1].

1. *Pol. Corr.,* p. 42, 49, 51 et 52. — Frédéric à Chambrier, 18 février. — A Klingskræff, 5 mars. — Au prince
de Hesse, 9 mars 1744. — *Histoire de mon temps,* ch. IX. On
négociait partout, dit-il, dans ce temps critique, et si l'on
ne négociait pas, on faisait du moins des projets. Le sieur
de Chavigny et le sieur de Bunau, ministre de l'empereur,
avaient « ébauché ensemble un traité d'association des

II

J'ai dit quelles étaient les préoccupations provenant du trouble d'une mauvaise conscience qui avait longtemps retenu Frédéric et qui le tourmentait encore au moment où il se décidait à renouer une partie belliqueuse avec la France. Il craignait toujours qu'en cas d'échec survenant dans une nouvelle campagne, la France ne s'autorisât de son exemple pour le laisser dans l'embarras, si elle en trouvait l'occasion, en se tirant elle-même d'affaire. De plus, le dégoût, presque l'horreur que les armées françaises témoignaient pour le séjour de l'Allemagne, la joie qu'elles exprimaient tout haut d'en être sorties, lui faisaient redouter que le cabinet de Versailles, se concentrant désormais dans le soin de la défense de ses frontières, ne lui remît à lui seul, eu compagnie de l'impuissant Charles VII,

cercles de l'empire. Les termes en étaient vagues, l'objet obscurément exposé, l'ouvrage entier paraissait inutile, je fis des remarques sur ce projet : rien de tout cela ne réussit ». (Texte primitif.) — Droysen, t. II, p. 237 et suiv.

le soin de faire tête aux ennemis qu'il allait se créer dans l'empire. Pour se préserver de ces éventualités, qui, le cas échéant, n'auraient été que le juste châtiment de sa conduite égoïste, il imagina toute une combinaison de garanties à la fois matérielles et morales, dont on trouve l'exposé raisonné dans ses documents politiques fait à plusieurs reprises sur des modèles différents. Parfois même le résultat en est présenté sur un papier à deux colonnes portant d'un côté les avantages, de l'autre les inconvénients possibles de toutes les mesures à prendre : sorte de bilan où sont mis en regard le passif et l'actif de chaque affaire et qui se termine par une résolution définitive formant comme le solde de la balance. Il affectionnait, nous l'avons déjà vu, ce procédé commercial pour se rendre compte, dans les situations critiques, des conséquences de tous ses actes[1].

Le résultat de cet examen fut que trois conditions principales lui paraissaient devoir être obtenues de la France pour qu'il consentît à

1. *Pol. Corr.*, t. III, p. 35, 42, 43, 63, 66, etc.

s'engager dans les liens d'une nouvelle alliance.
Il comptait exiger, en premier lieu, qu'avant la
reprise des hostilités une déclaration de guerre
authentique et solennelle fût envoyée à l'Angleterre d'une part et à l'Autriche de l'autre.
Jusqu'à ce moment, en effet (on se le rappelle),
malgré tant de sang français versé à Prague ou
à Dettingue, la France n'avait encore agi qu'en
qualité de simple auxiliaire de Charles VII,
d'abord comme électeur de Bavière, et ensuite
comme empereur; à tel point qu'elle conservait toujours, soit à Londres, soit à Vienne, des
représentants accrédités. Cette fiction diplomatique, moins vaine qu'elle n'avait l'air, lui mé-
nageait la possibilité de sortir à tout moment
de la lutte, sans autre formalité qu'un avis
donné à ses alliés ou un ordre expédié à ses
généraux. Et de fait, c'est ainsi que, lorsque
Noailles, l'été précédent, avait fait repasser le
Rhin à toutes ses troupes, l'envoyé de la France
auprès de la Diète n'avait avisé la haute assemblée que par une simple notification de cette
évacuation complète du territoire allemand.
C'est cette facilité même de retraite qui inquié-

tait Frédéric et à laquelle il voulait fermer la porte en établissant, dès le premier jour, entre la France et ses ennemis, un état d'hostilité déclarée dont elle ne pourrait être dégagée que par un traité formel, précédé d'une négociation qui préviendrait toute surprise.

Un second engagement devait être réclamé de la France ; c'était la promesse de ne pas poser les armes avant que la Prusse eût obtenu, pour prix de son nouvel effort, une extension de territoire sur les frontières de la Bohême et de la Silésie, destinée, suivant Frédéric, à compléter et à assurer la possession de sa première conquête. Enfin, et ceci était le point le plus délicat et le plus difficile à gagner, il fallait que la France se décidât à faire de nouveau franchir le Rhin à deux de ses corps d'armée, dont l'un serait placé sur le cours inférieur du fleuve, aux environs de Cologne et de Dusseldorf, pour contenir les Anglais et menacer le Hanovre ; l'autre en amont de Strasbourg, pour occuper le prince de Lorraine pendant que les armées prussiennes attaqueraient l'Autriche dans ses foyers.

Il ne semble pas, à première vue, que l'envoyé
choisi par Frédéric pour aller traiter une affaire
si grave, et dont chaque détail avait tant de
prix à ses yeux, fût l'agent le mieux approprié
à cette tâche. Frédéric, comte de Rottenbourg,
n'était rien moins qu'un diplomate de profession. C'était un gentilhomme de bonne et
agréable compagnie, mais qui, dans un âge déjà
mûr, restait, malgré les années, très jeune de
caractère et d'habitudes. Appartenant à une famille noble de Livonie, dont une branche avait
pris du service en France, il était venu de bonne
heure à Paris visiter ses parents et chercher la
fortune avec le plaisir. L'une et l'autre lui avaient
souri. Le régent, l'admettant dans sa société la
plus intime et la plus gaie, l'avait marié à la
fille de sa maîtresse, la marquise de Parabère,
sans exiger de lui plus de fidélité qu'une telle
hérédité n'en comportait. Il avait dû à cette
alliance la faveur de prendre part, avec un grade
élevé, à la guerre soutenue par Louis XV pour
replacer son beau-père Stanislas sur le trône
de Pologne ; ce qui ramena naturellement le
jeune Livonien dans le voisinage de son pays

fatal. La crainte lui vint alors que, malgré la
bienveillance qu'on lui témoignait, son origine
(il était né protestant et sa conversion restait
douteuse) ne fût tôt ou tard un obstacle sur le
chemin de la fortune et il prit congé des drapeaux de la France pour passer sous ceux de la
Prusse. Le hasard le mit aux côtés du jeune roi
à Molwitz, et il se fit blesser généreusement en
le couvrant de sa personne au moment où l'es-
cadron royal quittait à la hâte le champ de bataille. Depuis lors, son intimité avec le prince
était restée grande, mais c'était entre eux ca-
maraderie de plaisirs plutôt que confidence
d'affaires. Chaque année, Rottenbourg, resté
Parisien dans l'âme, prenait le chemin de la
France, en apparence pour faire soigner ses
blessures, dont il souffrait encore, en réalité
pour entretenir et renouveler connaissance avec
ses compagnons d'armes et de jeunesse. Nul
n'était plus familièrement admis que lui dans
tous les cercles de la capitale, depuis les bou-
doirs des grandes dames jusqu'aux coulisses
des théâtres. Frédéric trouvait en lui tantôt un
pourvoyeur de ses divertissements qui recrutait

à prix d'or, pour le théâtre de Berlin, des premiers sujets de ballet ou d'opéra, tantôt un
correspondant très bien informé, qui le tenait
au courant de toutes les anecdotes non seulement de la cour et de la ville, mais de ce monde
littéraire dont le moindre incident l'intéressait.
Aussi, c'était à lui que Voltaire, faisant mine
de quitter sa patrie en disgrâce, avait conté la
première confidence de ses feintes colères et
c'était lui aussi que Frédéric avait chargé de
déjouer par un expédient plus amusant que
loyal le piège qui lui était tendu.

Ce tour d'adresse, très lestement exécuté,
faisait honneur à la dextérité de Rottenbourg.
De là cependant à lui confier une mission
sérieuse, il y aurait eu loin encore, si, avant
toute négociation, Frédéric n'avait cru nécessaire de commencer par une enquête, une sorte
de reconnaissance du terrain à laquelle les
habitudes, les faiblesses et même les vices de
Rottenbourg le rendaient au contraire singulièrement propre. Frédéric voulait savoir avant
tout à qui on pouvait parler à Versailles avec
une chance sérieuse d'être écouté, de se faire

croire et d'obtenir un échange de promesses
suivies d'effet. On a vu ce qu'il pensait du
ministre des affaires étrangères Amelot, à qui
il prêtait toute la timidité, toute la duplicité de
Fleury, moins son adresse. Il ne paraît pas
qu'il eût beaucoup meilleure opinion de son
propre ministre à Paris, Chambrier, dont effectivement les rapports lourdement écrits, em-
preints d'une malveillance banale et monotone,
ne donnent qu'une idée assez peu avantageuse.
En tout cas, après tant de mécomptes suivis de
tant de méfiance et de tant de récriminations
réciproques, les anciens ressorts diplomatiques
lui semblaient tous faussés et hors d'usage.
Pour un nouveau jeu, il lui fallait de nouvelles
cartes. Puis on parlait beaucoup et Voltaire
avait fait beaucoup d'état dans sa conversation
de la résolution prêtée à Louis XV de gouverner
et même de combattre en personne. Frédéric
était bien assez perspicace et trop enclin à mal
penser de ses semblables en général, et de ses
confrères en royauté en particulier, pour ajouter
sérieusement foi à cette résurrection tardive.
Mais n'y eût-il chez le débile souverain qu'une

velléité d'action passagère, c'était un réveil d'un
jour dont, entre deux sommeils peut-être, et
en prenant bien son temps, on pouvait profiter.
Pouvait-on aborder le roi lui-même et entrer
directement en relation avec lui? ou bien à
supposer, ce qui était probable, que cette
émancipation ne fût qu'apparente, et que Louis
continuât à obéir en paraissant et en croyant
commander, quelle main se cachait derrière la
sienne, et qui donc le gouvernait sans en avoir
l'air? A quels mobiles obéissaient ces inspi-
rateurs nouveaux? A quelles séductions seraient-
ils accessibles? Cette maîtresse altière, dont la
fierté, disait-on, relevait les charmes, serait-elle
insensible à l'orgueil de former elle-même un
lien entre deux rois? Le premier ministre
occulte, était-ce Tencin, vêtu de cette robe
rouge qui avait couvert tant d'ambitions sécu-
lières, et nourri dans cette curie romaine dont
l'adresse et la politique profonde étaient encore
légendaires? ou bien était-ce Noailles, à demi
vainqueur hier et pressé sans doute de saisir
toute occasion favorable pour courir après la
gloire, qui lui avait échappé au moment où il

croyait la tenir? Enfin Belle-Isle, l'inappréciable
Belle-Isle, était-il réellement et pour jamais en
disgrâce? Fallait-il renoncer à mettre encore
une fois à profit et ses talents élevés et sa fougue
imprudente? Tels étaient les points obscurs de
l'horizon; afin de les éclaircir, il fallait, dit lui-
même Frédéric, une boussole pour s'orienter.
C'est le rôle dont Rottenbourg dut être chargé,
et dont lui seul pouvait s'acquitter sans bruit,
sans même avoir besoin d'écouter aux portes;
car toutes lui étaient ouvertes d'avance, sa présence dans les lieux où on était accoutumé à le
voir n'ayant rien de suspect ni même de surprenant.

Avant de le mettre en campagne, Frédéric
eut pourtant la fantaisie de voir de ses propres
yeux comment il saurait se démener dans sa
tâche improvisée d'ambassadeur. Il le manda
en tête-à-tête dans son cabinet, et, se posant en
face de lui, imitant de son mieux les gestes et
la physionomie d'un ministre français tel qu'il
pouvait se les figurer, il lui fit, par avance,
toutes les objections que pouvait rencontrer, à
Versailles, le projet d'une alliance renouvelée

avec la Prusse, y compris même celles qu'on
pouvait tirer du caractère de son roi, de sa
versatilité, de son égoïsme et du peu de foi que
méritaient ses paroles. Il s'amusa ainsi à faire
lui-même, de sa propre personne, un portrait
dont il n'adoucit pas les couleurs : « Voyons,
maintenant, lui dit-il, comment vous vous y
prendrez pour me défendre. » Rottenbourg
entra en riant dans le jeu, et, sans démentir
absolument les défauts prêtés à son maître,
montra si bien le parti qu'on en pouvait tirer,
en un mot, s'acquitta avec tant de tact et d'à-
propos de sa réplique, que le roi lui dit en se
levant : « Parlez seulement ainsi et vous êtes
sûr de réussir [1]. »

La mission de Rottenbourg devait être gardée
secrète plus encore à Berlin qu'à Paris, Frédéric
se méfiant toujours des sympathies de tout son
entourage et principalement de son ministre
Podewils pour l'Angleterre. Le comte obtint
pourtant la permission d'aller en entretenir
confidentiellement Valori avant son départ, et,

1. Hyndford à Carteret, 22 février 1744. (*Correspondance
de Prusse*. Record office.)

dans cette conversation à huis clos, il fit preuve
de la même adresse cachée sous une bonhomie
apparente qui lui avait valu l'approbation royale.
Peut-être même, si le maître, écoutant aux
portes, avait entendu parler le serviteur, il eût
trouvé qu'on faisait un peu librement les hon-
neurs de son caractère : « Dites-moi franchement, dit Rottenbourg à Valori, comment je
vais être reçu à Paris et ce qu'on y pense de
mon roi. Y est-on véritablement animé contre
lui de l'*esprit de vengeance* dont il redoute toujours les effets? » Valori, pris un peu au
dépourvu par la question, répondit pourtant
sans trop d'embarras que, si la méfiance existait,
il dépendait du roi d'y couper court en donnant
lui-même des gages qui ne permissent de laisser
planer aucun doute sur la sincérité de ses
intentions : « Un grand État, ajouta-t-il, comme
la France ne connaît pas l'*esprit de vengeance*
et ne consulte que son intérêt... » — « Mais,
reprit Rottenbourg (de plus en plus confiant),
je ne fais pas façon de vous dire qu'il faut
montrer *de la pâture à mon oiseau*. Qu'est-ce
que la France consentira qu'il lui revienne

quand il se sera mis dans cette affaire jusqu'au cou? Vous savez aussi bien que moi qu'il lui faut un appât et qu'il n'est pas homme à s'engager sans des vues de profit. » — « Je lui répondis, écrit Valori, qu'il y en avait une certaine, c'était sa sûreté et celle de ses conquêtes; que je voyais avec douleur qu'il n'était pas aussi sensible à cet objet que son intérêt le demandait. » — « Vous le connaissez, me répondit-il, vous savez que le présent est le seul objet qui le touche et qu'il s'embarrasse peu de ce que les affaires peuvent devenir après lui. » — « En ce cas, lui dis-je, il me paraît que la Prusse, ne pouvant agrandir ses États qu'aux dépens de la reine de Hongrie, il ne doit pas balancer à entrer dans des mesures contre elle. » Et Valori continuait : « Je n'ai rien à vous dire, monseigneur, du caractère de ce gentilhomme ; je crois que vous le trouverez aussi parlant que quand il est parti de France. En tout cas, quoi qu'il en soit du succès de son voyage, j'estime qu'il donnera à penser à nos ennemis [1]. »

1. Valori à Amelot, 22 février 1744. (*Correspondance de Prusse.* — Ministère des affaires étrangères.)

L'arrivée de Rottenbourg en France ne causa, comme on l'avait prévu, aucune sensation, et le duc de Luynes, en général bien informé, ne fait de sa première visite à la cour qu'une mention indifférente. Mais lui-même ne fut pas deux jours à Versailles sans comprendre d'où venait le vent et de quel côté il devait se tourner. Il y trouvait aux prises deux partis de plus en plus tranchés : celui des anciens ministres, qui, avec Amelot et Maurepas, restaient fidèles aux traditions prudentes, économes et même timides de Fleury, et ceux qui suivaient avec Tencin les inspirations plus ardentes du maréchal de Noailles et de Richelieu. Depuis la fin malheureuse de la dernière campagne, c'étaient, entre ces opinions contraires, des conflits incessants et que chaque incident faisait renaître ; et, de fait, la question se posait chaque jour plus nettement sous la forme d'une alternative plus étroitement serrée. Il fallait ou redoubler plus que jamais d'efforts et de vigueur, ou poser les armes en demandant grâce. Le traité de Worms en particulier (ce traité qui causait à Frédéric tant d'alarmes) rendait la situation de la politique française plus critique que jamais ; car l'importante accession de la Sardaigne à l'alliance austro-anglaise pouvait jeter dans la balance des forces un poids décisif en menaçant nos provinces méridionales au moment où celles du Nord, naturellement très découvertes, étaient défendues par des forces à peine suffisantes. La gravité du péril était accrue par l'irritation même que l'Espagne avait ressentie d'un dénouement qui trompait sa longue attente. Déçue dans ses ambitions maternelles au moment même où elle les croyait réalisées, l'ambitieuse Farnèse menaçait tout haut, si on ne l'aidait pas à obtenir réparation, de se jeter elle-même avec armes et bagages dans le camp du plus fort, sûre qu'elle était de faire payer cher une défection qui laisserait la France isolée au milieu d'un cercle de fer et de feu.

Louis XV, très irrité aussi du mauvais tour que son cousin de Sardaigne jouait à son oncle d'Espagne, s'était montré dès le premier jour disposé à en tirer vengeance. On peut douter pourtant que la fierté blessée eût été un aiguillon suffisant pour l'émouvoir longtemps

et le porter à des partis décisifs, si ce ressentiment n'eût été secondé et entretenu chez lui
par de tendres et même brûlantes excitations.
Mais madame de la Tournelle veillait au poste
où Noailles et Richelieu l'avaient placée et
suivait fidèlement des conseils qui flattaient son
orgueil. Si elle n'avait pas réussi à vaincre la
répugnance du monarque indolent pour le
travail et l'étude, elle avait au moins ré-
veillé dans son cœur ce goût de la gloire
et des combats dont le feu circule toujours,
même quand l'ardeur en est latente, dans
les veines d'un prince français. Très réellement, cette fois-ci, Louis XV avait conçu le
désir de se montrer lui-même sur le champ
de bataille à la tête de ses armées, soit que
l'orgueil de race dont il était nourri lui fît
croire que sa seule présence ramènerait la victoire sous ses drapeaux, soit qu'il fût flatté en
imagination de se montrer dans cette noble
attitude aux yeux d'une maîtresse bien-aimée.
« J'en grille d'envie, écrivait-il au maréchal de
Noailles le lendemain même de la bataille de
Dettingue... Si on veut manger mon royaume,

je ne puis le laisser croquer sans faire mon
possible pour l'empêcher. » Noailles, sans
arrêter tout à fait ce généreux élan, — en
laissant même voir qu'il prendrait en bonne
part la témérité d'un coup de tête, — avait
dû pourtant lui faire observer qu'une campagne purement défensive, après une bataille
perdue et sans possibilité de revanche immédiate, n'offrait pas à la majesté royale une
occasion bien éclatante de rentrer en scène.
Louis avait dû céder à l'insistance de ses
courtisans, qui lui représentaient, dit Tencin,
qu'un roi ne devait *marcher qu'avec la victoire*. Mais la saison nouvelle, en ouvrant
de meilleures espérances, ne laissait plus de
place à ces prétextes auxquels une voix chérie
lui reprochait peut-être tout bas de s'être trop
aisément prêté. Son ardeur, d'autant plus
excitée qu'elle n'avait pu être satisfaite, en le
détournant de tous les partis de faiblesse, le
rendait plus accessible aux conseils de ceux
qui lui prêchaient les résolutions héroïques.
« Je suis comme l'oiseau sur la branche, écrivait-il en voyant approcher le moment de se

signaler, et je désire de vieillir à un point inex-
primable [1]. »

Ce que nous nommerions aujourd'hui le parti
d'action gagnait donc chaque jour du terrain
dans les conseils et surtout dans l'esprit de
Louis XV. Dès la fin de l'automne précédent,
deux faits qu'il est singulier, mais nécessaire de
rapprocher, donnèrent la mesure de ce progrès.
Le 22 octobre, madame de la Tournelle recevait
le brevet de duchesse qu'elle avait exigé dès le
premier jour comme le signe éclatant de sa
faveur, et, le lendemain 23, un traité d'alliance
était signé avec l'Espagne, stipulant en termes
exprès une déclaration de guerre immédiate
faite à la Sardaigne et en laissant pressentir
une autre à courte échéance à l'adresse de
l'Angleterre.

La grâce accordée à madame de la Tournelle
eut un éclat et une ampleur qui dépassaient
tout ce qu'avait fait Henri IV pour Gabrielle ou

---

1. Le roi au maréchal de Noailles, 24 juillet, 9 août,
3, 16 septembre 1743. — Le maréchal au roi, 6, 30 août 1743.
— Rousset, t. I; Introduction, xc, cxi. — En racontant ces
hésitations du roi pendant la fin de la campagne de 1743,
M. Rousset me paraît les avoir jugées trop sévèrement.

Louis XIV pour La Vallière. Le duché créé
pour elle n'était point assis sur quelque fief
obscur, mais bien sur le château royal qui
dominait la cité de Châteauroux, ville de plusieurs milliers d'âmes, et sur un domaine de
la couronne pris à bail par les fermiers généraux
pour une rente annuelle de 85,000 livres. Les
lettres patentes enregistrées au Parlement donnaient pour motif d'une si généreuse concession
« les services qu'avait rendus à la couronne,
depuis plusieurs siècles l'illustre famille dont
madame de la Tournelle était issue, et aussi les
qualités d'esprit et de cœur dont elle avait fait
preuve depuis qu'elle était attachée à la reine
(notre chère compagne) et qui lui avaient acquis
une estime et une considération universelles ».

La présentation de la nouvelle duchesse fut
faite avec solennité ; elle prit son siège devant
le roi, entre sa sœur, madame de Lauraguais,
duchesse comme elle, et d'autres dames du
même rang, parmi lesquelles figurait, par un
hasard qu'on aurait pu croire calculé, la duchesse
d'Agénois, l'épouse légitime du jeune seigneur
dont elle avait quelque temps possédé le cœur

et dont elle châtiait, ce jour-là, avec tant d'éclat l'inconstance... « De là, dit le duc de Luynes, on passa chez la reine. La reine s'est approchée de madame de la Tournelle et lui a dit : « Je » vous fais compliment, madame, sur la grâce » que le roi vous a accordée... » Les trois dames, debout, sont entrées ; il n'y avait pas de dame du palais de la reine (ce qui indique proba- blement que la duchesse de Luynes avait trouvé moyen de s'éloigner). C'était un quart d'heure avant la comédie... La reine s'est levée au bout de fort peu de temps... Le roi a donné une loge à la comédie à madame de Châteauroux. » Après ces tristes cérémonies, dont la froide étiquette sauvait à peine le fond d'indécence, la grande dame improvisée allait se délasser dans son cercle intime avec ses protecteurs, dont elle appelait l'un (le maréchal de Noailles) son parrain, l'autre (le duc de Richelieu) son oncle ; et eux, de leur côté, au lieu du titre pompeux dont on venait de la parer, s'amusaient à lui donner le surnom plus familier de la *Ritour- nelle*. Leur crédit, d'ailleurs, croissait avec le sien. « On sut hier, dit encore Luynes, à quelques jours de là, que le roi a donné les grandes entrées chez lui à M. le duc de Richelieu. On peut voir par ce qui a été dit ci-dessus, au sujet de l'affaire de madame de Châteauroux, que M. de Richelieu était en droit de dire que le roi lui avait quelque obligation; au moins c'est ainsi que le public en pensait [1].

Le traité signé avec l'Espagne fut conçu dans des termes très énergiques et d'une grande portée. La France se mettait immédiatement en guerre avec le roi de Sardaigne, joignant un corps d'armée français aux troupes espagnoles, auxquelles le passage était accordé à travers nos provinces méridionales pour pénétrer dans la Savoie et dans la rivière de Gênes. Louis XV s'engageait, de plus, à ne poser les armes que quand un établissement suffisant aurait été assuré en Italie à l'infant don Philippe. Enfin les deux rois devaient se mettre d'accord sur le moment où il conviendrait de déclarer la guerre à l'Angleterre.

Ce moment ne pouvait plus tarder le jour

---

1. *Mémoires du duc de Luynes*, t. V., p. 164, 167, 168.

où Rottenbourg arrivait à Versailles ; car les actes avaient suivi de près les paroles. Non seulement le corps d'armée destiné à faire la guerre en Italie était déjà réuni, prêt à partir sous un commandant qui n'était pas moindre qu'un prince du sang royal, le prince de Conti, dont la valeur s'était signalée dans la campagne de Bavière ; mais une escadre française avait reçu en même temps l'ordre de quitter Toulon pour se joindre à la marine espagnole et faire tête avec elle à l'amiral anglais Mathews, qui croisait sur les côtes du royaume de Naples depuis l'été précédent. Un engagement eut lieu le 22 février entre les marines rivales, et, bien que l'escadre française, n'ayant pas l'ordre précis d'attaquer, n'eût pas pris de part directe à la lutte, sa seule présence, encourageant son alliée et intimidant la flotte anglaise, força l'amiral Mathews à se retirer après quelques heures de combat et à délivrer ainsi momentanément le rivage italien de son inquiétant voisinage.

Cet acte d'hostilité, pourtant assez significatif, n'aurait peut-être pas encore suffi pour mettre un terme, entre les deux cours de France et

d'Angleterre, à l'état de relations équivoques
que la bataille même de Dettingue n'avait pas
fait cesser. Mais un incident, imprévu du gouvernement français lui-même, vint mettre tout
à fait le feu aux poudres. C'était le débarquement, sur les côtes de Provence, de Charles-
Édouard Stuart, fils aîné du prétendant à la
couronne britannique, de celui que Louis XIV
avait fait autrefois la déplorable imprudence de
saluer du nom de Jacques III. Depuis la paix
d'Utrecht, toute l'Europe, y compris la France,
et sauf le saint-siège, ayant reconnu la royauté
protestante en Angleterre, l'héritier de la famille déchue vivait retiré à Rome, dans une
condition modeste, entouré d'un petit cercle de
fidèles et élevant avec soin ses deux fils, dont
l'aîné paraissait doué de qualités brillantes et
brûlait, dès son enfance, de se distinguer par
quelque action d'éclat. Mais toutes les démarches
de la famille étaient surveillées de près par ceux
qui avaient intérêt à l'empêcher de troubler de
nouveau la paix européenne, en particulier par les
agents de l'Autriche, devenue la meilleure amie
des rois électeurs de la Grande-Bretagne. Ce fut

donc en cachette et nuitamment, après être sorti
de Rome sous le prétexte d'une partie de chasse,
que le prince Charles-Édouard se mit en route,
vers la fin de janvier, sans prévenir personne.
Il réussit, sous un déguisement, à traverser les
provinces occupées par les troupes autrichiennes,
et vint prendre la mer à Livourne. Quand son
départ fut connu, on supposa d'abord qu'il allait
s'enrôler dans l'armée espagnole sous les ordres
de l'infant Philippe ; mais on sut bientôt qu'il
s'était fait mettre à terre à Antibes, et il fut clair
qu'il venait offrir au gouvernement français ses
services pour tenter en Angleterre une contre-
révolution contre la maison de Brunswick. On
se souvint alors que le ministre Tencin, pendant
son séjour à Rome, avait vécu en relations
assez intimes avec la maison Stuart et avait
même obtenu, par l'intermédiaire du prétendant, le chapeau de cardinal que la cour de
Rome tenait toujours à la disposition du roi
légitime d'Angleterre. On supposa naturellement que la fuite du prince était combinée avec
le cabinet de Versailles pour l'aider à susciter des embarras à ses rivaux et profiter des

divisions croissantes dont, d'après la vivacité de certains débats parlementaires, on devait supposer que l'Angleterre était travaillée.

C'était vraisemblable, mais ce n'était pas, ou du moins ce n'était qu'à moitié vrai. Tencin, par ses relations privées, avait bien été vaguement averti des projets du prince et avait pu y donner quelques encouragements plus vagues encore. Des relations subsistaient aussi depuis longtemps entre le cabinet français et plusieurs chefs jacobites d'Angleterre, et, pour profiter à l'occasion du concours plus ou moins efficace que ces seigneurs ne cessaient d'offrir, quelques préparatifs étaient déjà faits, à petit bruit, à Dunkerque, afin de leur faire passer, si besoin était, des munitions, des subsides, peut-être même un corps auxiliaire de débarquement. Mais l'aventure, si on se décidait à la tenter, devait suivre et non précéder la déclaration d'une guerre ouverte, et rien au fond n'était encore à cet égard définitivement arrêté. Il ne manquait pas de gens, en effet, à Versailles (on peut le voir par des lettres du maréchal de Noailles), assez au courant de l'état véritable

des choses en Angleterre pour avertir que
l'opinion nationale y était toujours très prononcée en faveur de la succession protestante,
et qu'aucun homme ni aucun parti aspirant
sérieusement au pouvoir n'était prêt à se compromettre en se ralliant à un prétendant catholique. La diversion espérée n'aurait donc, suivant toute apparence, d'autre effet que de rallier
les dissidents autour du trône de George et de
faire cesser ainsi les dissentiments mêmes dont
on se proposait de profiter. En tout cas, le dessein d'une si grosse affaire devait être mûri
longuement et en secret avant d'éclater, et la
venue prématurée de Charles-Édouard en France
ne pouvait que compromettre le mouvement en
le précipitant[1].

1. Il paraît bien, malgré les dénégations que fit alors,
comme on va le voir, le gouvernement français, que le
projet de tenter une contre-révolution en Angleterre fut
agité dans le conseil, dès le commencement de 1744, puisque
une patente du 13 janvier investit le comte de Saxe du
commandement à exercer, le cas échéant, en Angleterre, au
nom de Jacques III. Mais rien n'indique que ce dessein,
encore vague, eût reçu avant la venue du prince Édouard
même un commencement d'exécution. Une réunion de
bâtiments de transport et même de troupes aurait-elle déjà eu

Mais, si l'équipée du prince était de celles qu'on eût désiré prévenir, une fois accomplie il était difficile, à peu près impossible même, de la désavouer. Nul doute, en effet, qu'à peine avisé de sa venue, le chargé d'affaires d'Angleterre, encore présent à Paris, ne vînt réclamer au nom des traités formels l'éloignement de ce visiteur suspect. L'expulsion violente d'un prince par ordre d'un roi a toujours, même de notre temps, un caractère qui répugne : c'était bien pis dans les idées monarchiques d'alors. Dans l'état des rapports des deux pays, était-ce bien la peine de s'exposer à une sorte de réprobation publique pour maintenir, pendant quelques jours encore, une paix nominale qui n'empêchait déjà pas de se battre sur terre comme sur mer, et dont on se proposait de faire disparaître, du soir au lendemain, même l'apparence? Fallait-il montrer cette déférence à un gouver-

---

lieu à Dunkerque, ce n'était encore qu'une menace simple d'hostilité contre le gouvernement anglais et qui ne soulevait pas de question dynastique. — L'opposition faite par Noailles au projet est consignée dans ses lettres au roi, 10 février 1744, et à Chavigny, 5 mars. (*Mémoires de Noailles*, édition Petitot, t. III, p. 353-354.)

nement contre lequel on était déjà prêt à sortir en armes? « Je ne doute pas, écrivait Amelot à Valori, qu'on ait appris à Berlin l'évasion subite de Rome du fils aîné du prétendant, et il est vraisemblable que le jugement qu'on en aura porté sera que son départ n'a pu se faire que de concert avec la France. Il est néanmoins très vrai que, bien loin que le roi y ait aucune part, Sa Majesté n'en a été nullement prévenue... On doit s'attendre que la cour de Londres en fera grand bruit. Mais, outre qu'on ne voit pas que personne puisse trouver à redire à ce que le fils du prétendant, ennuyé de son oisiveté, pendant que toute l'Europe est en armes, veuille faire une campagne, nous ne sommes plus avec la cour de Londres dans une position qui doive nous obliger de chercher à la tranquilliser et à calmer la mauvaise humeur qu'elle en pourra concevoir. » Et il ajoutait peu de jours après : « Le chargé d'affaires d'Angleterre est venu demander l'expulsion du prétendant, conformément aux traités. On lui a répondu que les traités étaient réciproques, et qu'on ferait droit à la demande de l'Angleterre quand elle aurait réparé les contraventions sans nombre qu'elle se permettait tous les jours[1]. »

C'était en réalité offrir ses passeports à l'agent anglais : il ne tarda pas à les demander, et, quinze jours après, la déclaration de guerre officielle paraissait dans toutes les gazettes d'Europe. Comme conséquence, les préparatifs qu'on faisait déjà à petit bruit à Dunkerque furent subitement et publiquement accrus. Un véritable corps de troupes fut rassemblé, dans le dessein de traverser le canal sur des bâtiments de transport, et puis, sous la protection d'une escadre, de remonter la Tamise aussi haut qu'il serait possible dans le voisinage de Londres. Le comte de Saxe en eut le commandement, sous la direction nominale du jeune Stuart, à qui on donna officiellement le titre de prince de Galles[2].

1. Amelot à Valori, 15, 28 février 1744. (*Correspondance de Prusse.* — Ministère des affaires étrangères.) — Le maréchal de Noailles au roi, 10 février 1744. — Rousset, Introduction, p. cxxxiii.

2. *Mémoires et Correspondance du comte de Saxe,* Paris, 1794. — L'instruction donnée au comte de Saxe porte en propres termes qu'il sera sans difficulté subordonné au roi Jacques et au prince de Galles son fils. Elle porte la date de février 1744, quelques jours après l'arrivée de Charles-Édouard. Tous les détails de l'évasion de Charles-

Rottenbourg, en arrivant, trouvait donc sur ce point le vœu de Frédéric satisfait d'avance, peut-être au delà même de ce que son maître désirait, et dans des conditions que sa prudence et sa perspicacité politique auraient peut-être désapprouvées. Mais, si cette partie de la besogne était faite, c'était la moindre; si ce qui regardait l'Angleterre était réglé, restaient les rapports avec l'Allemagne, qui présentaient les difficultés les plus délicates; restait la rupture officielle à provoquer envers l'Autriche, les deux corps d'armée à faire expédier au delà du Rhin, les indemnités à assurer pour Frédéric en Bohême. Réflexion faite, ce ne fut à aucun ministre, mais à Richelieu, qui ne l'était pas, qu'il se décida à faire les premières ouvertures. Richelieu, sans hésiter, en porta la confidence à madame de Châteauroux, à Choisy, où, pour le moment, cette dame suivait la cour. Il ne fit point difficulté de pénétrer dans son appartement, bien qu'il fût prévenu qu'elle y était seule

Édouard se trouvent dans une dépêche de Robinson à Carteret du 25 janvier (*Correspondance de Vienne. — Record Office*), ce qui montre avec quel soin les agents autrichiens surveillaient les démarches du prétendant et de sa famille.

avec le roi, « Que voulez-vous? lui dit le prince,
un peu surpris d'être dérangé dans un tête-à-
tête. — Vous entretenir, sire, d'une affaire qui
presse et qui me surprend autant qu'elle vous
surprendra vous-même. » Puis il fit part de la
confidence qu'il avait reçue en ajoutant que
Frédéric désirait traiter l'affaire de roi à roi,
sans passer par les ministres. Louis XV, bien
que flatté d'être regardé pour la première fois
comme maître chez lui, et traité de tête politique, se défiait trop de lui-même, et aussi de
Frédéric, pour accepter la responsabilité de
conduire à lui seul une négociation avec le
fourbe le plus réputé d'Europe. Consentant à
tenir pour le début au moins le ministre Amelot
à l'écart, il désigna Noailles et Tencin pour
l'aider à engager conversation[1].

L'affaire marcha plus vite que Rottenbourg
ne s'y était attendu, car le roi ne donna aucun

1. J'emprunte le dialogue de Richelieu et du roi aux
Mémoires du duc rédigés par Soulavie, bien que j'aie averti
moi-même le lecteur du peu de confiance que ce recueil
mérite. Mais je suis autorisé ici par le témoignage de Frédéric, qui dit expressément de Rottenbourg : « Il fit ses
premières insinuations par Richelieu et la duchesse de Châ-

signe de l'humeur vindicative et soupçonneuse qu'on lui avait fait craindre. Dès le 16 mars, Rottenbourg écrivait à Frédéric : « Le moment me paraît venu de conclure tout à fait avec la France ; le roi paraît sérieusement résolu à oublier tout à fait le passé ; il a fait dire à l'empereur qu'il lui donnait sa parole royale de ne pas poser les armes jusqu'à ce qu'il lui eût fait donner satisfaction. La majorité du conseil n'est pourtant pas encore sûre : j'ai pour moi Noailles, Tencin, *Belle-Isle*[1]? mais il faudra ménager les quatre autres (Orry, Amelot, Maurepas et d'Argenson) jusqu'à ce que j'aie trouvé le moyen, si faire se peut, de les bouleverser

teauroux. » — L'intervention de Richelieu est aussi expressément rapportée dans le manuscrit communiqué par M. de Boislisle; il y est même affirmé que Rottenbourg eut, par l'intermédiaire de Richelieu, plusieurs entretiens en tête-à-tête avec le roi.

1. Droysen, t. II, p. 265. — La mention de Belle-Isle au nombre des membres du conseil est singulière. Belle-Isle n'était pas ministre et même ne l'avait jamais été, ce poste étant incompatible avec les hautes fonctions de diverses natures qu'il avait remplies en Allemagne. Rottenbourg voulait dire, sans doute, qu'il comptait sur le concours de ce maréchal, qui, comme on va le voir, essayait alors de rentrer en grâce et s'était mis en relations suivies avec Tencin.

par le parti que je me suis fait dans le conseil
du roi de France et qui sera tout à fait à notre
dévotion. Le roi va me recevoir en audience
privée chez madame de Châteauroux. » Ce fut
probablement cette confiance qui décida l'envoyé prussien à outrepasser un peu ses instructions : il ne devait qu'observer, écouter et répondre; il se résolut à passer une note qui
résumait en six articles les désirs du roi de
Prusse et qui ne pouvait manquer d'être soumise au conseil.

La réponse fut favorable presque sur tous les
points; nulle difficulté sur le passage, dans les
rapports avec l'Autriche, de l'hostilité de fait à
l'hostilité de droit; nulle objection élevée contre
les avantages territoriaux réclamés par le roi
de Prusse, sous la seule réserve d'une entente
préalable avec l'empereur dans le cas où il serait
question d'un démembrement de la Bohême.
Cette condition remplie, la France pouvait d'autant moins s'opposer à une nouvelle extension
de la Prusse, que, renonçant cette fois, pour son
compte, à la politique de désintéressement, ou
plutôt de duperie, qu'elle avait suivie jus-

qu'alors, elle demandait à s'étendre elle-même
du côté des Pays-Bas, au moins par l'acquisi-
tion de quelques places fortes. Mais l'envoi d'une
force armée en Allemagne rencontra, comme
on devait s'y attendre, plus de difficultés. La
note s'exprimait sur ce point en termes évasifs
et légèrement ironiques. « Le roi, y était-il dit,
désire à cet égard se conformer à ce que le roi
de Prusse désire, et, pour entrer dans ses vues
autant qu'il est possible, comme il n'y a pas
lieu de douter que la reine de Hongrie ne re-
tire ses troupes des bords du Rhin dès que les
opérations du roi de Prusse commenceront,
alors Sa Majesté fera passer le Rhin à son armée d'Alsace pour se porter dans le centre de
l'empire, afin de contenir tous ceux dont on
pourrait craindre les mauvais sentiments, et
faire, de concert, les opérations qu'on jugera
convenables. » C'était dire à Frédéric : Nous
irons en Allemagne quand nous serons sûrs de
vous y trouver en armes. C'était lui rendre
méfiance pour méfiance et exactement la monnaie de sa pièce[1].

1. Voir, dans la *Correspondance de Prusse*, sous la date

Frédéric sentit le trait et fit voir qu'il était touché en tançant vertement son envoyé : « Mon cher Rottenbourg, lui écrivit-il, vous avez été ébloui par la cour de Versailles, et son brillant vous a fait oublier les instructions que je vous avais données de voir venir et d'entendre parler les autres; au lieu de cela, vous avez parlé tout seul, ce qui n'était pas mon compte. Je ne me paye pas de paroles, je veux voir des actions et l'accomplissement de tout le préalable que j'exige ; sans quoi, je ne me remue non plus qu'une pagode de Pékin dans sa niche; prenez tous les matins une poudre blanche et ne vous précipitez en rien. On ne fait pas des alliances comme des parties de plaisir ; il y faut plus de précautions[1]. » Et, pour bien faire sentir qu'il était décidé à ne pas partir le premier, il déclara qu'il ne pourrait, en aucun cas, être prêt à entrer en campagne avant le mois d'août suivant, et qu'il entendait que, jusque-là, sa coopération

du 31 mars, les propositions de Rottenbourg et en regard les contre-propositions d'Amelot, suivies de nouvelles observations de l'envoyé prussien.

1. Frédéric à Rottenbourg, t. III, 30 mars 1744.

avec la France restât secrète. La raison qu'il donnait pour motiver ce délai était la nécessité de terminer ses préparatifs et de mettre le sceau à son alliance avec la Suède et la Russie : deux prétextes aussi vains l'un que l'autre ; car il armait depuis plus d'un an et il avait manœuvré de manière à être aussi maître à Stockholm qu'à Saint-Pétersbourg. « Mais, dit-il lui-même dans son *Histoire*, cet article lui donnait la faculté d'agir ou de n'agir pas, suivant que les circonstances seraient favorables ou contraires. »

L'excuse eût été meilleure s'il eût dit, ce qui était vrai, que l'adhésion donnée par la France à l'incartade du prétendant avait jeté dans les esprits autour de lui, un trouble qu'il fallait lui laisser e temps de calmer. La faute commise par cette imprudente résolution n'allait pas tarder à être évidente, en Angleterre même, et fut tout de suite sensible en Allemagne. J'ai expliqué à plus d'une reprise comment, par suite du croisement des intérêts qui, depuis Richelieu ou Mazarin, emmêlait les fils de la politique européenne, tandis qu'en Angleterre, en Hollande, dans toute l'Europe occidentale, la France passait pour la puissance catholique, et même fanatique par excellence, — encore imparfaitement lavée du sang de la Saint-Barthélemy et poursuivie des imprécations de tous les religionnaires réfugiés, — tous les rôles étaient renversés en Allemagne, et c'était le contraire qui avait lieu. Là, le parti, je ne dirai pas favorable à la France (il n'y en avait point de tel), mais le moins hostile, était celui des petits États protestants, ennemis héréditaires de l'apostolique maison d'Autriche. C'était parmi ceux-là que Chavigny avait recruté les associés de son union fédérale et que Frédéric pouvait trouver des alliés pour sa future campagne. Mais c'étaient ceux-là aussi à qui la présence d'un prince allemand et protestant, leur semblable en tout, sur le trône d'une grande nation, causait le plus de joie et d'orgueil. L'humiliation infligée au papisme par la révolution anglaise de 1688 était célébrée par les fils de Luther comme une faveur de la Providence, dont il n'y avait point de pasteur en chaire, point de père de famille dans sa prière domestique, qui ne rendît publi-

quement grâces. L'idée que ce triomphe de leur
foi était menacé par une coalition dont on les
engageait à faire partie et qu'on leur demandait
de verser leur sang et de donner leur argent,
non pour abaisser l'Église catholique en Allemagne, mais pour rétablir sa domination en
Angleterre, causa dans tous les rangs des protestants une violente réaction et une rumeur
générale.

A Francfort, en particulier, ce fut comme
une tourmente d'opinion qui menaça de balayer
d'un coup tous les plans si adroitement formés
par Chavigny. C'était beaucoup si le texte déjà
préparé d'union n'allait pas être déchiré dans un
accès de colère par ceux mêmes dont la signature était attendue. Plus d'un de ces associés
futurs, d'ailleurs, parent ou allié de la nouvelle famille royale d'Angleterre, était personnellement intéressé au maintien d'un ordre de
succession à la fois protestante et féminine qui
pouvait, un jour ou l'autre, profiter à eux-
mêmes ou à leurs descendants. « Mon fils a
épousé une princesse anglaise, s'écriait le prince
de Hesse, le plus chaleureux pourtant des parti-

sans de la nouvelle union : comment veut-on que je lui enlève moi-même tous ses droits à la couronne ? Et si le roi George a besoin des Hessois pour se défendre, son gendre peut-il les refuser? La France veut donc, ajoutait-il, la monarchie universelle pour sa religion favorite? » L'empereur lui-même était consterné. « On aurait pu me consulter, disait-il, avant d'allumer autour de moi une guerre de religion. » — « Daignez, sire, écrivait Chavigny en rendant compte avec désespoir de ce retour d'opinion, et en invoquant les souvenirs que lui avait laissés un assez long séjour fait en Angleterre, éloigner ce fantôme de prétendant. Il y aura toujours en Angleterre des mécontents; mais quel fond peut-on y faire ? J'aurais eu le temps de me désabuser des jacobites si je m'y étais jamais mépris : ils ne sont bons à rien, sinon pour se précipiter et ceux qui se concertent avec eux. Unissons-nous pour sauver l'empire avec les protestants d'Allemagne ; c'est par cette voie, sire, que vos aïeux ont marché et ils s'en sont bien trouvés [1]. »

1. Chavigny au roi, 15, 26 mars 1744. (*Correspondance de*

Il faut rendre cette justice à Frédéric qu'il fit tête avec sang-froid à cette tempête, et, malgré son désaccord avec Chavigny, lui vint chaleureusement en aide pour la dissiper. Il s'employa avec zèle auprès du prince de Hesse pour lui persuader que la France ne pouvait avoir conçu sérieusement l'intention de détrôner un prince aussi solidement établi dans son royaume que le roi George, et qu'il ne pouvait être question que de susciter chez lui quelques *mutineries* qui lui donneraient de l'embarras. « Je vous prie, lui disait-il, pour l'amour de Dieu et de la patrie, n'abandonnez point le bon parti dans lequel vous étiez prêt à entrer ;... distinguez, s'il vous plaît, le roi de France et l'empereur. Pourquoi voulez-vous faire souffrir ce dernier des actions du premier? Songez, je vous prie, que vous prêtez le cou aux fers que les Autrichiens veulent donner à l'empire. Pour moi, quoi qu'il arrive, j'ai pris mon parti de me

Bavière. — Ministère des affaires étrangères. — *Mémoires de Noailles*, t. III, p. 453). Le mécontentement de Charles VII au sujet de l'expédition du Prétendant, dont on avait négligé de le prévenir, est mentionné dans son *Journal*, p. 113.

servir de tous les moyens que la Providence m'a
donnés pour soutenir l'empereur que j'ai élu
avec tout le corps germanique... Je vous conjure par tout ce que vous avez de saint et de
acré de ne point vous précipiter dans le part
que je crains que vous ne preniez. » Quelques
mots murmurés à l'oreille sur l'inconvénient de
sacrifier la chance prochaine d'acquérir pour
soi-même la dignité électorale à l'éventualité
éloignée de voir son fils appelé à la succession
anglaise eurent peut-être plus d'effet encore sur
le prince Guillaume que ces adjurations patriotiques. En tout cas, le premier moment passé,
il se calma sensiblement et aida à faire le calme
autour de lui. Tout en alléguant toujours qu'il
lui serait impossible de ne pas porter secours
au roi son parent, si la couronne britannique
était menacée, il promit de ne lui venir en aide
qu'en Angleterre même, et de ne mettre à son
service aucun de ses soldats en Allemagne [1].

Mais, en attendant, par ces retards volon-

---

[1]. Frédéric au prince de Hesse, 19 mars 1744. — *Pol.
Corr.*, t. III, p. 61. — Chavigny au roi, 23 mars 1744. (*Correspondance de Bavière. —* Ministère des affaires étrangères.)

aires ou non, la négociation pendante à Versailles n'en était pas moins tenue en suspens,
et cependant le temps s'écoulait, la saison d'agir
approchait, et l'impatience du roi croissait
d'heure en heure. Ne pouvant se contenir plus
longtemps, il résolut, sans interrompre les pourparlers avec le roi de Prusse, en lui donnant,
même tout de suite, satisfaction sur tous les
points qui ne souffraient point de difficultés,
d'engager l'action, sans attendre son concours,
dans tous les lieux où l'on pourrait s'en passer.
Je ne sais si ce fut madame de Châteauroux qui
lui donna ce conseil généreux, et s'il le suivit
pour lui plaire ; mais, en tout cas, l'inspiration
était heureuse, comme le sont toujours les
partis de hardiesse dans les moments critiques : une résolution virile était la meilleure
manière de répondre aux méfiances toujours
amèrement exprimées par Frédéric sur le courage des Français. Dans l'état d'inquiétude, en
effet, où l'on voyait ce prince, et avec sa résolution très évidente de ne pas laisser le sort
de la guerre se décider sans son concours, il
était clair qu'une fois la France de nouveau

en campagne, bon gré, mal gré, victorieuse
ou vaincue, il faudrait bien qu'il lui vînt en
aide, soit pour partager ses avantages, soit
pour ne pas laisser consommer, avec sa défaite,
le triomphe de ses propres ennemis. Agir sans
lui, ou du moins avant lui, au point où l'on en
était, c'était donc, à peu près à coup sûr, l'entraîner à le compromettre. Frédéric lui-même,
d'ailleurs, paraissait plus d'une fois avoir prévu
et désiré cette manière audacieuse de brusquer
les événements ; car, à plusieurs reprises,
causant avec Valori des divers incidents qui
retardaient la négociation, il lui était arrivé
de s'écrier : « Mais, pour Dieu, montrez donc
quelque vigueur. Faites quelque action d'é-
clat. »

Un branle-bas général fut en conséquence
immédiatement donné. Dans la première quin-
zaine d'août, le prince de Conti franchit les
Alpes et la déclaration de guerre fut expédiée à
Vienne : le roi annonça, pour les derniers jours
du mois, son départ pour la Flandre et son
entrée dans les Pays-Bas à la tête de son armée.
Il n'y eut que le projet de débarquement en An-

gleterre qui dût être abandonné, parce que, le secret en ayant été éventé trop tôt, le succès, qui
dépendait de la surprise, se trouva tout de suite
absolument compromis. Une escadre anglaise,
commandée par l'amiral Norris, se présentant
devant Dunkerque, vint rendre le passage impossible, et il fallut renoncer pour le moment
à l'entreprise, ce qu'on fit d'autant plus
facilement qu'on apprenait en même temps
le mauvais effet qu'elle produisait en Allemagne.

Le passage de si longues hésitations à une
si vigoureuse impulsion ne s'opéra pas sans
résistance et sans déchirement dans le conseil. Les vieux compagnons de Fleury en
étaient tout étourdis, et murmuraient presque
tout haut. Maurepas, en particulier, ne pouvant
contenir son humeur railleuse, insinuait à l'o-
reille que ce beau feu royal pourrait bien s'a-
mortir à l'approche du péril. « Est-il sûr que le
roi soit si brave? disait-il. On assure qu'il veut
emmener son confesseur, et il a raison ; car il
ne sera pas plus tôt dans la tranchée qu'il aura
envie de l'appeler. » Un coup d'autorité vint

mettre fin à ces mauvais propos ; mais ce ne fut pas Maurepas qui fut atteint, ce plaisant ministre ayant l'art d'amuser assez le roi en sa présence pour lui faire oublier les quolibets qu'il pouvait se permettre par derrière. La victime fut l'innocent Amelot, qui, au contraire, avait le malheur d'agacer toujours, au conseil, les nerfs de son royal auditeur par sa parole lourde et traînante, que rendait plus ridicule un bégaiement naturel. C'était, d'ailleurs, le sujet des railleries habituelles du roi de Prusse, contre lequel Amelot lui-même, tout plein des souvenirs de la dernière campagne, ne tarissait pas, de son côté, en récriminations monotones. Il parut naturel de le sacrifier au rétablissement de la bonne harmonie entre les deux souverains. On le renvoya sans le prévenir, et, ce qui est plus singulier, sans le remplacer. Louis XV annonça l'intention de diriger lui-même les affaires extérieures de son royaume sans autre auxiliaire que les deux premiers commis du ministère, Laporte-Dutheil et Ledran. En fait d'action personnelle, c'était plus que n'avait tenté Louis XIV et plus, peut-être, qu'il n'était prudent ni même possible à son petit-fils d'entreprendre [1].

Mais rien n'arrêtait le zèle du roi novice, et Rottenbourg, étonné d'être tout d'un coup gagné à la main et de se trouver obligé, par ses instructions, de ralentir le mouvement plutôt que de le presser, en rendait compte avec surprise. On l'appelait, disait-il, à peu près chaque soir, à souper en tête-à-tête avec le roi, chez madame de Châteauroux, et c'était pour le presser d'intarissables questions sur l'organisation de l'armée prussienne et lui faire recommencer sans cesse le récit des victoires de son maître. « Quel homme! s'écriait Louis XV, avec un enthousiasme où il entrait autant de secrète admiration que d'adroite flatterie, voilà l'exemple que je vais suivre. Quelle discipline il sait faire régner dans son armée! Les revers l'ont détruite dans la nôtre; mais, à son exemple, je saurai bien la rétablir. C'est une vraie fête d'être en alliance avec un tel homme! ce sera mon œuvre, je n'en laisserai l'honneur à

1. Madame de Tencin à Richelieu, 19 avril, 8 mai 1744. — Rousset, t. I, Introduction, p. cxxxiv.

personne. » Puis il laissait entendre qu'il pouvait bien y avoir eu, derrière son dos et à son
insu, quelques *chipoteries* du cardinal de Fleury,
qui justifiaient la défection de Breslau. « Mais
tout cela est fini, ajoutait-il, et du moment que
tout se traite de roi à roi, rien ne pourra plus
nous désunir; le roi de Prusse sera mon meilleur et mon plus fidèle ami [1]. »

Les dispositions militaires paraissaient bien
conçues, et, si Frédéric avait réellement servi
de modèle, il n'avait que des compliments à faire
à son imitateur. Il n'y avait pas moins de quatre
armées dont il fallait assurer le service et
combiner les mouvements : celle d'Italie, celle
d'Alsace, et l'armée royale divisée en deux
corps distincts, dont l'un devait entrer en
Flandre avec le souverain lui-même, tandis que
l'autre, tenu en réserve sur la droite, couvrait
la France en s'étendant jusqu'à la rive gauche
du Rhin. Conti, qui commandait le premier
corps, était jeune et plein d'ardeur ; le roi avait
à ses côtés pour conseiller le maréchal de

1. Droysen, t. II, p. 269-270.

Noailles lui-même, auquel, après les premiers
moments d'irritation passés, l'opinion publique
rendait justice comme à l'habile préparateur
d'une bataille dont un malheureux hasard seul
avait compromis le succès ; la réserve était confiée à Maurice de Saxe, élevé, ce jour-là même,
au rang de maréchal de France. Cette haute dignité, à la vérité, ne lui fut pas conférée sans
quelques hésitations de la part du roi et sans
quelques murmures de la part des courtisans.
C'était un Allemand, disait-on, le frère d'un ro
engagé dans des alliances suspectes, un cher-
cheur d'aventures et un quêteur de couronne,
prêt à vendre son épée à toutes les causes. Puis
il était protestant, et, depuis le maréchal de
Schomberg, banni après la révocation de l'édit
de Nantes, aucun hérétique n'avait commandé
en chef une armée française. — « Il n'a rien,
disait Louis XV, qui l'attache à la France que
ses maîtresses, et il en retrouvera toujours. »
Ce fut Noailles qui, par une généreuse insistance, vint à bout de ses scrupules, et il y eut
d'autant plus de mérite que, Maurice étant resté
l'ami et le confident du maréchal de Broglie

jusqu'à la dernière heure, il pouvait craindre de sa part une malveillance personnelle. « Mais, dit-il au roi, les officiers qui sont portés vers le grand sont si rares, que je regarde cet homme comme précieux ; il a de l'élévation dans l'esprit et du sentiment dans le cœur ;... la méfiance l'éloignerait, la confiance l'attachera. » — C'était parler lui-même en homme de cœur et juger en homme d'esprit.

L'armée d'Alsace paraissait la moins bien partagée, non que le vieux Coigny, qui en restait chargé, fût sans mérite ; mais il était usé par l'âge et les fatigues. Suffisant tant qu'il n'y aurait qu'à rester sur la défensive, et garder le territoire français, il serait évidemment au-dessous de sa tâche si on se décidait à satisfaire aux exigences de Frédéric et à pousser une pointe en Allemagne. Mais, pour ce jour-là, il y avait un candidat au commandement que désignait l'amitié du roi de Prusse, ou plutôt qui se désignait lui-même. C'était Belle-Isle, dont la santé était imparfaitement rétablie par une année de repos, mais dont l'ambition, plus ardente que jamais, était pressée de savoir si,

comme il le disait familièrement, la « faveur
ne pouvait pas repousser comme la barbe ».
Par l'intermédiaire du comte de Rottenbourg,
qu'il avait connu en Allemagne, il avait trouvé
moyen de se faire enfin admettre chez madame
de Châteauroux ; il était consulté secrètement
par Tencin sur les articles du traité à soumettre
au roi de Prusse. En attendant, il avait repris
son ancien commandement de Metz, dont il
était toujours titulaire, comme un poste avancé,
d'où il pouvait, à un jour donné, s'élancer de
nouveau sur l'Allemagne [1].

Dans l'ensemble, c'était un grand et puissant
effort qui, partant d'une nation qu'on croyait
affaiblie et découragée, faisait honneur et au
roi qui l'inspirait et aux sujets qui s'y prêtaient
sans défaillance. Trois cent mille hommes, dont
plus de soixante de milice, étaient sous les ar-

---

1. La *Correspondance de Prusse* (Ministère des affaires
étrangères) contient plusieurs lettres de Rottenbourg à Belle-
Isle que j'aurai occasion de mentionner plus loin, et qui
attestent leur intimité. Voir aussi, dans la collection que j'ai
déjà citée (Paris, 1790), une lettre du cardinal de Tencin
à Belle-Isle, du 24 avril, qui fait voir qu'il consultait ce
maréchal sur les clauses du projet de traité, mais qu'il ne
voulait pas que ce concert fût connu du roi.

mes : c'était un effectif inaccoutumé dans les
habitudes du temps et dont la levée, comme
l'entretien, chargeaient d'un poids très lourd
les populations. Pour y faire face, il avait fallu
élever l'octroi des villes au taux des dernières
et plus mauvaises années de Louis XIV, créer
plus de trois millions de rente, demander des
dons gratuits à tous les pays d'États ; et même,
avec ces ressources, la dépense annuelle allait
dépasser la recette de plus de cent millions.
Quelques années plus tôt ou plus tard, de telles
exigences eussent suscité une rumeur et un
gémissement universels. Le Parlement, en
corps, eût porté à Versailles ses remontrances.
Mais, ce jour-là, on était si heureux d'avoir
enfin retrouvé un roi, que pas un murmure ne
s'éleva.

Le succès, d'ailleurs, au moins pour la première heure, pouvait être assuré. Si Louis XV
se proposait de suivre sur le champ de bataille
les exemples de Frédéric, Noailles, qui le gui-
dait, lui mettait sous les yeux un autre original
qu'il prétendait lui faire copier ; c'était le souvenir de Louis XIV, et, parmi les exploits per-

sonnels (d'ailleurs peu nombreux) du grand roi,
le modèle qu'il avait choisi à lui proposer, c'é-
tait la brillante campagne de 1673, dans laquelle
le souverain, encore dans tout l'éclat de la jeunesse et ayant Vauban à ses côtés, avait dirigé
lui-même le siège de l'importante citadelle de
Maestricht. Une guerre de sièges avait l'avantage de donner à Louis XV (comme autrefois à
son aïeul) l'occasion qu'il cherchait de se faire
voir à ses soldats et de déployer sa valeur dans
les tranchées sans exposer sa dignité à tous les
hasards d'une action en rase campagne. En mettant les choses au pis, l'échec d'un siège n'exposait jamais à la chance d'une captivité ou
d'une déroute.

Seulement cet exemple emprunté au passé
faisait naître tout de suite une question très
délicate. Dans l'expédition de 1673, Louis XIV
s'était fait suivre de toute sa cour. La reine et
ses dames, parmi lesquelles figuraient mesdames de la Vallière et de Montespan, l'une
déjà en disgrâce, l'autre à l'apogée de sa faveur,
étaient venues s'établir à Tournai pour recevoir
plus tôt les nouvelles et accourir au lendemain

de la victoire. Louis XV allait-il donner le
même spectacle et paraître entouré du même
cortège? Une personne le désirait ardemment :
c'était la Montespan du jour, celle qui, fière
d'avoir armé elle-même le bras du roi, était
pressée de jouir de son œuvre. Déjà, l'automne
précédent, quand le roi avait songé un instant
à partir pour l'Alsace, madame de Châteauroux avait exprimé tout bas ce vœu au maréchal
de Noailles : « Si le roi part, écrivait-elle alors,
que deviendrai-je? Serait-il impossible que, ma
sœur de Lauraguais et moi, nous le suivissions?
Je ne voudrais rien faire de singulier ni qui
pût retomber sur lui et lui donner du ridicule.
Donnez, à cet égard, vos idées à votre *Ritour-
nelle*. » Noailles, sentant probablement que
Louis XV était encore trop loin d'égaler son
aïeul pour avoir le droit de l'imiter tout de suite
dans ses écarts, avait éludé l'insinuation avec
tous les égards dus par un bon courtisan à
une favorite et par un parrain à sa filleule.
Cette fois, avant même que madame de Châteauroux eut renouvelé l'expression de son désir, et
craignant que le roi n'eût la tentation d'y céder,

il alla tout de suite au-devant pour le prévenir.
Il représenta que la dureté des temps ne permettait guère l'énorme dépense qu'entraînerait le
transport de toute la cour à la suite de l'armée.
Louis XV, peu habitué encore à faire ses
volontés et encore moins à exprimer tout haut
ses fantaisies, céda, non sans regret. Comme le
train dont il se fit accompagner était encore très
considérable, personne ne se méprit sur la
valeur du prétexte et on sut gré à Noailles
de l'avoir fait prévaloir. « Tout suit à l'armée,
écrit le sarcastique marquis d'Argenson, le
grand maître, le chambellan, la cuisine, la
bouche ; il n'y a que la maîtresse qui reste [1]. »

Mais on avait compté sans l'épouse légitime,
qui, de tous les droits dont elle perdait trop
souvent le souvenir, ne tenait qu'à celui de
partager les périls de l'objet de son timide et
respectueux amour et de veiller elle-même sur
le salut d'une vie si précieuse, peut-être d'une
âme si chère. La reine brûlait de s'attacher aux
pas de son époux : ce vœu, qu'elle n'osait expri-

---

1. Rousset, t. I. — Barbier, t. II, avril 1744. — D'Argenson, *Journal*, t. IV, p. 98.

mer, se lisait dans ses regards. « Je pris la
liberté de lui demander, écrit le duc de Luynes,
si elle ne désirait pas d'aller sur la frontière ;
elle me dit qu'elle le souhaitait extrêmement :
« Cela étant, madame, » lui dis-je, « pourquoi
» Votre Majesté ne le dit-elle pas au roi? » Elle
me parut embarrassée de m'écouter et encore
plus de me répondre. Enfin elle ne trouva pas
d'autre expédient que de lui écrire. Jeudi matin,
effectivement, après avoir été quelque temps
avec le roi et étant au moment de s'en aller,
elle lui remit elle-même sa lettre, mais avec
beaucoup d'embarras, et s'en alla immédiatement après. Je n'ai point vu cette lettre ; mais
j'ai ouï dire qu'elle lui offrait de le suivre sur la
frontière de quelle manière il voudrait et
qu'elle ne lui demandait pas de réponse. Vraisemblablement, ce dernier article sera le seul
qui lui sera accordé [1].

L'habile courtisan se trompait pourtant ; le
roi répondit, mais évasivement, en alléguant
pour motif de son refus cette crainte de l'excès

---

1. *Mémoires du duc de Luynes*, t. V, p. 393.

de la dépense qu'on avait opposée au vœu de sa
maîtresse. Puis il prit la parole plus nettement
pour répondre, sur un ton à la fois paternel et
royal, à un désir pareil exprimé par le jeune
dauphin, qui, bien qu'à peine âgé de quinze ans,
briguait l'honneur d'aller au feu. « Pourquoi
n'irais-je pas? disait le noble adolescent; le petit
Montalban y va bien, qui est petit et faible, et,
moi, je suis grand et fort. — Je loue votre désir,
lui dit le roi; mais votre personne est trop chère
à l'État pour l'exposer avant que la succession
à la couronne soit assurée par votre mariage...
Quand vous aurez des enfants, je vous promets
que je ne ferai jamais la guerre sans vous;
mais je souhaite de n'être jamais dans le cas
de tenir cette parole. Comme je ne fais la
guerre que pour assurer à mon peuple une paix
solide et durable, si Dieu bénit mes intentions
je sacrifierai tout pour lui procurer cet avantage
tout le reste de mon règne[1]. » Enfin il écrivait
d'une autre manière encore et plus tendrement
à son ancienne gouvernante, la duchesse de

---

1. Emmanuel de Broglie, *le Fils de Louis XV*, p. 54. —
Mémoires du duc de Luynes, t. VI, p. 235.

Ventadour, qui l'aimait d'une affection mater-
nelle, ce billet dont le style enfantin ne manquait
pas de grâce : « Ma chère maman, j'ai omis à
mon départ, pour vous l'adoucir de mon mieux,
à vous apprendre que c'est avec grand plaisir
que je vous accorde ce que vous me demandez
pour votre petite-fille la duchesse de Mazarin.
Priez Dieu, maman, pour la prospérité de mes
armes et pour ma gloire personnelle. J'emporte
à l'armée toute la bonne volonté possible. Que
le Dieu des armées m'éclaire, me soutienne et
bénisse mes bonnes intentions. Adieu, maman ;
j'espère vous retrouver en aussi bonne santé
que je vous laisse, et je vous embrasse du fond
du cœur. »

Le départ eut enfin lieu le 4 mai. Ce fut une
scène froide et solennelle, étrangement mêlée
de sentiments naturels et factices, d'étiquette et
de dévotion : « Le roi, dit Luynes, soupa au
grand couvert, hier, comme à l'ordinaire ; il y
avait un monde prodigieux. Il ne fut nullement
question du voyage pendant tout le souper ni
après. Il entra chez la reine au sortir de table,
comme à l'ordinaire, fit un petit quart d'heure

le conversation indifférente et sortit de chez
elle sans rien lui dire. Madame de Luynes le
reconduisit et lui dit qu'elle faisait bien des vœux
pour sa santé et pour sa gloire. Il rentra chez
lui et donna l'ordre pour se coucher à une heure
et demie... Après être rentré chez lui, il envoya
querir M. le dauphin et lui parla en présence
de M. de Châtillon (son gouverneur) avec
beaucoup de tendresse. Il n'envoya pas avertir
Mesdames, mais il écrivit une lettre à Madame
(l'aînée des princesses) qu'elle a reçue ce matin.
Il lui mande qu'il avait été tenté de les envoyer
querir, mais il n'avait pu s'y résoudre, craignant un attendrissement réciproque; que, pour
les consoler, il leur donnait deux dames de plus;
qu'il écrirait alternativement à M. le dauphin,
à Madame, à Madame Adélaïde; qu'il désirait
fort recevoir de leurs nouvelles... A une heure
et demie, il vint dans sa chambre comme pour
se coucher, mais il ne fit que changer d'habit.
Lorsqu'il entra dans son cabinet, M. l'évêque
de Soissons (son aumônier) y était; il fit la conversation avec lui pendant quelque temps et
sortit ensuite dans la galerie, d'où il alla avec

M. de Soissons dans la chapelle (dans sa tri-
bune) sans qu'il y eût personne d'averti pour le
suivre. Il fut un petit quart d'heure à faire sa
prière; après quoi, il revint chez lui. Son carrosse
était dans la cour, au pied de la cour de marbre,
comme à l'ordinaire; il y monta avec M. le
Premier, M. le duc d'Ayen et M. de Meuse. Il
est allé entendre la messe à la Muette, d'où
il doit aller coucher à Péronne [1].

1. *Mémoires du duc de Luynes,* t. V, p. 412-413.

CHAPITRE VI

LA MALADIE DU ROI

Effet produit par les résolutions énergiques de la France. —
Marie-Thérèse ne s'en émeut pas et continue sa campagne
agressive contre l'Alsace. — Troubles et inquiétude à
Londres. — Démarche du ministre anglais Hyndford auprès de Frédéric. — L'ambassadeur de France, le marquis
de Fénelon, annonce aux états généraux à la Haye l'entrée
de l'armée française dans les Pays-Bas. — Terreur des
Hollandais et envoi du comte de Wassenaer au camp
français. — Wassenaer trouve le roi devant Lille. —
Accueil qui lui est fait par Louis XV. — Siège et prise de
Menin. — Conclusion du traité d'alliance avec la Prusse
et de l'union des princes allemands à Francfort. — Frédéric veut faire rendre à Belle-Isle le commandement de
l'armée qui doit entrer en Allemagne. — Rottenbourg,
pour obtenir ce choix, a recours à l'influence de madame
de Châteauroux. — Il est devancé par Tencin et Richelieu,
qui veulent combattre l'influence, devenue prépondérante,
du maréchal de Noailles. — Madame de Châteauroux part

pour l'armée. — Déplorable effet produit par son arrivée.
— Prise de Menin. — Le prince Charles, favorisé par la
connivence des princes ecclésiastiques, passe le Rhin et
envahit l'Alsace. — Le roi interrompt la campagne de
Flandre et se porte de sa personne au secours de la
province envahie. — Frédéric annonce son entrée en
Bohême, et envoie à Metz le maréchal Schmettau pour
combiner son attaque avec le mouvement de l'armée
française. — Arrivée de Louis XV à Metz. — Il tombe
malade à la suite de son départ pour l'Alsace. — Madame
de Châteauroux dissimule quelque temps les dangers de
la maladie. — Les princes du sang pénètrent de force chez
le roi, et l'évêque de Soissons, grand aumônier, l'invite à
songer à sa conscience. — Mesdames de Châteauroux et de
Lauraguais reçoivent l'ordre de quitter Metz. — L'évêque
de Soissons, avant d'administrer au roi les derniers sacrements, exige l'aveu public de ses fautes. — Affreux voyage
de madame de Châteauroux de Metz à Paris. — Elle
rencontre à Bar la reine qui vient à Metz. — Arrivée de
la reine. — Amélioration dans l'état du roi. — Sa guérison. — Joie générale en France.

Marie-Thérèse, avertie de l'entrée de Frédéric en Bohême,
envoie au prince Charles l'ordre de rentrer en Allemagne.
— Le maréchal de Noailles, chargé de le poursuivre, lui
laisse passer le Rhin sans être inquiété. — Colère de Frédéric. — Le roi se décide à aller faire le siège de Fribourg
en Brisgau. — Conséquences regrettables de la maladie du
roi. — La nouvelle alliance avec la Prusse est inaugurée
sous de fâcheux auspices. — Fin de cette première
période de la guerre de la succession d'Autriche.

I

Le réveil inattendu d'une nation que chacun croyait épuisée ou endormie, l'attitude énergique soudainement prise par un souverain qu'on supposait condamné à une éternelle enfance, causèrent dans toutes les cours d'Europe un étonnement égal, mais mélangé d'impressions bien différentes. La surprise ne pouvait apporter que du contentement à tous les alliés de la France, soit avoués, comme Élisabeth Farnèse et Charles VII, soit secrets et encore incertains, comme Frédéric et les princes protestants d'Allemagne; mais, pour tous nos adversaires, c'était un sujet imprévu d'alarmes et un pénible mécompte. Il semble que ce sentiment ne dût se faire jour nulle part avec plus de vivacité qu'à Vienne et dans les conseils de Marie-Thérèse. Là, le désappointement était complet et le changement à vue très mortifiant. La veille, une victoire, remportée sur tous les théâtres, assurait une domination sans contestation; tous les ennemis de la maison de

Hapsbourg courbaient la tête; le présomptueux électeur qui lui avait disputé la couronne impériale expiait sa témérité dans le dénuement et dans l'exil, tendant à ses vainqueurs une main suppliante et mendiant sa grâce dans le sens littéral et nullement métaphorique du mot; son patrimoine était occupé sans lutte et ravagé sans merci. L'étranger, qu'il avait eu l'imprudence d'appeler à son aide, l'abandonnait sans défense, inquiet lui-même pour sa propre sûreté. Ce n'était plus le sol germanique, mais bien le territoire français, qui, à son tour, était menacé. Du haut de la cathédrale de Strasbourg, on apercevait les aigles autrichiennes prêtes à prendre leur vol pour aller s'abattre, au delà du Rhin, sur les provinces arrachées par Louis XIV à l'empire. Avec une parole de paix prononcée à temps et de bonne grâce dans toute la joie du triomphe et au milieu de l'admiration universelle, la petite-nièce de Charles-Quint pouvait demeurer plus maîtresse de l'héritage de ses aïeux que ne l'avait été, depuis un siècle, aucun de ses prédécesseurs.

Aujourd'hui, tout était à recommencer. Trois

nouvelles armées françaises étaient sorties de terre. Le plus puissant des alliés de l'Autriche, menacé de la guerre civile et de l'invasion dans ses propres foyers, se sentait mal protégé par le bras de mer qui, en le séparant du continent, l'empêchait aussi d'y exercer une action tout à fait efficace. Sur la frontière prussienne, désarmée à peine depuis une année, on signalait de nouveau des mouvements militaires, des transports d'armes, des rassemblements de troupes d'autant plus inquiétants que le but en restait enveloppé de mystère. Devant cette renaissance de périls qui semblaient conjurés, qui ne penserait que Marie-Thérèse dût éprouver quelque repentir d'avoir laissé échapper une heure favorable et compromis tant d'avantages déjà assurés par l'excès et la rigueur de ses prétentions? Sa conscience de mère et de chrétienne ne devait-elle pas lui reprocher aussi tout bas d'avoir, en cédant aux inspirations du ressentiment et de l'orgueil, exposé au hasard de nouveaux combats la couronne de ses enfants et privé ses peuples d'un repos déjà chèrement acheté!

Il ne semble pas que ni ce regret ni ce scrupule aient même traversé un seul instant l'âme
de la princesse. On dirait, au contraire, que la
pensée de se retrouver face à face avec des ennemis déclarés, entraînant à sa suite des alliés
cette fois définitivement compromis, — sur un
terrain dégagé de ces projets de transaction, de
ces concessions et de ces compromis auxquels
elle ne s'était jamais prêtée qu'avec répugnance, — lui fit éprouver un véritable soulagement. Ce sentiment étrange de délivrance se
montra surtout dans ses rapports avec l'Angleterre, dont elle avait toujours accusé la mollesse
dans l'action et la promptitude à accepter, parfois même à lui imposer, des conditions qui la
blessaient. Quand elle apprit d'abord la déclaration de guerre envoyée par le cabinet français
au cabinet britannique, puis l'évasion du prétendant et les projets d'expédition maritime
dans la Manche, ce fut pour elle une sorte de
triomphe dont elle ne ménagea pas l'expression
ironique à son fidèle serviteur Robinson :
« Voilà bien, s'écria-t-elle, la suite de ces conseils timides auxquels le roi George n'avait que

trop prêté l'oreille, de ces hésitations et de ces lenteurs qui ont laissé évanouir entre ses mains tous les fruits de la victoire de Dettingue! Le voilà bien payé de tous les égards qu'il a eus pour son empereur, qui, en récompense du prix qu'il a mis à lui garder sa couronne, ne songe qu'à détrôner la maison de Hanovre! Va-t-on enfin ouvrir les yeux et se mettre à l'œuvre? C'est Dieu, ajoutait-elle, qui a fait un miracle en permettant que les Français, dans leur présomption et leur aveuglement, aient lancé cette déclaration, qui va, j'espère, vous tirer de votre sommeil. Enfin je ne suis donc plus la partie principale! Et que diriez-vous, grand Dieu! si j'allais me conduire comme ont fait jusqu'ici mes alliés! » Robinson, tout étourdi, ne trouva rien de mieux à faire que d'abonder dans le même sens et d'assurer que, lui aussi, se réjouissait d'une démarche qui, en mettant son maître en état de légitime défense, lui permettait d'invoquer le secours de tous ceux qui, par des traités, s'étaient obligés à lui venir en aide. S'il entendait par là Frédéric, la reine dut être médiocrement contente de sa

réponse. « Je n'en ai pourtant pas trouvé de
meilleure, écrivait-il à son ministre, dans l'état
d'obscurité où je suis, comme Votre Seigneurie
le sait, sur ce qui sortira des prochaines conférences entre les militaires [1]. »

La déclaration de guerre faite à l'adresse
propre de l'Autriche, qui suivit de si près celle
qu'avait reçue le cabinet de Londres, n'était pas
de nature à causer à Marie-Thérèse plus d'émotion. « Admis hier auprès de Sa Majesté, écrivait l'embassadeur de Venise Contarini, elle
m'a parlé de toutes choses, et en particulier de
la croyance où elle était d'avoir dans le roi de
France un nouvel ennemi qui allait lui déclarer
ouvertement la guerre. D'un air sérieux, mais
ferme, elle m'a dit qu'elle ne pouvait craindre
de plus mauvais jours que ceux qu'elle avait
déjà traversés et que Dieu, qui l'avait protégée
dans les plus grands périls, ne l'abandonnera
pas dans l'avenir... J'ai admiré la constance
imperturbable et presque l'indifférence avec
laquelle elle paraît considérer cet événement.

1. D'Arneth, t. II, p. 343. — Robinson à Carteret, 27 avril
1744. (*Correspondance de Vienne.* — Record Office.)

Elle n'y voyait effectivement que l'occasion de renouveler, dans un manifeste éloquent, l'énumération tant de fois déjà faite de tous les griefs que la patrie germanique avait à venger depuis tant de siècles sur l'ennemi d'outre-Rhin [1].

Si rien n'ébranlait cette fermeté voisine de la présomption, tout au moins pouvait-on penser que, attaquée comme elle se voyait déjà dans ses possessions flamandes, et menacée en même temps dans sa conquête récente de la Bavière, la prudence lui commanderait de suspendre tout projet agressif pour consacrer toutes ses forces au soin de sa propre défense. C'était l'avis de ses principaux conseillers; c'était aussi la demande instante de l'Angleterre, qui, la voyant si satisfaite de la reprise des hostilités, en profita pour lui demander sur-le-champ l'envoi d'un corps de quarante mille hommes dans les Pays-Bas, afin de défendre de ce côté l'entrée de l'Allemagne et, le cas échéant, de barrer la route du Hanovre. Une telle force ne pouvait

1. D'Arneth, t. II, p. 546.

évidemment être rendue disponible qu'en la détachant de l'armée qui campait en vue de l'Alsace, et en abandonnant, par là même, toute pensée d'envahissement et de conquête de ce côté. Ce changement de plan de campagne, très raisonnable en lui-même, paraissait devoir être d'autant mieux reçu à Vienne que la reine, en mariant récemment sa sœur, l'archiduchesse Marianne, au prince Charles de Lorraine, avait donné aux jeunes époux, en cadeau de noces, le gouvernement de toutes les Flandres autrichiennes. On connaissait sa tendresse pour les siens et la puissance des sentiments de famille sur son cœur : du moment qu'elle envoyait la jeune princesse à Bruxelles, on devait supposer qu'elle lui assurait les moyens d'y vivre et d'y régner quelques jours au moins en sécurité. Comment imaginer qu'elle l'y laisserait isolée avec une force insuffisante et qu'elle lui enlèverait son époux dans les premiers moments du bonheur conjugal pour l'envoyer à plus de cinquante lieues de distance commander la principale, la véritable armée de l'Autriche? Ce fut cependant le parti qu'elle prit. Le prince Charles

eut l'ordre exprès, aussitôt après avoir établi sa
femme dans la capitale de la Flandre, de lui en
remettre le gouvernement et d'aller lui-même
reprendre le commandement du corps d'armée
qui, franchissant le Rhin dans son cours supérieur, avait pour mission de rendre l'Alsace à
l'Allemagne et la Lorraine à ses anciens
maîtres [1].

Ce ne fut point le compte de l'Angleterre, où,
à l'inverse de ce qui se passait à Vienne, le
désappointement, exploité par les partis en lutte,
tourna promptement à un complet désarroi. A
la vérité, la menace de l'invasion française et
l'apparition inattendue du jeune prétendant
avaient un moment réuni autour de George tous
ceux qui attaquaient ordinairement sa politique
et même sa personne. Des adresses respirant la
loyauté et le dévouement furent votées à l'unani-
mité par les deux chambres et couvertes de

---

1. D'Arneth, t. II, p. 285. — Robinson à Carteret, 27 avril
1744. (Correspondance de Vienne. — Record Office.) — Coxe,
Pelham Papers, t. I. p. 155. — L'Angleterre insista, au dire
de Coxe, pour que le prince Charles eût le commandement
en chef de toutes les troupes réunies, *blended in one mass;*
elle ne put l'obtenir.

signatures dans les comptoirs et les magasins
de la cité de Londres : des mesures draconiennes,
allant même jusqu'à la suspension de l'*habeas
corpus*, furent décrétées contre les menées des
conspirateurs jacobites, de larges subsides furent
accordés pour la continuation de la guerre. La
nation témoigna de toute manière que, si elle
se plaignait souvent de trouver la dynastie nouvelle plus allemande encore qu'anglaise, elle
lui savait au moins toujours gré d'être protestante. Mais le premier moment d'émotion passé,
les dissidences ne tardèrent pas à reparaître.
Précisément parce qu'on avait eu à craindre
pour la sécurité de Londres même, le Parlement
ne s'en montra que plus disposé à exercer une
surveillance jalouse sur l'emploi des deniers
qu'il accordait; et le vieux reproche toujours
fait à la dynastie de Brunswick de n'employer
l'argent anglais qu'à la défense de ses possessions hanovriennes retrouva plus d'écho encore
que par le passé. Le peu de fruit qu'on avait tiré
de la victoire de Dettingue devint aussi un grief
dont les alarmes mêmes des bourgeois anglais
servaient à accroître et même à exagérer la gra-

vité. Ce n'était donc pas une victoire, c'était plutôt une fuite heureuse (*a fortunate escape*), s'écriait l'illustre Pitt. Bref, lorsqu'il fallut dresser l'état de l'effectif militaire dont on disposait, on constata que, déduction faite de ce qu'il fallait consacrer à la défense des possessions et du territoire anglais, le nombre de troupes qui restait libre pour tenir la campagne en Flandre se trouvait singulièrement réduit. Ce fut donc un cruel mécompte quand le duc d'Aremberg vint signifier à Londres qu'on ne devait compter sur aucun envoi supplémentaire de troupes autrichiennes. Dès lors, en additionnant toutes les ressources, y compris le contingent, toujours mal assuré, des Provinces-Unies, on ne trouvait plus que cinquante mille hommes à opposer à l'armée de plus de cent mille que conduisait le roi de France [1].

Dans cet embarras, ne voulant rien négliger, le cabinet anglais eut recours à un moyen extrême, dont, en conscience, il ne pouvait guère se promettre le succès. Il fit appel à Frédéric, en

---

1. Coxe, *Pelham Papers*, I, 155-160. — Droysen, t. II.

invoquant le traité d'alliance défensive conclu, comme je l'ai dit, dix-huit mois auparavant, et qui obligeait les deux souverains de Prusse et d'Angleterre à se venir réciproquement en aide, si leurs États étaient menacés. L'envoyé anglais qu'on dut charger de cette démarche, notre ancienne connaissance, Hyndford, n'aimait guère, on l'a vu, Frédéric, et surtout n'avait pas la bonhomie de le croire fidèle à sa parole. S'il se prêta, et même avec un certain empressement, à l'exécution de ces ordres, ce fut moins dans l'espoir de se faire écouter que pour mettre son royal interlocuteur en quelque sorte au pied du mur, et, par le ton de la réponse qui lui serait faite, obtenir au moins quelque indice des desseins qu'on mettait tant de soin à lui cacher.

Plus Frédéric, en effet, approchait du moment où sa résolution allait éclater, plus il s'appliquait et même réussissait à la dissimuler. C'est le propre des natures ardentes et actives que, tandis que l'hésitation, même quand elle est commandée par la prudence, leur pèse et les irrite, toute décision, fût-elle périlleuse, quand

elle est une fois prise, les calme soudainement.
Aussi ce même prince, qu'on avait vu la veille
impatient, nerveux, s'échappant en paroles
inconvenantes, était devenu tout à coup tranquille, libre d'esprit et presque gai ; on ne lisait
sur son visage qu'un air de sérénité et même
d'indifférence imperturbable. « Un poète grec,
dit l'historien Droysen, a dit de Jupiter que
son bras pourrait tout remuer au ciel et sur la
terre sans que le souffle de sa respiration fût
même précipité. Tel apparaissait le roi, calme,
serein, en pleine liberté d'humeur... Ce fut à
Berlin, pendant tout l'hiver, fête après fête : il
y eut, pour l'ouverture de la nouvelle Académie des sciences, une séance brillante dans
les salles du château ; puis des courses en traî-
neau, des mascarades et des bals ; le jeune roi
se montra partout et semblait ne vivre que
pour le plaisir. A l'Opéra, ce fut la première
représentation de *Caton d'Utique*, puis un ballet
où dansa l'enchanteresse Barberina ; dans les
réunions intimes, c'étaient des concerts de
flûtes où le roi faisait sa partie. » En réalité,
on aurait dit que ces échos du plaisir l'empê-

chaient d'entendre le bruit des armes qui reten-
tissait en Europe. Quelqu'un ayant laissé percer
devant lui la pensée que Rottenbourg pouvait
bien avoir quelque chose à faire à Paris : « Me
prend-on pour un sot, dit-il, d'employer un
pareil homme pour une affaire sérieuse ? » Et,
afin de mieux détourner les soupçons, il ne
cessait de poursuivre Valori en public de ses
railleries grossières. Ainsi, à la nouvelle du
combat incertain qui avait eu lieu sur mer, en
vue de Toulon, contre l'escadre anglaise, commandée par l'amiral Mathews : « Eh bien, mon
ami, lui dit-il, je vous prenais pour des f...-Ma-
thieu; il paraît que c'est Mathieu qui vous a
f...[1]. »

Ce ne fut pas par une plaisanterie aussi crue,
mais par une ironie qui n'était guère moins
piquante que Frédéric se tira de l'embarras où
l'Anglais se faisait d'avance un plaisir malicieux
de le mettre. — « Je ne doute point, disait
Hyndford dans une note officielle passée le
15 avril, que le procédé injuste, violent et non

1. Droysen, t. II. — Hyndford à Carteret, 3 février, 31 mars
1744. (*Correspondance de Prusse.* — Record Office.)

mérité de la France envers le roi mon maître,
le manifeste indécent, effronté, insolent et plein
de calomnies que ce gouvernement a publié,
n'excite une juste indignation chez Votre
Majesté. » — Et, en conséquence, en vertu du
traité, il réclamait un secours de la Prusse,
consistant en trois mille hommes de cavalerie
et huit mille d'infanterie. Frédéric n'eut garde
de contester son engagement ; au contraire, il
parut s'amuser à en exagérer l'étendue : « Comment donc! semblait-il dire dans sa réponse,
mais rien ne me coûtera pour donner à mon
oncle, le roi d'Angleterre, « la marque de ma
» véritable et sincère amitié et considération. »
Aussi, si ses États sont réellement attaqués, je
suis prêt à faire marcher non seulement le
secours stipulé par le traité, mais une armée de
trente mille hommes, et à me mettre « moi-même
» à la tête pour la faire transporter en Angle-
» terre et accourir à la défense de la couronne
» et des royaumes de Sa Majesté Britannique. »
— Seulement, ajoutait-il, est-il bien sûr que
ce soit le roi de France qui soit l'agresseur! Ce
qui vient de se passer en mer n'est-il pas un

acte d'hostilité contre lui? Cela changerait totalement la nature d'une alliance purement défensive, telle qu'est la nôtre ; car, pour que le secours stipulé soit exigible, « il ne faudrait » pas avoir été le premier à attaquer une puis- » sance qui ne saurait à la longue digérer les » insultes qu'on lui a faites sans s'en venger » par tout ce que le droit des gens exige en pa- » reille occasion... J'espère, disait-il en termi- » nant, que le roi votre maître aura lieu d'être » satisfait de mes sentiments d'amitié pour lui » et d'une déclaration si aimable et si cordiale. » — Mais, deux jours après, il écrivait à Chambrier, en riant sous cape et en lui faisant connaître sa réponse : « L'offre qui y est faite d'un secours de trente mille hommes, quelque spécieuse qu'elle paraisse, dit-il, est pourtant d'une telle nature que je suis bien persuadé que la mariée paraîtra trop belle aux Anglais et qu'ils se garderont bien de m'avoir dans leurs îles à la tête d'une armée de trente mille hommes[1]. »

Hyndford n'était pas endurant et n'aimait pas

---

1. Frédéric à Hyndford, 21 avril ; — à Chambrier, 22 avril 1744. — *Pol. Corr.*, t. III, p. 104-106.

qu'on se jouât de lui en face. Après avoir pris
les instructions de sa cour, il répliqua sèchement qu'il ne s'était jamais agi de défendre
l'Angleterre, qui se défendait bien toute seule,
mais le Hanovre, que Frédéric pouvait couvrir
de son bras sans se déranger. Pressé de la sorte,
Frédéric allait sortir de sa réserve et faire une
nouvelle communication, cette fois si hautaine,
que le brave Podewils (qui n'était pas dans la
confidence des vrais desseins de son maître) en
conçut une véritable terreur. Après l'avoir
rédigée et mise au net, il invita le secrétaire
particulier Eichel, qui devait présenter la pièce
à la signature royale, de dire, s'il osait, *quelque
chose à cet égard*. Eichel fit, en effet, quelques
observations, à voix basse, sur les conséquences
possibles, et peut-être immédiates, d'un congé
si brusquement donné à l'agent d'une si grande
puissance. Frédéric réfléchit un instant, puis
mit le papier dans sa poche et ordonna seulement qu'on priât Hyndford de l'excuser si, par-
ant pour faire une cure aux eaux de Pyrmont,
il n'avait pas le temps de lui faire réponse avant
son retour. Très irrité du procédé, mais n'osant

pourtant pas réclamer tout haut, le roi d'Angle
terre se borna, dans la première audience qu'i
dut accorder au ministre de Prusse à Londres
à lui tourner brusquement le dos. « Si le ro
d'Angleterre vous tourne le dos, lui écrivit sur
le-champ Frédéric, j'en pense faire autant et pi
à Hyndford; vous n'avez qu'à dire, par ma
nière d'acquit, à Carteret, que ces hauteurs br
tanniques ne seront pas semées en terr
ingrate[1]. »

Si le trouble du cabinet anglais était asse
grand pour le décider à courir au-devant e
même à prendre son parti en douceur d'un tra
tement si dédaigneux, on juge ce que devaier
sentir ses faibles alliés, habitués à marcher de
rière lui et à compter sur son appui pour leu
défense. A la Haye, c'était une alarme voisin
de l'épouvante : un roi de France, un nouvea
Louis, en armes dans les Pays-Bas, frappant
la porte de la Hollande, et le trône protesta
ébranlé en Angleterre, c'était toute l'œuvre d
grand Guillaume détruite. On était reporté d'u

---

1. Eichel à Podewils, 19 mai. — Frédéric à Andr
29 mai 1744. — (*Pol. Corr.*, t. III, p. 145, 158.)

coup à quatre-vingts ans en arrière, aux jours
où le roi-soleil accablait la faible république de
sa formidable puissance. La situation même
pouvait passer pour plus grave encore qu'en
1672, car, dans cette année critique, la Hollande
n'avait eu à songer qu'à sa propre défense;
aujourd'hui, elle était de plus obligée, par un
traité plusieurs fois renouvelé depuis la paix
d'Utrecht, à fournir un contingent aux garni
sons d'un certain nombre des places-fortes des
Pays-Bas appartenant à l'Autriche, qui, en
revanche, s'était engagée à ne jamais en faire
cession à la France. Ce traité portait, dans la
la langue diplomatique du temps, le nom de
traité de la Barrière, parce que ces garnisons
mixtes formaient comme une sorte de rempart,
élevé à frais communs, pour défendre, à défaut
de frontières naturelles, les plaines flamandes
contre l'ambition française. Cette précaution,
dont la Hollande avait bénéficié plusieurs fois
depuis quarante années, tournait, cette fois,
contre elle; car elle allait se trouver engagée,
bon gré, mal gré, à essuyer le premier feu dans
la rencontre prochaine des troupes de Marie-

Thérèse et de celles de Louis XV. Les premiers boulets français lancés contre les remparts d'Ypres, de Menin et de Tournay allaient frapper la poitrine des soldats républicains.

L'émotion fut tout de suite portée au comble : ce furent d'abord la colère, l'orgueil et le fanatisme qui débordèrent en invectives. « La fermentation est extrême, écrivait La Ville le 2 mars; c'est ici une maxime fondamentale et une opinion reçue par tous les États qui composent la république, que sa sûreté ne saurait se maintenir si le trône d'Angleterre cessait d'être occupé par un protestant... Je m'attends que, dans la plupart des églises des sept Provinces où l'on célèbre demain le jour de jeûne et de prières, les prédicateurs tâcheront, par des discours séditieux, d'exaspérer la populace, et je ne serais pas surpris de voir le fanatisme, qui s'était ralenti depuis quelque temps, se réveiller avec plus de véhémence que jamais... Il n'est plus question de secourir la reine de Hongrie, il s'agit de défendre la liberté et la religion. » Mais, peu de jours après, ce beau feu tombait et faisait place à l'inquiétude natu-

relle à des bourgeois paisibles brusquement
détournés de leurs spéculations et de leur commerce. « On se flattait de nous intimider, poursuit La Ville le 16 avril, et on tremble actuellement de peur. Le parti de vigueur que le roi
a pris a fait disparaître le prétendu courage,
qui n'était fondé que sur l'opinion, également
fausse, où l'on était de l'épuisement et de la
faiblesse de la France. » Le trouble était, d'ailleurs, accru par les divisions intérieures. C'était
encore la répétition des scènes du siècle précédent. Le parti qui gouvernait, et qui pro-
fessait les doctrines rigoureusement républi-
caines, était accusé d'inaction, de faiblesse,
d'impuissance. Le besoin d'un chef, le désir
de l'unité dans le commandement, ces sentiments naturels dans toutes les crises politiques,
étaient éprouvés et exprimés tout haut. On
tournait les yeux vers l'héritier de la maison de
Nassau, qui gouvernait déjà plusieurs provinces, et le rétablissement du stathoudérat,
aboli depuis la mort de Guillaume III[1], était

1. La Ville à Amelot, 2, 20 mars, 16 avril 1744. (*Correspondance de Hollande.* — Ministère des affaires étrangères.)

demandé dans la presse et discuté dans les conférences politiques.

Le ministère français était tenu au courant de toutes ces agitations, dans le moindre détail, par un singulier moyen qui lui permettait de compter en quelque sorte les palpitations du cœur de la république. On a vu que Voltaire, dans son malencontreux passage en Hollande, n'avait pu rendre qu'un véritable service, c'était de surprendre par artifice et de livrer ensuite par délation les secrètes confidences du gouvernement hollandais. C'est ce genre plus ou moins honorable de bon office qu'il était en mesure de continuer même à distance de La Haye ; car son ami, le jeune Podewils, qui occupait, comme nous l'avons vu, le poste de ministre de Frédéric auprès des états généraux, trouvait moyen, par de discrètes intelligences, de se procurer copie de la correspondance du pensionnaire Fagel avec son ambassadeur à Paris. Il la faisait passer sous main à Voltaire, qui ne remplissait que son devoir en la communiquant au ministère français. A la vérité, dans les termes dont il accompagna son premier envoi, on apercevait bien quelque embarras, provenant sans doute du souvenir de sa mésaventure et du regret de n'être pas appelé à un plus grand rôle. « Je vous supplie, disait-il au ministre, d'être bien persuadé que je ne suis pas ce que les Anglais appellent *busy body*, les Romains *ardelio*, et les Français, par périphrase, homme qui se fait de fête. Ma fête est que vos affaires prospèrent. Recevez ces inutilités du plus médiocre et du plus tendrement dévoué de vos serviteurs. » Mais, après ces excuses faites en son nom personnel, il continuait en accablant de ses railleries impitoyables ce qu'il appelait les *grosses têtes hollandaises*, principalement le pauvre ambassadeur à Paris, Van Hoey, à qui il en voulait peut-être de n'avoir pu le déplacer, et qu'il qualifiait du nom de « Platon de la Hollande », parce que le digne homme ne s'exprimait jamais que par sentences tirées soit de l'Écriture sainte, soit des philosophes de l'antiquité [1].

1. Voltaire à Amelot, 14 décembre 1743, 13, 15 janvier 1744 et *passim*. (*Correspondance de Hollande*. — Ministère des affaires étrangères.)

A l'exemple de Voltaire, ce n'était à Versailles, et même dans le ministère, que plaisanteries sur le compte des bourgeois flamands et sur l'émotion que semblait leur causer l'odeur de la poudre, qu'ils croyaient déjà sentir. L'impertinence, ce travers naturel au caractère des courtisans français, renaissant avec la confiance, trouvait là un sujet intarissable de s'exercer : c'était toujours Dorante raillant M. Jourdain et don Juan bernant M. Dimanche. Dans le conseil même, où ne manquaient pas de mauvais plaisants, comme Maurepas, la lecture des dépêches interceptées de Van Hoey était un véritable divertissement. Et, en réalité, qui n'aurait souri quand on lisait un récit tel que celui-ci, fait par l'ambassadeur lui-même, d'une audience où on s'était amusé de lui presque à sa barbe ? « Après avoir objecté les maux affreux qui sont les fruits inévitables de la guerre, je démontrai par des raisons invincibles que la puissance d'un roi de France, établie sur l'amour de la paix, devait être naturellement inaltérable et que Sa Majesté, en exerçant constamment cette vertu, obtiendrait

par elle-même le titre de roi très chrétien d'une
manière bien plus glorieuse encore que par la
prérogative héréditaire qui le lui donne. Un de
messieurs les ministres me dit sur cela avec
vivacité : « Vous avez certainement raison, et
» comment pourrait-on douter de la solidité
» de ce que vous avancez, puisque tous ceux
» qui ont acquis la réputation d'hommes véri-
» tablement sages ont toujours pensé qu'une
» paix, quoique peu équitable et très onéreuse,
» était préférable à la guerre la plus juste et la
» plus heureuse ? » Mais combien ne nous
écartons-nous pas tous tant que nous sommes
de cette maxime ! Les raisons de modération
qui n'ont en vue que le bien public ne sont-
elles pas toujours subordonnées à cette fausse
et orgueilleuse sagesse qui se cache sous le
masque de la dignité et qui doit sa plus grande
force à des motifs d'intérêt personnel?... « On
» dit, » a-t-on ajouté, « que la prochaine atta-
» que des Pays-Bas cause un grand embarras à
» votre république. Elle n'a qu'à suivre la
» leçon de prudence contenue dans les versets
» 29, 30, 31, 32 du xive chapitre de l'Évan-

» gile selon saint Luc. Le parti suggéré dans
» les deux derniers versets peut être suivi par
» la république avec une entière confiance. »
Ces versets sont ceux où il est dit qu'un souverain qui n'a que dix mille hommes à mettre en
guerre contre un ennemi qui en a plus de vingt
mille doit lui envoyer des ambassadeurs pour
demander la paix[1]. »

Quelques jours après, le soir même du départ
du roi, van Hoey revenait encore à la charge
avec un aplomb d'autant plus comique qu'il ne
se doutait pas du rôle plaisant qu'on lui faisait
jouer : « Je pris occasion, dit-il, de peindre
aux ministres les horreurs de la guerre avec les
couleurs les plus vives et de recommander la
paix, et tous ont reçu mes représentations,
comme auparavant, avec estime et approbation.
On me représenta en même temps que, comme
la défiance faisait naître par degrés la guerre,
de même la guerre devait nécessairement produire l'inimitié des plus vives. J'ai fait, ajoutait-

---

1. Dépêche interceptée de van Hoey, 24 avril 1744. —
(*Correspondance de Hollande.* — Ministère des affaires
étrangères.)

il enfin naïvement, tout mon possible pour découvrir s'il y avait quelque négociation entre cette cour et celle de Prusse, mais je n'ai reçu d'autre réponse que celle qu'on m'a toujours faite[1]. »

Le conseil si plaisamment donné de suivre les procédés diplomatiques recommandés par saint Luc fut pris au sérieux et appliqué. A la vérité, ce fut l'ambassadeur de France qui prit l'initiative de faire auprès des états généraux une démarche solennelle, en apparence pour les rassurer, en réalité pour mettre le comble à leur inquiétude, en ne leur laissant aucun doute sur les intentions de son maître. Le 23 avril, le jour même où le roi quittait Versailles, le marquis de Fénelon, de retour après une assez longue absence, demandait audience aux états généraux et, se rendant au lieu de leur réunion avec tout l'appareil de sa dignité, dans un carrosse attelé de six chevaux, suivi de nombreuses voitures de suite et de toute sa livrée sur pied, il tint, en présence de l'assem-

1. *Ibid.*, 27 avril.

blée, un discours qui ne dut pas durer moins d'une heure de lecture. Tous les griefs de la France contre l'Autriche et l'Angleterre y étaient éloquemment résumés ; tous les efforts faits pour ménager la république et la tenir en dehors du conflit engagé depuis trois ans y étaient rappelés et mis en contraste avec l'insistance et les moyens de toute nature employés, au contraire, par le cabinet de Londres pour l'associer à ses vues ambitieuses.

« Dans le parti, disait l'ambassadeur, que le roi mon maître prend, il aurait voulu pouvoir continuer à pousser ses égards pour Vos Hautes Puissances et leur voisinage jusqu'à se dispenser d'attaquer la reine de Hongrie dans ses possessions des Pays-Bas ; mais quel moyen a-t-on laissé à Sa Majesté de s'en abstenir ? Comment peut-elle, autrement qu'en prévenant ses ennemis, se garantir de l'usage qu'on ne tarderait pas de faire, pour envahir ses propres frontières, de ces mêmes Pays-Bas qu'elle aurait respectés ?... Le roi peut-il voir cette armée répandue tout le long de ses frontières des Pays-Bas sans se servir de tous les moyens que Dieu lui a mis

en main pour se tenir à l'abri d'être envahi en
se mettant le premier en campagne? Vos hautes
Puissances pourraient-elles même attendre avec
quelque lueur de justice que Sa Majesté s'abstînt
d'attaquer ses ennemis d'un côté où elle n'a
elle-même aucune sûreté qu'elle ne sera point
attaquée? » L'Angleterre pouvait-elle alléguer
des raisons aussi légitimes dans sa tentative
d'entraîner la république à sa suite et de lui
faire partager ses périls? Et ceux qui, dans le
sein de la république elle-même, secondaient
es vues anglaises, quels pouvaient donc être
eurs motifs? « Peut-être en est-il, ajoutait
Fénelon, de cachés dont la haine contre la
France est le voile, et qui pourront tendre de
plus d'une manière au bouleversement intérieur
de votre État. Mais je ne m'ingérerai point
d'approfondir cette matière, sur laquelle vous
devez mieux connaître et mieux sentir que moi
ce que vous avez à appréhender... Les annales
de votre république indiquent suffisamment ce
qu'il ne m'appartient pas de vous rappeler. » —
Cette allusion discrète aux périls qu'avaient
courus, un siècle auparavant, dans une crise

semblable, les républicains d'alors, allait adroitement à l'adresse des républicains du jour. C'était évoquer à leurs yeux le souvenir sanglant des violences populaires qui avaient autrefois porté Guillaume au pouvoir et comme le fantôme du cadavre mutilé des deux de Witt. Enfin le comble était mis à ce mélange habile de caresses et de menaces par l'annonce de son prochain départ que fit, en terminant, l'ambassadeur. Il devait, dit-il négligemment, déposer momentanément sa qualité diplomatique pour aller reprendre son poste de général dans l'armée qui entrait en ce moment même dans les Pays-Bas. C'était mettre la main lui-même sur la garde de son épée [1].

Les magistrats hollandais écoutèrent ce fier langage la tête basse et l'air consterné: pas un mot ne fut répondu; seulement, comme l'ambassadeur se retirait, le secrétaire de l'assemblée s'approcha de lui pour lui demander une copie de son discours revêtue de sa signature. « Est-ce l'usage? dit Fénelon. — Oui, lui dit le

---

1. *Discours du marquis de Fénelon aux États généraux.* — *Mémoires de Luynes*, t. VI, p. 228.

secrétaire. — Eh bien, monsieur, comme
c'est un monument de la dignité, de la bonne
foi et de la probité du roi mon maître, je le
signerai, s'il le faut, de mon sang. » Il n'y eut
pas plus de réponse écrite que verbale : on se
décida seulement à envoyer au-devant du roi
un messager, presque suppliant, et on fit
choix, cette fois, pour cette mission, d'un
homme de qualité. Le comte de Wassenaer,
gentilhomme de bonne maison, qui avait habité
Paris et gardé des relations à la cour, fut chargé
d'aller trouver Louis XV partout où il le ren-
contrerait, pour le conjurer d'arrêter ou du
moins de suspendre sa marche[1].

Parti sans délai, ce fut le 15 mai, au camp de
Cysoing, sous Lille, que Wassenaer rencontra
le cortège royal. Le roi venait d'y arriver depuis
plusieurs jours, après avoir visité, en compagnie
du maréchal de Noailles, les places de Condé,
de Douai, et de Maubeuge. Il était plein d'entrain, d'ardeur, accueilli partout, des soldats

---

1. Fénelon au roi, 23 avril. — La Ville à Amelot, 7,
19 mai 1743. (*Correspondance de Hollande.* — Ministère des
affaires étrangères.) — Droysen, t. II, p. 262.

comme des populations, avec une satisfaction
enthousiaste. A Lille surtout, la réception,
préparée avec art par le maréchal de Saxe, fut
un véritable délire. Ces mots: « Voilà le roi!
Enfin, nous avons donc un roi! » sortaient de
toutes les bouches. Louis, ravi lui-même et
comme transfiguré, se prêtait avec complaisance
aux regards avides de le voir, aux acclamations
dont le bruit inaccoutumé flattait ses oreilles.
Accompagné et conduit par Maurice, il visitait
le camp, les casernes et les hôpitaux, goûtait le
bouillon des malades et le pain du soldat, puis
rentrait pour étudier jusqu'à une heure avancée
de la nuit le plan des places fortes qu'on se proposait d'assiéger. Jamais son humeur n'avait
paru plus gaie; jamais il ne s'était plaint de
moins de fatigue.

En même temps qu'on lui annonça la présence
du comte de Wassenaer, d'excellentes nouvelles
lui étaient apportées du Midi. Le prince de Conti,
entrant en Italie par le comté de Nice, avait
franchi le Var sans résistance et emporté sous
le feu combiné des batteries piémontaises et de
l'escadre anglaise la place forte de Villefranche

et tous ses magasins. Ce succès, obtenu par un prince de la maison royale, prélude de ceux que Louis se promettait de remporter lui-même, en redoublant son émulation, ne le disposait pas à bien accueillir les prières de la république. Il indiqua pourtant à l'envoyé une audience pour le lendemain ; mais, sous prétexte apparemment qu'il le connaissait de longue date, il le reçut avec un sans façon militaire et une absence d'étiquette qui témoignaient de plus de dédain que de cordialité : « La porte du roi ayant été ouverte, écrit Wassenaer lui-même, j'y entrai, conduit par l'introducteur, M. de Verneuil. Le roi était assis en robe de chambre et la tête découverte devant une table sur laquelle était une toilette et un fort petit miroir. Sa Majesté était occupée à se laver les mains. Elle me parla avant tous les autres et me dit : « — Monsieur » de Wassenaer, combien y a-t-il de temps que » vous n'avez été en France? » Je répondis qu'il y avait vingt-cinq ans passés. « — Vous me » trouvez donc bien changé? » — Sur ce que je dis que Sa Majesté n'avait encore que douze ou treize ans, il repartit : « — Il y a vingt-

» cinq ans, je ne devais avoir que huit à neuf
» ans. » Les courtisans calculèrent d'abord le
temps et trouvèrent que Sa Majesté avait
raison[1]. »

Wassenaer dut se mettre alors en devoir de
débiter le petit discours qu'il avait préparé et qui
exposait en termes assez embarrassés l'objet
de sa mission. Il n'ajoute pas dans sa dépêche
ce que les mémoires français nous apprennent,
c'est qu'il le prononça d'un ton tremblant, en
jetant des yeux inquiets sur la foule de courtisans et d'officiers qui l'entouraient. Le roi
répondit au contraire d'une voix haute et
ferme. « Toutes mes démarches envers votre
république depuis mon avènement à la couronne
ont dû lui prouver combien je désirais d'entretenir avec elle une sincère amitié et une
parfaite correspondance. J'ai fait connaître assez
longtemps mon inclination pour la paix; mais
plus j'ai différé de déclarer la guerre, moins j'en
suspendrai les effets. Mes ministres me feront le

---

1. Dépêche interceptée de Wassenaer, 20 mai 1744. (*Correspondance de Hollande. —* Ministère des affaires étrangères.)

rapport de la commission dont vous êtes chargé,
et, après l'avoir communiqué à mes alliés, je
ferai savoir à vos maîtres quelles sont mes dernières résolutions. » Le bruit se répandit qu'en
terminant il avait ajouté : « Et c'est en Flandre
que je vous ferai cette réponse.» Les documents
officiels ne portent point cette addition ; mais
ce qu'il ne dit pas en paroles, ses actes se
chargèrent de le dire, car, dès le lendemain,
il partait pour ouvrir lui-même la tranchée
devant Menin, citadelle défendue uniquement
par une garnison de quinze cents Hollandais [1].

Le siège fut poussé très vigoureusement et
avec un succès d'autant plus rapide, que, grâce
à la confusion qui régnait dans le camp des
ennemis, l'attaque sur ce point déterminé était
à peu près inattendue. Ce n'était pas du côté de
la Flandre maritime, mais du côté du Hainaut
que l'armée austro-anglaise avait concentré ses
moyens de défense, d'ailleurs, comme on l'a
vu, assez faibles et rendus moins efficaces

1. *Mémoires de Luynes*, t. V, p. 442 ; t. VI, p. 293.

encore et moins disponibles par la mésintelligence qui régnait entre les généraux des deux
nations. Dans le camp français, au contraire,
l'harmonie était complète : Saxe et Noailles,
marchant de concert, conseillaient et guidaient
toutes les démarches du roi. Sous la conduite
de ces bons directeurs, Louis parut plusieurs
fois dans la tranchée à l'heure et aux lieux les
mieux choisis pour être vu des soldats sans être
trop exposé de sa personne. Au bout de huit
jours, la place capitula et le roi put rentrer à
Lille en triomphateur, pendant qu'on prenait de
nouvelles dispositions pour lui ménager devant Ypres, autre place forte de la même
région, un succès pareil. Désormais on pouvait lui dire que la victoire marchait sur ses
pas, et le *coup d'éclat* qu'attendait Frédéric
était fait.

Aussi la conséquence se fit-elle tout de suite
sentir, aussi bien à Versailles qu'à Francfort,
par la conclusion presque immédiate des deux
traités encore en suspens. En partant pour
l'armée, le roi avait confié la tâche de continuer
les pourparlers avec Rottenbourg au cardinal de

Tencin et au contrôleur général Orry, que la crainte de partager le sort d'Amelot ralliait à la politique prussienne et belliqueuse. Derrière ces négociateurs en titre se tenaient, à peine cachées sous un voile très transparent, madame de Tencin, toujours inséparable de son frère, et la duchesse de Châteauroux, retirée avec ses sœurs à Plaisance, dans la maison de campagne de l'intendant général Pâris-Duverney. Un échange de courriers presque quotidien entre Lille et Versailles allait chercher ou rapporter les instructions du roi rédigées de concert avec le maréchal de Noailles. Il n'était guère de dépêche ministérielle qui ne fût aussi accompagnée soit d'un billet tendre, daté de Plaisance, soit d'une chronique de la cour écrite de la main de madame de Flavacourt. Cette sœur cadette des demoiselles de Nesle était la seule dont la vertu fût épargnée par la médisance, et elle devait à cette bonne renommée l'avantage d'être agréable à la reine, pendant qu'elle plaisait au roi par la finesse et la grâce de son esprit. Frédéric, de son côté, était tenu au courant des moindres incidents de cette négociation en partie double, à Versailles par Rottenbourg, à Lille par Chambrier, qui, comme tout le corps diplomatique, avait suivi au camp le cortège royal [1].

Il ne tarda pas à être évident qu'à mesure que la campagne française était plus active et plus décidée et que Louis XV s'y compromet tait plus résolument de sa personne, Frédéric, de son côté aussi, hésitait moins à se prononcer. Ses scrupules comme ses exigences diminuaient à vue d'œil. L'accueil fait aux envoyés flamands surtout le transporta d'une véritable admiration : « Voilà qui est vert et nerveux, s'écria-t-il ; c'est parler en roi et en maître. » Tout sembla dès lors chez lui céder au désir de mettre sa main dans celle du roi de France et de la serrer d'une assez forte étreinte pour pouvoir l'entraîner ensuite où il lui conviendrait de le conduire. Le 12 mai, il avait déjà fait assez de concessions pour qu'il crût pouvoir écrire lui-même à Louis XV : « Je me flatte que Votre Majesté sera contente de la facilité avec laquelle

1. Madame de Tencin à Richelieu, 24 mai 1744. (Collection déjà citée.)

je me prête aux points qu'elle a paru désirer,
et je me flatte qu'elle le sera encore davantage
quand je combattrai pour sa gloire et pour le
repos de l'Europe. » A cette lettre en étaient
jointes deux autres également autographes :
l'une était pour le maréchal de Noailles, et,
après lui avoir fait compliment sur les talents
qu'il avait déployés à Dettingue et que la
fortune avait mal récompensés : « Je dois vous
avouer, ajoutait-il, que je remarque une différence sensible, dans la façon dont s'explique un
roi qui agit par soi-même, de ce qu'il fait lorsqu'il ne se fait entendre que par l'organe de ses
ministres... Il n'y a rien de plus capable d'établir une confiance parfaite entre nos cours que
la façon sincère et cordiale avec laquelle le roi
de France s'explique envers moi. » L'autre mis-
sive allait plus droit encore à la même adresse,
car elle visait au cœur; c'était à madame de
Châteauroux elle-même que le souverain le
plus illustre de l'Europe ne craignait pas
d'écrire de sa main royale : « Il m'est bien
flatteur, madame, que c'est en partie à vous
que je suis redevable des bonnes dispositions

dans lesquelles je trouve le roi de France pour resserrer entre nous les liens durables d'une éternelle alliance. L'estime que j'ai toujours eue pour vous se confond avec le sentiment de la reconnaissance. Il est fâcheux que la Prusse soit obligée d'ignorer l'obligation qu'elle vous a ; ce sentiment restera cependant profondément gravé dans mon cœur, c'est ce que je vous prie de croire, étant à jamais votre affectionné ami. FRÉDÉRIC. » — On prétend que, pour mieux témoigner son affection et sa reconnaissance, Frédéric ordonna en même temps à Rottenbourg de lui envoyer une copie du meilleur portrait qu'il pût trouver de la belle duchesse, ce que l'adroit négociateur eut bien soin de ne pas laisser ignorer à l'original [1].

Dans ces dispositions soudainement devenues plus faciles, tout marcha rapidement, et les difficultés encore subsistantes furent résolues sans peine. Aucune n'avait été élevée, on l'a vu, ni de la part de la France sur l'extension

---

1. Frédéric à Louis XV. — Au maréchal de Noailles et à la duchesse de Châteauroux, 12 mai 1744. — (*Pol. Corr.*, t. III, p. 128-131.)

de territoire réclamée par Frédéric en Bohême,
ni de la part de Frédéric sur l'accroissement
proportionnel que la France prétendait, cette
fois, obtenir dans les Pays-Bas. Les deux souverains échangèrent donc sans discussion l'engagement de ne pas poser les armes avant de
s'être réciproquement assuré ces avantages.
Mais, sur le point qui coûtait le plus à l'un et
auquel l'autre attachait, au contraire, le plus de
prix, — l'envoi d'une nouvelle armée française
en Allemagne, — on se contenta des deux côtés
d'un moyen terme. Frédéric exigea toujours la
promesse, mais se résigna à en ajourner l'exécution. Il consentit à attendre le résultat des
opérations militaires engagées à la fois et sur
la frontière d'Alsace et en Flandre, et ce ne fut
que dans le cas, où, comme il y avait lieu de
l'espérer, l'armée autrichienne aurait été con-
trainte à évacuer les bords du Rhin et l'armée
anglaise à se replier sur le Hanovre que la
France s'engagea, au lieu de les laisser se retirer l'une et l'autre en liberté, à les poursuivre,
l'épée dans les reins, jusque dans le cœur de
l'empire. En revanche, rien ne put décider

Frédéric à se mettre en mouvement avant la date qu'il avait fixée (les derniers jours d'août), et, jusque-là, il exigea que la nouvelle alliance fût tenue rigoureusement secrète. Cette précaution avait bien encore une apparence un peu suspecte, et des malveillants obstinés auraient pu voir dans ce retard et dans ce mystère l'intention de se tenir encore sur la réserve, jusqu'à ce que la France eût fait la première épreuve de sa fortune : mais le temps des défiances était passé, et, le 5 juin, moins d'une semaine après la capitulation de Menin, les signatures étaient échangées, à Paris, entre Tencin et Rottenbourg. C'était, à deux ans de distance, l'anniversaire, jour pour jour, du premier traité qui avait suivi l'occupation de la Silésie, et que la France avait si douloureusement exécuté à Prague, pendant que Frédéric le violait si cavalièrement à Breslau. Si cette coïncidence revint à la mémoire des plénipotentiaires au moment où ils posaient la plume, le Prussien peut-être dut sourire, pendant qu'un nuage passait sur le visage du Français.

Quatre jours après, le 9 du même mois,

pendant qu'on se préparait au siège d'Ypres et que tout promettait un succès égal, le traité d'union des princes allemands, rédigé par Chavigny, recevait à Francfort une consécration définitive. Là aussi, Frédéric retirait l'une après l'autre toutes ses exigences, à mesure qu'il voyait l'action de la France plus résolument engagée. Sur ce théâtre pourtant, où il sentait les yeux de toute l'Allemagne fixés sur lui, les accommodements et les concessions semblaient lui coûter davantage. Son orgueil résista même longtemps à la pensée d'admettre la France, à titre de partie contractante, dans la fédération nouvelle, il ne se rendit qu'à la dernière heure aux instances et à l'ultimatum impérieux de Chavigny. Il convient lui-même dans sa correspondance que, s'il se laissa fléchir, ce fut parce qu'on lui avait dit que cet agent français si habile et qui prenait le ton si haut allait être appelé à la place d'Amelot au ministère des affaires étrangères et diriger toute l'action politique d'un allié désormais indispensable. Encore, pour ménager les susceptibilités germaniques, fut-il convenu que le nom de la France ne serait pas prononcé dans les stipulations mêmes du traité, et que Louis XV serait seulement invité par un article séparé et secret à y apporter, après coup, sa garantie. La même précaution fut observée dans la rédaction d'une convention particulière conclue entre l'empereur et le roi de Prusse, et par laquelle étaient réglées les *conveniences* de Frédéric, c'est-à-dire la délimitation des territoires que Charles VII, escomptant d'avance la reprise de la Bohême, consentait à détacher de cette conquête en espérance. Ici encore, le roi de France ne fut appelé à intervenir que comme témoin des promesses et garant de la bonne foi des parties [1].

Quoi qu'il en soit, malgré ces réserves, l'œuvre antipatriotique tant de fois dénoncée par Marie-Thérèse était de nouveau consommée : l'Allemagne était une fois de plus partagée en deux camps, dont l'un appelait l'étranger, l'éternel ennemi, dans ses conseils et le provo-

---

1. Chavigny au roi, avril, mai 1744, *passim*. (*Correspondance de Bavière.* — Ministère des affaires étrangères.) — Frédéric à Rottenbourg et à Klingsgraeff, 13 mai 1744. (*Pol. Corr.*, t. III, p. 136-138.) — Droysen, t. II, p. 273.

quait même à violer le territoire sacré du saint-
empire. L'ombre de Richelieu allait tressaillir
dans sa tombe, tandis que le Rhin revoyait le
fantôme de Louis XIV lui-même sous l'armure
de son petit-fils. Cette résurrection d'un odieux
passé était solennelle; aussi jamais résolution
politique n'a suscité plus de controverses entre
les contemporains, et n'en engendre encore
aujourd'hui de plus vives entre les historiens
allemands que celle que prit alors Frédéric. Et,
en vérité, pour le héros futur de l'unité et de
l'indépendance allemande, le fait d'avoir lui-
même pour la seconde fois, après une première
et malheureuse épreuve, appelé l'étranger dans
sa patrie, constitue bien un grief de quelque
gravité et une tache dont sa mémoire a grand
besoin d'être lavée. Si la première faute peut
être mise sur le compte de l'ardeur irréfléchie
d'une ambition naissante, la récidive commise
de sang-froid dans la maturité de l'âge et la
plénitude de la gloire est plus difficile à justifier.
De là un conflit sans cesse renouvelé entre les
champions posthumes de Marie-Thérèse et de
Frédéric, débat qui se poursuit encore sous nos

yeux, après plus d'un siècle écoulé, avec la vivacité des premiers jours. C'est comme un champ
de bataille historique sur lequel Autriche et
Prusse se rencontrent avec des ressentiments
patriotiques aussi vivaces qu'hier encore dans
les plaines de Sadowa. Il n'est pas jusqu'aux
sages écrivains qui me servent de guides dans
ces récits, MM. d'Arneth et Droysen, qui, parvenus à ce point de leur narration, n'échangent
à mots couverts des récriminations passionnées.
M. d'Arneth, écrivant avant nos malheurs, a le
plus beau thème et le plus facile. C'est à ses
yeux le crime de Frédéric d'avoir arrêté par une
préoccupation égoïste le bras de Marie-Thérèse
déjà levé pour rendre à la couronne de Charle-
magne les fleurons que lui avait dérobés l'ambition française. M. Droysen relevant le gant
dix ans plus tard, quand ce méfait, si c'en est
un, n'avait été que trop complètement réparé,
éprouve pourtant encore quelque embarras à
défendre son client. Il sent le besoin d'énumérer
tous les motifs qui ont pu faire croire à Frédéric
qu'il était mis en défense légitime, et en droit
de préserver à tout prix le fruit encore mal as-

suré de sa première victoire. La faute est donc à Marie-Thérèse d'avoir poursuivi obstinément des revendications stériles et laissé échapper ainsi la magnifique conpensation qu'elle aurait pu s'approprier sur le Rhin aux applaudissements de toute l'Allemagne. D'autres écrivains enfin, plus libres d'esprit et jugeant de plus haut, n'hésitent pas à considérer l'appel fait par Frédéric à la France, à cette heure critique, comme un des incidents passagers du grand duel qui commençait, ce jour-là, entre deux puissances entre qui le partage était impossible ; combat singulier dont en définitive l'unité allemande a été le glorieux résultat. C'est une de ces feintes retraites, une de ces marches en arrière, qui, dans un jour de bataille, peuvent être rendues nécessaires par les accidents de terrain, et qu'on n'a pas le droit de reprocher au vainqueur quand, en définitive, il a su assurer par là le succès de la journée [1].

Nous laisserons, si le lecteur le permet, les patriotes allemands vider entre eux ce débat

---

1. Droysen, t. II, p. 297 et suiv. — D'Arneth, t. II, p. 399 et suiv.

dont le spectacle est pour nous plus douloureux
qu'intéressant. Je me bornerai seulement à faire
remarquer que, si Frédéric, par égard pour une
opinion nationale déjà très en éveil, reculait
devant le fâcheux effet moral de la signature de
la France insérée dans une convention entre
princes allemands, il n'éprouvait du moins pas
plus de scrupule que d'hésitation à en infliger à
ses compatriotes toutes les conséquences matérielles, sous la forme des maux inséparables
d'une invasion à main armée. S'il eût tenu en
quelque manière à les ménager, il aurait peut-
être pu se contenter de l'appui indirect que lui
aurait prêté une attaque dirigée par la France
contre les alliés étrangers ou les possessions
non allemandes de l'Autriche. Mais, loin de là,
l'entrée des bataillons français, tambour battant
et mèche allumée, sur le territoire allemand,
c'est cela même dont il faisait le point capital et
presque la condition *sine qua non* de la nouvelle
alliance. Même après l'affaire conclue, il ne
perdait pas de vue cet objectif, et il ne songeait
qu'à faire par avance le plan de campagne de
l'armée envahissante, qu'il chargea Rottenbourg

d'aller porter à Lille ; il allait même jusqu'à désigner d'avance, pour l'exécuter, le général le plus à son gré.

Un visiteur de distinction, qui vint le trouver à Pyrmont deux jours après la signature du traité, le trouva tout entier livré à cette préoccupation. C'était un officier supérieur français dont le nom a déjà figuré dans ce récit, l'ancien maréchal général des logis de l'armée de Prague, Mortagne, un des fidèles de Belle-Isle, qui, n'ayant pu s'entendre avec son successeur, s'était fait attacher, en qualité de général auxiliaire, à l'état-major de Charles VII. Dépêché de Francfort en mission temporaire au camp royal, Mortagne, à son retour, ne crut pas pouvoir passer auprès de Pyrmont, où Frédéric achevait sa cure, sans venir saluer le protecteur de son ami. Frédéric, craignant sans doute qu'un entretien confidentiel avec un officier qui venait de quitter Louis XV ne trahît le mystère qu'il tenait à garder encore, ne le reçut pas en audience publique, mais lui donna rendez-vous dans un bois voisin de la petite cité thermale, où il vint le trouver à cheval, sans escorte.

L'entretien prit tout de suite une telle tournure,
que Mortagne n'eut rien de plus pressé que
d'en écrire le soir même à Metz pour en donner
avis à Belle-Isle. « Le roi, disait-il, se croit certain de pouvoir enlever Prague par surprise,
mais il voudrait être sûr que, si le prince Charles
revient l'y chercher, les Français se mettront à
ses trousses pour le poursuivre. Il est inquiet
qu'on ne le laisse et qu'on ne fasse la paix sans
lui quand il aura levé le bouclier. Mais, après
cela, il se rassure sur la parole du roi, qu'il
compte sacrée; comme la sienne le sera aussi...
Il m'a beaucoup demandé si le roi paraissait
prendre goût à la guerre et quel était l'esprit
de l'armée. Je lui ai dit là-dessus tout ce qu'il y
avait à dire et lui ai rappelé ce que j'ai entendu
moi-même dire à plusieurs grenadiers lorsque
j'étais à Verviers. Le roi passant, ils dirent :
« S. D., nous ferons de la besogne avec ce b....-
» là! Il n'a qu'à nous mener. » Le roi m'a alors
demandé de vos nouvelles, comment vous vous
portiez et ce que vous faisiez. Je lui ai dit que
vous vous portiez bien et qu'il me paraissait que
vous étiez en panne; sur quoi il me dit : « Est ce

» qu'il y a toujours une cabale contre lui?
» N'est-il pas bien avec le roi? » Je lui dis que
vous étiez tout au mieux et bien aussi avec
tous les intimes. « Pourquoi donc n'a-t-il
» pas », dit-il, « le commandement de l'armée
» du Rhin? car que veut-on faire de M. de
» Coigny? » Je lui répondis que j'avais lieu de
croire qu'on vous y désirait, mais qu'on avait
tous les égards pour M. de Coigny. « Voilà des
» égards bien mal placés. » Je lui répondis :
« Votre Majesté pourrait les faire cesser. —
» De tout mon cœur! » répondit-il[1]. »

En réalité, Frédéric n'avait pas attendu le
conseil de Mortagne pour donner à Rottenbourg l'ordre de mettre tout en œuvre afin de
rapprocher Belle-Isle des régions du pouvoir et
de lui faire attribuer le commandement de l'armée du Rhin; c'était, en d'autres termes, chercher à se procurer à lui-même le lieutenant
qu'il désirait. Rottenbourg, rapidement passé
maître en fait d'intrigues de cour et connaissant
tous les êtres du palais, n'eut garde d'aller

1. Mortagne à Belle-Isle, 7, 11 juin 1744. (*Correspondance de Prusse.* — Ministère des affaires étrangères.)

frapper à la porte du cabinet royal, où il aurait risqué de rencontrer quelque successeur ou quelque rival de Belle-Isle. Il trouva plus simple et plus sûr de faire entrer à sa suite le protégé de son maître dans le boudoir de la favorite, et ses lettres nous montrent avec quelle adresse et quelle assiduité il s'y appliquait.

Dès le 26 avril, il écrivait à Belle-Isle lui-même en le consultant sur un des points du traité : « Le jour où j'ai vu notre duchesse, j'ai été une bonne heure avec elle; nous avons beaucoup parlé de vous, et il m'a paru qu'elle s'intéresse à ce qui nous regarde et connaît bien votre mérite. » Et, deux jours après : « La duchesse m'a parlé de vous; j'ai été une heure avec elle et vous êtes dans son esprit on ne peut mieux. » Enfin, le 23 mai : « Le roi mon maître m'a envoyé une lettre pour Madame la duchesse notre amie; il lui a écrit que j'avais à lui parler : elle m'a prié de venir la voir demain. Vous sentez bien, monsieur, que nous parlerons un peu de vous. Je lui demanderai son avis, et, si elle trouve convenable que je dise au roi combien Sa Majesté désirerait, pour la cause commune et le bien de la chose en général, vous voir à la tête de l'armée qui doit agir en Allemagne. » Malgré ces assurances, il est douteux que cet habile homme eût eu l'art de dissiper complètement les préventions de la beauté régnante contre l'ami de la sœur qu'elle avait supplantée si, par un de ces retours si fréquents dans les cours, il n'eût trouvé un appui inattendu au sein du triumvirat même qui avait remplacé Belle-Isle dans la faveur royale[1].

Il arrivait, en effet, à cette coalition de courtisans ce qui est l'histoire de tous les rapprochements du même genre que nous voyons dans nos assemblées parlementaires : le succès une fois obtenu, on se disputait les dépouilles. Ce n'était pas sans une alarme jalouse que Tencin avait vu partir Noailles seul avec le roi pour rester pendant toute la durée d'une longue campagne dans cette position confidentielle et privilégiée dont un adroit ambitieux pouvait aisé-

1. Rottenbourg à Belle-Isle, 26 et 30 avril, 23 mai 1744. *Correspondance de Prusse.* — Ministère des affaires étrangères.)

ment tirer un profit égoïste. Les correspondances de l'armée, en particulier celles de Richelieu, qui suivaient et notaient tous les progrès de cette intimité suspecte, n'étaient pas de nature à calmer son inquiétude. Noailles, écrivait-on, mettait de l'affectation à ne pas laisser faire au roi un pas sans lui, et le roi à l'appeler publiquement son Mentor et son Turenne. Tant que dura la négociation prussienne, Tencin avait au moins la compensation d'en être chargé à lui seul et pouvait s'en promettre tout l'honneur; mais il ne tarda pas à apprendre que Noailles, laissant entendre (ce qui était vrai) qu'il avait été consulté sur tous les points délicats, s'attribuait aussi le mérite du succès diplomatique et s'en laissait faire des compliments. Le bruit même se répandit qu'en récompense il allait être appelé au ministère des affaires étrangères, laissé jusque-là intentionnellement vacant; pour le coup, c'en était trop, c'était la résurrection du despotisme de Fleury remis entre des mains plus vigoureuses. A tout prix, il fallait prévenir cette confiscation du pouvoir, et, parmi les moyens à mettre en œuvre, le plus simple

était de chercher à Noailles un compét teur sur
le champ de bataille. Belle-Isle était le seul
sous la main : on dut naturellement songer à
lui.

Aussi voyons-nous, à partir de ce moment,
se révéler dans toutes les correspondances une
intimité subite, plus vive probablement que
désintéressée, entre Tencin et Belle-Isle. On
pourrait croire même à certains indices que
cette communauté soudaine visait à d'autres
intérêts encore que la politique ; car, à chaque
lettre adressée par le cardinal à celui qu'il
appelle *mon grand maréchal*, est joint un petit
bulletin du cours des rentes sur l'Hôtel de Ville,
et le petit-fils de Fouquet, supposé par hérédité
compétent en ces matières, est consulté sur les
opérations à faire pour profiter de leurs oscilla-
tions. L'essentiel, pourtant, est bien toujours de
faire rendre à Belle-Isle une position digne de
sa faveur passée, où il puisse rallumer quelques
lueurs de sa popularité éteinte et retrouver le
chemin du cœur du roi. Rottenbourg est
approuvé d'avoir pensé que la belle duchesse
était seule capable d'opérer cette résurrection

de la faveur qui, dans les cours, tient du miracle ; mais des conseils plus raffinés encore jugèrent qu'elle-même ne pouvait opérer cette merveille que de près, en personne, en parlant à l'oreille du roi et en interrompant les conférences politiques et militaires par des tête-à-tête d'un autre genre[1].

Dès lors, il fut résolu qu'à tout prix il fallait que madame de Châteauroux trouvât moyen de rejoindre le roi ; d'ailleurs, faire lever sur ce point l'interdit mis par le maréchal de Noailles, c'était lui infliger un premier échec qui préparait la voie à d'autres. Quant à la duchesse elle-même, dès que le projet lui fut connu, d'assez froide qu'elle était restée jusque-là aux insinuations de Rottenbourg, elle devint toute de feu et ne pouvant se tenir d'impatience. De fait, elle se morfondait à Plaisance, excédée d'ennui, dans la retraite, et n'osant aller braver à Versailles les regards méprisants que la présence du maître

---

1. Tencin à Belle-Isle, 26 avril 1744 et lettres suivantes. (*Correspondance de Prusse.* — Ministère des affaires étrangères.) — Sur la jalousie de Tencin et de Noailles, voir la Correspondance imprimée déjà citée. — Lettre de Tencin à Richelieu, 22 mai 1744 et suiv.

ne serait plus là pour surveiller et contenir.
Livrée, d'ailleurs, à une ardeur ambitieuse,
qu'elle prenait peut-être elle-même pour un
amour véritable, elle éprouvait tous les tour-
ments de l'absence, elle s'inquiétait de tout : des
nominations faites sans son concours à la cour
et à l'armée et dont les titulaires pouvaient lui
paraître animés de mauvais sentiments contre
elle ; de la légèreté naturelle au cœur du roi ;
de sa correspondance avec sa sœur de Flavacourt, dont elle ignorait le contenu ; des mille
pièges que le hasard et la liberté des camps pouvaient tendre à la fidélité d'un amant. « Parlez-
moi franchement (écrivait-elle à Richelieu dans
une orthographe qui était celle de toutes les
belles dames du temps), le roi a-t-il l'air d'être
occupé de moi? En parle-t-il souvent? S'ennuie-
t-il de ne me pas voir? Vous pouvez fort bien
démêler tout cela. Pour moi, j'en suis très contente : l'on ne peut pas être plus exact à m'é-
crire, ni avec plus de confiance et d'amitié ; mais
je n'en tirerais nulle conséquence, le moment
où l'on vous trompe est souvent celui où l'on
redouble de jambes pour mieux cacher son jeu...

Il faut que je sois présente, car c'est tout différent... En vérité, cher oncle, je n'étais guère
faite pour tout ceci, et, de temps en temps, il me
prend des découragements terribles; si je n'aimais pas le roi autant que je fais, je serais bien
tentée de laisser tout là. Je vous parle vrai, je
l'aime on ne peut davantage; mais il faut que je
prenne part à tout, c'est un tourment continuel,
car cela m'affecte plus que vous ne croyez.
C'était si antipathique à mon caractère, qu'il
faut que je sois une grande folle pour m'être
venue fourrer dans tout cela. Enfin c'est fait, il
faut prendre patience... Arrangez tout comme
vous voudrez, pourvu que nous allions, car je
sens qu'il faut que je me rapproche[1]. »

Toute la question était de trouver un prétexte
honnête pour une équipée qui ne l'était guère.
Ce fut une dame du plus haut rang, une mère de
famille, qui se chargea de le fournir. La princesse douairière de Conti, dont le fils commandait en Italie, était une femme d'esprit, très
ambitieuse pour tous les siens, à qui on per-

1. Lettres autographes de madame de Châteauroux à Richelieu, conservées à la bibliothèque de Rouen, 3 juin 1744.

suada aisément qu'elle ne nuirait pas à leurs intérêts, en se compromettant un peu pour deviner et prévenir les désirs secrets du roi. Sa fille venait d'être mariée récemment au jeune duc de Chartres, que son service retenait à l'armée. Les nouveaux époux, séparés dans les premiers jours de leur union, se montraient fort épris l'un de l'autre. La princesse annonça que, leur rapprochement important au bonheur futur du ménage, elle conduirait elle-même sa fille à Lille, et, par occasion, elle proposa de faire route avec elle à plusieurs dames, parmi lesquelles elle comprit, avec mesdames du Roure, d'Egmont et de Bellefond, les duchesses de Châteauroux et de Lauraguais. Elle avait compté, sans doute, que le motif vertueux du voyage, conforme aux pieux sentiments de la reine, ferait passer sur la nature suspecte et mélangée de la compagnie. Personne, cependant, ne s'y méprit. « On voit bien tout de suite, dit le chroniqueur Barbier, qu'il s'agit de commencer une cour des femmes à l'armée du roi. » Aussi, quand il fallut aller demander à la reine un agrément dont une personne de la qualité

de la princesse ne pouvait se passer, l'explication n'eut pas lieu sans quelque embarras. « La
princesse de Conti, dit Luynes, a dit à la reine
qu'elle savait bien les discours qu'on tenait dans
le public... qu'on disait qu'elle menait avec elle
mesdames de Châteauroux et de Lauraguais;
mais qu'il n'y avait pas de proposition faite de
sa part ni de celle de ces dames, ni rien de concerté. » La reine n'ayant rien répondu, son
silence passa pour un consentement.

A leur tour, les deux duchesses, qui n'avaient
pas encore paru à Versailles en l'absence du roi,
durent pourtant se décider à quitter, un jour au
moins, Plaisance, pour venir prendre congé. La
reine eut encore le bon goût de les recevoir
avec une politesse sans affectation, de les retenir, comme d'ordinaire, au jeu et à souper, et,
pendant plusieurs heures que dura la visite,
elle ne leur fournit pas une seule occasion d'ouvrir la bouche sur le sujet dont tout le monde
s'entretenait derrière elles. Elle jouissait avec
une malice innocente de leur confusion. —
« Madame de Châteauroux, dit encore Luynes,
avait l'air assez embarrassé pendant le jeu et

après le souper. Pour madame de Lauraguais, elle ne s'embarrasse pas si aisément. La reine leur parla à toutes deux et fit très bien. » — La patience n'échappa à la douce princesse que quelques jours après, lorsque la sœur du duc de Chartres, la duchesse de Modène (qui habitait Paris pendant que ses États d'Italie étaient envahis) fit, à son tour, demander la permission de rejoindre son frère. Irritée alors d'être si souvent obligée de savoir ce qui lui convenait d'ignorer, Marie Leczinska répondit avec vivacité : « Qu'elle fasse son sot voyage comme elle voudra, cela ne me fait rien [1]. »

En conséquence, le 6 juin, une gondole à six places, contenant les deux dames avec une de leurs amies et leurs femmes de chambre, prenait la route de Lille, où, de poste en poste, des relais étaient préparés. Elles débarquèrent dans une maison attenant à celle du gouvernement, où logeait le roi, et dans laquelle leurs appartements les attendaient. Toutes ces dispositions avaient été prises par le duc de Richelieu à l'insu

---

1. *Mémoires du duc de Luynes*, t. V. p. 439, 463, 466. — *Journal de Barbier*, t. II, juin 1744.

du roi, qui, se tenant toujours prêt à partir pour
Ypres d'un jour à l'autre, voulait avoir l'air de
tout ignorer[1]. Dès le lendemain cependant, il
soupait chez sa maîtresse et reprenait toutes ses
habitudes comme à Choisy ou à Versailles.

L'intrigue avait donc réussi à souhait et
Richelieu avait tout l'honneur d'avoir pourvu
à tout et préparé, sans rien dire, toutes les facilités matérielles. Mais ce que l'adroit courtisan,
dans l'atmosphère factice et corrompue où il
vivait, n'avait pu prévoir, c'était la réprobation
publique qui se manifesta aussitôt et le murmure général qui s'éleva aussi bien dans le
camp que dans la cité. Si Tencin et Richelieu
s'étaient imaginé que Louis XV, en mêlant
l'amour à la guerre, prendrait aux yeux des
peuples quelque chose de l'allure héroïque et
romanesque de Henri IV, ils ne durent pas tarder à reconnaître combien les temps et les mœurs
étaient changés et combien le prestige royal,
déjà affaibli, était désormais impuissant à prévenir les justes sévérités de l'opinion. Le blâme

1. Dans le manuscrit communiqué par M. de Boislisle la
art prise par le duc de Richelieu au voyage de madame de

fut universel : les tristes détails de la vie passée
du roi, qu'on s'efforçait d'oublier, revinrent
aussitôt en mémoire. L'émotion fut grande
d'abord dans les populations flamandes, chez
qui le sentiment religieux était, comme de nos
jours encore, à la fois vif et austère. On leur
avait parlé vaguement du raffinement de libertinage qui avait fait passer les amours royales
d'une sœur à l'autre, dans la même famille.
Elles crurent voir le scandale vivant et réalisé,
et sous leurs yeux, dans la présence des deux
duchesses toujours inséparables l'une de l'autre;
car le bruit se répandit (et il circulait déjà à
tort ou à raison à Paris) que leur intimité n'était
due qu'à un odieux partage auquel avait consenti la nouvelle maîtresse, plus facile encore que
sa sœur aînée. Une caserne qui attenait à leur
demeure ayant été frappée de la foudre, on vit
là un avertissement du ciel, d'autant plus mérité
qu'on prétendait (ce qui, assure le duc de Luynes,
était faux) que le roi venait de faire tout récem-

Châteauroux est contestée. Le duc lui témoigna même, dit le
manuscrit, sa surprise à son arrivée. La lettre citée plus haut
ne laisse pourtant pas douter qu'il n'ait été du moins prévenu.

ment ses dévotions aux fêtes de la Pentecôte.

Il semble que les corps de garde, où d'ordinaire on ne se pique pas de vertu, dussent se
montrer plus accommodants; mais probablement on jugea, entre militaires, que le roi
n'avait pas encore assez payé de sa personne
pour se passer toutes ses fantaisies; peut-être
aussi le maréchal de Noailles, piqué du peu de
compte qu'on tenait de ses sages conseils, ne
prit-il pas assez de soin de cacher sa désappro-
bation. Toujours est-il que l'armée se montra
aussi mécontente que le peuple : « Il n'y a pas,
écrivait le maréchal de Saxe, un capitaine d'infanterie qui n'en parle (de madame de Châteauroux), et celui qui a fait le sacrifice de la faire
venir le payera cher. » Des huées, assaisonnées
de grossiers quolibets, accueillaient partout les
duchesses sur leur passage, et, le soir, elles
entendaient répéter en chœur, sous leurs fenê-
tres, une vieille chanson soldatesque dont les
deux premiers vers (les seuls qu'on puisse citer):

> Non, madame Enroux,
> J'en deviendrai fou,

rimaient au nom de Châteauroux.

L'impression était trop vive pour ne pas être
bientôt connue à Paris, où les instigateurs de
l'expédition, qui ne s'y attendaient pas, s'en
montrèrent fort contrariés. On essaya, pendant
quelques jours, d'empêcher les bruits fâcheux de
se répandre en arrêtant à la poste les lettres de
l'armée qui en apportaient les échos. En même
temps, Tencin faisait dire à madame de Châteauroux, qu'il fallait qu'elle s'appliquât à regagner le public et lui en indiquait le moyen,
suivant lui, infaillible, qui n'était autre que de
répandre des charités, d'aller régulièrement à
la messe et d'y paraître avec une grande modestie. Quelques esprits plus libres et ne dou-
tant de rien essayaient, au contraire, de payer
d'audace et de tout justifier avec effronterie.
« Voyez le sot préjugé, dit d'Argenson dans
son *Journal,* de combattre des plaisirs qui ne
font tort à personne! » Enfin, quand il devint
impossible d'arrêter les mauvaises langues, on
se résigna à mettre tout le scandale sur le
compte des indiscrétions du maréchal de
Noailles. « Il faut bien, écrivait madame de
Tencin à Richelieu, que le maréchal de Noailles

parle sans ménagement contre le voyage de madame de Châteauroux, puisque toutes les lettres qui viennent de l'armée ne sont pleines que de murmures contre ce voyage, et l'on remarque, ce que j'avais prévu, qu'il est plus désapprouvé à mesure que ceux qui le désapprouvent sont plus ou moins attachés au maréchal. » — C'était une manière d'aigrir le roi contre son nouveau favori en le représentant comme le censeur et le trouble-fête de ses plaisirs [1].

Madame de Châteauroux (il faut être juste pour tout le monde) fit tête à l'orage avec une certaine noblesse. Elle tint surtout à honneur de faire voir qu'elle était venue non pour distraire ou endormir, mais pour exciter, au contraire, l'ardeur militaire qu'elle seule avait su réveiller chez le roi. Elle lui apportait l'aiguillon de l'amour, non la langueur de la volupté. Le départ annoncé pour Ypres ne dut pas être retardé d'un seul jour : « Prenez vos arrange-

---

1. *Mémoires de Luynes*, t. V, p. 470. — *Correspondance du cardinal et de madame de Tencin avec Richelieu*, 7, 19, 23 juin 1744, p. 341, 349, 359. — *Journal de d'Argenson*, t. IV, p. 103.

ments au plus tôt, écrivait le 11 juin Louis XV
au maréchal de Noailles ; car le beau temps le
demande à cor et à cri, et, quoiqu'il fasse très
beau et très bon ici, je suis prêt à partir aussitô'
que ma présence pourra être de la plus petit'
utilité. » — Effectivement, le 16, il arrivait ar.
camp, et, le 25, un courrier apportait à Lille la
nouvelle que la place avait capitulé.

La duchesse entonna alors un véritable chant
de triomphe ; c'est son œuvre, ne pourrait-elle
pas elle-même, sur place, aller en partager
l'honneur ? Qui oserait encore l'insulter après
un tel exploit ? — « Assurément, cher oncle,
écrit-elle, que voilà une nouvelle bien agréable
et qui me fait grand plaisir. Je suis au comble
de la joie : prendre Ypres en neuf jours, savez-
vous bien qu'il n'y a rien de si glorieux ni de si
flatteur pour moi, et que son bisaïeul, tout
grand qu'il était, n'en a jamais fait autant ?
Mais il faudrait que la suite se soutînt sur le
même ton et que cela allât toujours de cet air-là.
Il faut l'espérer, et je m'en flatte, parce que
vous savez qu'assez volontiers je vois tout en
couleur de rose et que je crois que mon étoile.

dont je fais cas (et qui n'est pas mauvaise),
influe sur tout. Elle nous tiendra lieu de bons
généraux et de ministres. *Il* n'a jamais si bien
fait que de se mettre sous sa direction... Madame
de Modène meurt d'envie d'aller voir l'entrée du
roi dans Ypres; elle voulait que je le demanda
(*sic*) au roi; je n'ai rien fait, parce que je ne sais
pas s'il ne vaudrait pas mieux que je n'y alla
pas (*sic*), parce que, comme nous avons dit
ensemble, si vous vous ressouvenez, avant
notre départ, qu'il fallait que je fus (*sic*) reçue
avec distinction ou n'y point aller, et je le
pense... Dites-moi ce que vous en pensez et au
plus vite [1]. »

C'était chanter trop tôt victoire; avant que
cette lettre eût reçu de réponse et pendant que
la duchesse n'attendait qu'un signal pour aller
partager les triomphes de son amant, un événement inattendu venait jeter le trouble et la confusion dans cette campagne, jusque-là si heureu-

[1]. Apostille du roi à une lettre du maréchal de Noailles
du 11 juin 1744. Rousset, t. II, p. 149. — Lettre autographe
de madame de Châteauroux à Richelieu, 27 juin 1744. (Bibliothèque de Rouen.)

sement et si méthodiquement poursuivie, qu'on l'aurait prise pour une parade bien exécutée. Tandis qu'on ne pensait qu'à la soumission de la Flandre, au désappointement de l'Angleterre, aux ridicules terreurs de la Hollande, le prince Charles de Lorraine, à la tête de quatre-vingt mille Autrichiens, trompant la vigilance de ce vieux Coigny, dont Frédéric se méfiait à si juste titre, passait le Rhin entre Mayence et Philippsbourg et s'avançait à grandes marches vers l'Alsace. Ce coup de théâtre changeait tout. Il ne s'agit plus pour le roi de France d'aller recevoir en vainqueur les clefs des cités aisément conquises : c'est l'honneur de sa couronne, c'est l'intégrité de son royaume qu'il lui faut défendre de cette main encore si peu accoutumée à tenir l'épée. On ne lui avait fait connaître de la guerre que les émotions qui donnent du prix à la victoire. Elle lui apparaît tout d'un coup sous son aspect le plus redoutable, celui de la conquête et de l'invasion.

II

« Il faut avouer, disait Frédéric à Valori, dans un de ses derniers entretiens, en lui parlant des princes ecclésiastiques d'Allemagne, que vos prêtres sont d'étranges gens... Mais, si vous voulez que je vous parle à cœur ouvert, il faudrait entrer chez eux d'un autre ton que vous ne faites et vous montrer irrité de leurs mauvais procédés ; car je vous avertis qu'ils ne font que sonner le tocsin contre vous et l'empereur dans toute l'Allemagne. »

Frédéric avait raison de donner aux agents français l'éveil sur les desseins de ces prélats couronnés, dont il avait lui-même plus d'un motif personnel de se méfier. En effet, tandis qu'à Francfort on s'occupait de former une coalition militaire dont la France était l'âme et dont le roi de Prusse devait être le commandant, un travail contraire était poursuivi par l'Autriche avec le même succès, au nom de la foi menacée, auprès des princes ecclésiastiques, et, comme

les plus considérables de ces souverains mitrés
tenaient sous leurs lois les deux rives du cours
inférieur du Rhin, c'était à leur connivence
qu'était dû le passage inopiné du fleuve par le
prince Charles et l'invasion du territoire français
qui en était la suite.

J'ai déjà eu plus d'une fois l'occasion de dé-
crire dans quel état d'alarmes et d'incertitude
avaient vécu, depuis le commencement de la
guerre, à Trèves, à Mayence, à Cologne, les ar-
chevêques électeurs placés entre les puissances
rivales, comme entre l'enclume et le marteau,
et partagés entre la crainte que leur inspirait
leur puissant voisin de France et leur sym-
pathie invétérée pour l'apostolique maison
d'Autriche. Belle-Isle, au jour de son entrée
triomphale, avait profité du premier de ces
sentiments. Marie-Thérèse, depuis nos défaites,
rentrait en pleine jouissance et possession de
l'autre. A leur penchant naturel pour la pieuse
princesse se joignaient, chez ces fidèles serviteurs de l'Église, une méfiance trop bien justifiée contre le prince philosophe qui s'était
emparé sans scrupule d'une province catholique,

et le remords d'avoir indirectement, par leur vote dans l'élection impériale, contribué à son succès. Les victoires inespérées de l'Autriche étaient attribuées par eux à l'intervention de la main divine. « On voit bien que ce n'est point en vain, disait l'électeur de Trèves au résident français, que Dieu est appelé dans l'Écriture le Dieu des armées, et c'est de lui, et non de vos arrangements diplomatiques, que la paix pourra venir. »

Ce n'était pas la moins étrange conséquence de ces scrupules de conscience que de rapprocher ceux qui les éprouvaient de la protestante Angleterre et de leur faire accepter, et même rechercher, les subsides d'un parlement où le papisme était en horreur. Telle était pourtant la complexité de la situation créée par le mélange des intérêts religieux et politiques en Allemagne, que, dès la fin d'avril, plusieurs traités étaient secrètement intervenus entre le cabinet anglais et les princes évêques, en particulier ceux de Cologne et de Mayence, en vertu desquels le concours de leur petit contingent militaire et la libre entrée de leurs États étaient assurés à la ligue austro-anglaise, moyennant le payement de sommes considérables prélevées sur le trésor britannique. Ces arrangements devaient rester ignorés jusqu'au jour où ils pourraient être mis à exécution sans trop de péril pour les personnes ou les possessions des prélats, et la raison d'État mettant, à ce qu'il paraît, leur conscience à l'aise sur le devoir chrétien de la sincérité, aucun d'eux ne faisait difficulté d'opposer aux questions qui pouvaient leur être faites à cet égard les dénégations les plus formelles. — « L'électeur m'a juré hier, écrivait l'agent français à Trèves, qu'il n'avait aucune connaissance du traité survenu entre l'Angleterre et les évêques de Mayence et de Cologne ; il me l'a juré au moment où il venait de recevoir le bon Dieu. » — Le ministre français à Francfort, Blondel, envoyé tout exprès auprès des deux évêques pour vérifier les bruits qui circulaient, n'obtint pas, en réponse à ses interrogations directement posées, des assurances moins positives. « — Est-il vrai, dit-il à l'évêque de Cologne (propre frère, on se le rappelle, de l'empereur), que vous ayez traité avec le roi de la Grande-

Bretagne? — C'est faux, dit l'électeur. — Parlons franchement, dit en souriant Blondel, ne serait-ce pas avec l'électeur de Hanovre? — Pas davantage. » — Mais Blondel dut remarquer que les réponses étaient faites d'une bouche pincée et d'un ton *sec* et *dur* qui ne présageait rien de bon.

A Mayence, mêmes protestations et plus explicites encore de la part du prélat, même méfiance de la part du diplomate. Blondel ayant cru remarquer un mouvement inusité dans la ville, une artillerie plus forte et plus nombreuse que d'ordinaire sur les remparts, des provisions plus abondantes dans les magasins que n'en exigeait l'effectif des troupes épiscopales, en un mot, tous les signes de l'attente et de l'arrivée prochaine d'une force étrangère, exprima à l'archevêque ses soupçons. « — Pour qui me prenez-vous? dit celui-ci; il faudrait que la tête m'eût tourné pour vouloir, dans la faiblesse où je suis, faire le don Quichotte, contre mon devoir envers l'empereur, l'impératrice et mon électorat... Si vous trouvez dans ma ville des magasins autres que ce qui est indispensable

pour la subsistance de ma cour, je vous les
donne. Voilà le vrai sur ma parole de prince,
de prêtre, d'archevêque et d'électeur. Je ne tolé-
rerai le passage du Rhin ni au-dessus, ni au-
dessous de Mayence. » — Ce qui n'empêcha
pas que, le 2 juillet, le prince Charles de Lorraine ne fît jeter un pont à Wassenau, sous le
canon même de la ville, employant à ce travail
des charpentiers et des bateliers du port, sans
que l'évêque, qui prétendait avoir tout ignoré,
essayât aucune résistance. — « Des représentations tant que vous voudrez, dit-il à Blondel,
mais pour des hostilités, je suis votre serviteur [1]. »

L'opération du passage du fleuve, tentée en
même temps par un autre corps autrichien en
amont de Mannheim n'ayant, comme on peut le
voir, rien de tout à fait imprévu et n'ayant pas
duré moins de trois jours à accomplir, rien
n'eût été si aisé, si les précautions eussent été

---

1. *Correspondance de Trèves*, 11 juin, 12 août. — *Corres-*
pondance de Cologne, 10 juin. — *Correspondance de Mayence*,
29 mai, 2 juillet 1744 et *passim*. (Ministère des affaires étrangères.) — Droysen, t. II, p. 287.

bien prises, que de s'y opposer, et de la faire
même tourner au grand dommage de ceux qui
l'entreprenaient. Mais, par une disposition
fâcheuse, Coigny avait confié la garde des points
les plus voisins du Rhin à l'armée impériale
commandée par le général de Charles VII, le
maréchal de Seckendorff, tandis qu'il se réser-
vait à lui-même la défense de l'entrée de
l'Alsace. Seckendorff, pauvre capitaine, assez
mal servi par ses troupes, se laissa prendre au
dépourvu, perdit la tête, et, au lieu de résister
pour garder ses positions jusqu'à l'arrivée de
Coigny, qui lui en envoya l'ordre à plusieurs
reprises, se mit précipitamment en retraite. Les
Autrichiens avancèrent alors sans obstacle par
cette route de Wissembourg et de Woerth, dont
tous les postes nous sont aujourd'hui si douloureusement connus. Coigny, craignant d'être
coupé de l'Alsace, se porta à leur rencontre ;
mais tout ce qu'il put faire, ce fut de se frayer
lui-même la route jusqu'à Haguenau, laissant
derrière lui, sans défense, les gorges des Vosges.
C'était l'entrée de la Lorraine, terre natale et
patrimoine héréditaire des aïeux du prince

Charles, qui, s'y croyant attendu par beaucoup d'amis de sa famille, s'apprêtait à y rentrer en triomphateur. C'était aussi, nous ne le savons que trop, le grand chemin de Paris. Aussi conçoit-on qu'exalté par ce succès inattendu, le prince écrivit à son frère avec une effusion de joie : « Enfin nous voilà donc en Alsace ! » de même qu'il écrivait la veille à l'archiduchesse sa femme : « Quand vous saurez que j'ai passé le Rhin, n'attendez plus de mes nouvelles que de Paris[1] . »

Les courriers qui annonçaient ces désastres, se suivant avec rapidité, arrivèrent à Louis XV au moment où, pendant qu'on achevait sans lui le siège de la ville de Furnes, il faisait une tournée d'inspection militaire dans les ports de la Manche, passant de Boulogne à Calais et à Dunkerque. L'émotion, comme on peut penser, fut grande autour de lui; mais tous les témoignages s'accordent à reconnaître qu'il fut seul à ne pas la ressentir ou du moins à n'en rien

1. D'Arneth, t. II, p. 549. — Les opérations militaires qui suivirent le passage du Rhin sont racontées en détail dans l'*Histoire de mon temps* de Frédéric.

témoigner. Il était clair qu'il fallait, au plus tôt, détacher un corps de l'armée royale pour venir en aide à l'Alsace envahie, et fermer la porte de la Lorraine menacée, ce qui rendait néces- saire de suspendre provisoirement en Flandre toute action offensive ; mais rien n'eût été si simple que de confier ce détachement soit à Saxe, soit à Noailles, tandis que le roi serait resté avec l'autre partie de l'armée pour veiller sur les résultats déjà acquis et attendre les événements. Ce fut, en effet, le plan proposé par Noailles, toujours inquiet de n'exposer à aucun hasard la majesté royale. Mais Louis XV ne voulut pas même entendre parler de cette disposition prudente. Dès qu'un point du terri- toire français était entamé, il déclara hautement que c'était lui et lui seul qui voulait en chasser l'étranger. Dans les grands jours de périls, le corps d'élite qui portait le nom de la maison du roi devait figurer au premier rang et le roi ne laissait à personne l'honneur de le commander. « C'est le roi, écrit le ministre de Prusse, Cham- brier, en apprenant à Frédéric cette généreuse décision, qui a voulu aller sur le Rhin, et, quand il en a parlé au maréchal de Noailles pour la première fois, il lui a dit qu'il n'avait qu'à faire ce qu'il fallait pour exécuter son dessein, mais que son parti était pris. Le maréchal de Noailles en fut d'abord un peu fâché, tant parce que le roi avait pris cette résolution sans le consulter, que pour conserver ici, en y restant, la grande faveur qu'il y a, aussi bien que sa supériorité dans les opérations militaires et pour ne pas se mettre en contrariété de conseils et d'idées avec les maréchaux de Coigny et de Belle-Isle, qui voudront chacun se faire valoir tant qu'ils pourront, principalement le dernier, qui brûle d'impatience de remonter sur sa bête, et qui est le seul qui puisse tenir tête au maréchal de Noailles; aussi ce dernier devient-il jaloux facilement pour peu qu'il s'aperçoive que le premier est consulté[1]. »

Si ces mauvais sentiments traversèrent un instant l'esprit de Noailles, on lui doit la justice de dire qu'il n'en laissa rien percer dans l'action, et qu'ils s'effacèrent rapidement de son âme : car, envoyé sur-le-champ, en avant, à Metz,

1. Chambrier à Frédéric, 23 juillet 1744.

pour préparer l'arrivée du roi, de concert avec
Belle-Isle (qui y commandait), il rendit tout de
suite et avec effusion hommage à l'excellence
des mesures que, dans ces premiers moments
de trouble, son collègue avait déjà prises, pour
courir au plus pressé et arrêter à tout risque
les progrès de l'invasion. « Je dois justice,
écrivait-il, à M. le maréchal de Belle-Isle, et je
serais bien fâché de ne pas la rendre à qui elle
est due : il n'a négligé aucune des dispositions
qu'on pouvait faire... Je n'entrerai point, ajoutait-il pourtant (en se hâtant de reprendre le
ton qui convenait à un commandant supérieur)
dans des détails, qui, pour le moment, peuvent
rouler principalement sur MM. les maréchaux
de Coigny et de Belle-Isle ; car ils en rendent
compte eux-mêmes directement et ce serait fati-
guer Votre Majesté par d'inutiles répétitions.
Mon intention, sire, si Votre Majesté l'approuve,
comme je l'en supplie, est de laisser en général
à leurs soins tous les détails, ce qui ne pourra
que contribuer à entretenir la paix et l'union si
nécessaires au bien de son service et me donner
en même temps plus de liberté et de facilité

pour ne m'occuper que de l'objet général et avoir par là le temps de réfléchir avec plus de naturel[1]. »

Noailles avait d'autant plus de mérite à faire valoir les services de ses rivaux, qu'il trouvait la situation plus mauvaise encore qu'on ne la lui avait dépeinte. Par l'ordre de Belle-Isle, quelques bataillons, confiés au duc d'Harcourt, avaient bien été immédiatement dirigés sur les défilés des Vosges pour en défendre l'entrée et tendre la main au maréchal de Coigny, qui promettait de se maintenir à Haguenau; mais Coigny, après quelques jours d'arrêt, trouvant la situation de Haguenau faible et impossible à défendre, prit le parti de rétrograder encore et de se retirer sous le canon de Strasbourg. Dès lors, les deux corps français étaient séparés, Coigny confiné dans un des coins extrêmes de l'Alsace, tandis que d'Harcourt restait complètement en l'air, à la porte de la Lorraine, avec une force insuffisante pour résister même un jour à une attaque du prince Charles. D'un

1. Le maréchal de Noailles au roi, 29 juillet 1744. — Rousset, t. II, p. 147-148.

moment à l'autre, on s'attendait à voir le prince
apparaître, et ses partisans, dans toutes les cités
de la Lorraine, commençaient à se remuer. La
terreur était telle dans la province que le roi
Stanislas, qui la gouvernait, crut devoir quitter
précipitamment son palais de Lunéville pour
aller chercher lui-même un refuge à Metz, tandis
que la reine sa femme prenait avec la même
hâte le chemin de Versailles en emportant toutes
ses pierreries. L'arrivée de l'armée royale était
donc urgente et il n'y avait pas un instant à
perdre. Noailles ne dissimula pas au roi que, s'il
persistait à venir lui-même, il fallait faire la
campagne en vrai soldat, à grandes marches et
léger de bagages, en laissant derrière lui l'appareil royal. — « Je dois prévenir Votre Majesté,
lui disait-il, sur la nécessité de se débarrasser
des gros équipages, sans quoi il deviendrait
impossible de faire le mouvement que l'objet
militaire exige, indépendamment de la difficulté
de pourvoir aux subsistances dans les pays où
votre armée pourra se porter et qui auront déjà
été foulés par notre armée et par celle du prince
Charles. »

La lettre trouva Louis déjà en route, et, de Reims, il répondait sans s'émouvoir : « J'ai bien de l'impatience d'être à Metz et de conférer avec vous, et avec M. de Belle-Isle, qui sait aussi bien que vous ma façon de penser. Je saurai me passer d'équipage, s'il le faut, l'épaule de mouton du lieutenant d'infanterie me nourrira facilement[1]. » De la même plume, il écrivait à l'empereur : « Monsieur mon frère et cousin, aussitôt que j'ai reçu la nouvelle que l'armée autrichienne avait surpris un passage sur le Rhin, je pris la résolution de m'y rendre en personne et je suis bien aise d'en faire part à Votre Majesté. Quelque espérance que j'eusse de faire de plus grands progrès dans les Pays-Bas, je les sacrifie volontiers à ce que l'intérêt de la cause commune, et en particulier, celui de Votre Majesté, exigent dans les circonstances présentes[2]. »

Il ne fallait pas moins que ce noble langage pour rendre un peu de cœur en Allemagne à

1. Le roi à Noailles, 31 juillet 1744. — Rousset, t. II, p. 174.
2. Le roi à l'empereur, 16 juillet 1744. (*Correspondance de Bavière.* — Ministère des affaires étrangères.)

tous ceux qui, venant de nouveau de lier leur destinée à celle de la France, éprouvaient la cruelle surprise de la voir elle-même tout d'un coup retombée dans l'extrême péril et menacée dans son existence. L'effroi était général : il semblait qu'une fois encore l'aide de Dieu, toujours invoquée par Marie-Thérèse, se déclarât miraculeusement en sa faveur. A Francfort, le pauvre empereur tremblait à la lettre de tous ses membres, croyant à tout moment qu'une escouade autrichienne allait l'enlever dans son palais. Ceux des confédérés de la nouvelle union qui n'avaient pas encore envoyé leur ratification hésitaient à donner leur dernière signature. « Le fanatisme de la maison d'Autriche reprend, écrivait Chavigny, le passage du Rhin menace de tout emporter, et les tièdes et les timides suivent le flot. » — Telle est pourtant, dans une heure critique, la puissance d'une résolution hardie, que l'annonce de l'arrivée du roi suffit à remonter tous les courages : Louis XV, à son tour, apparut aussitôt comme le sauveur envoyé du ciel. — « Voilà qui change totalement les affaires, écrivait Blondel, le bouleversement était en faveur de la reine de Hongrie et immanquable si la résolution eût été différée... Tous les sujets de Sa Majesté partageront la gloire qu'elle s'acquiert par toute l'Europe d'une démarche si grande et si généreuse... » — « Quel spectacle, ajoutait Chavigny, le roi donne à toute l'Allemagne ! Je vous laisse à penser si je me complais dans toute la gloire qui l'environne [1]. »

Mais qu'allait faire et qu'allait penser Frédéric ? C'était la question douteuse et toujours au fond pleine d'angoisse ; car l'attitude mystérieuse qu'il gardait encore, même depuis le traité conclu avec la France, autorisait au fond tous les soupçons. « Si ma chemise savait ce que je veux faire, disait-il à ceux qui l'interrogeaient sur le but de ses préparatifs, je l'arracherais à l'instant de mon corps. » Ce silence, si rigoureusement gardé quand le secret ne paraissait plus nécessaire, n'était-il pas une pré-

---

[1]. Blondel à Laporte du Theil, 26 juillet 1744. (*Correspondance de Mayence.*) — Chavigny à d'Argenson. (*Correspondance de Bavière*, 15 et 24 juillet 1744. — Ministère des affaires étrangères.)

caution prise pour rester jusqu'à la dernière
heure maître de changer ses résolutions? Et,
devant le revirement de la fortune, n'allait-il pas
se retourner lui-même? L'imprévoyance de Coigny ne pouvait-elle pas servir à une défection
nouvelle d'aussi bon prétexte que l'avaient été
autrefois les fautes vraies ou prétendues du
maréchal de Broglie? Au même moment,
d'ailleurs, on apprenait que l'ambassadeur de
Louis XV à Saint-Pétersbourg, La Chétardie,
s'étant fait, par sa fatuité et ses prétentions,
une sotte querelle avec l'impératrice, venait de
recevoir ses passeports, et l'on pouvait craindre
que Frédéric, pour se dispenser d'agir, n'é-
prouvât ou ne feignît la crainte que, s'il prenait en ce moment trop ouvertement parti pour
la France, le déplaisir de la princesse ne s'étendît
jusqu'à lui [1]. On resta quelques jours dans
cette incertitude partagée par Louis XV lui-

---

1. L'incident qui amena le renvoi du marquis de la Chétardie de Saint-Pétersbourg lui étant resté tout personnel et
n'ayant pas eu de suite, je me dispense de le comprendre
dans ce récit. On en trouvera tout le détail dans le piquant
ouvrage de M. Albert Vandal, intitulé : *Louis XV et Élisabeth de Russie.*

même, malgré les flatteries et les caresses
dont les agents prussiens ne cessaient de le
combler. Mais ce fut, à la surprise générale, la
résolution contraire qui fut annoncée. Frédéric
fit savoir que le péril urgent de son allié, loin
de l'arrêter, le décidait à jeter le masque et que,
devançant de quelques semaines l'époque qu'il
avait fixée pour son entrée en campagne, il se
mettait immédiatement en mesure de faire, dès
les premiers jours d'août, son apparition en
Bohême. Tant de générosité était chez lui si
peu coutumière, qu'elle trouva encore, au premier moment, quelques incrédules. « Mon cousin, écrivait Louis XV au cardinal de Tencin,
je ne sais si on vous a mandé quelque chose du
roi de Prusse : nous avons plus lieu d'être
content de lui ; le passage du Rhin l'a déterminé
à entrer en Bohême dès le 15 du mois prochain.
A la fin de ce mois, nous en serons plus
sûr [1]. »

Frédéric dans ses *Mémoires*, a donné plusieurs explications de cette détermination sou-

1. Le roi à Tencin, 26 juillet 1744. (*Correspondance de
Bavière*. — Ministère des affaires étrangères.)

daine, d'abord la plus simple, celle dont il se
fit honneur en la prenant : le désir de venir en
aide à un allié en péril. Mais, comme si ce
dévoûement chevaleresque était le genre de
mérite dont il tenait le moins à se parer aux
yeux de la postérité, il en ajoute tout de suite
une autre. Il eut, dit-il, la crainte que la France,
épouvantée, ne se décidât à accepter les conditions de paix que l'Angleterre, par l'intermédiaire de la Hollande, ne cessait de lui offrir et
qu'alors il ne se trouvât seul en face d'une
armée autrichienne toute prête et victorieuse,
qui ne manquerait pas de se retourner contre
lui et de le relancer en Silésie. La vérité qui
perce dans ses correspondances, c'est que l'entrée du prince Charles en France, loin de contrarier ses desseins, entrait pleinement dans ses
vues et les servait en quelque sorte à souhait :
c'était la principale armée autrichienne qui
s'éloignait de la frontière de Bohême et s'engageait de l'autre côté d'un grand fleuve dont le
passage, toujours dangereux, lui rendait le
retour difficile. Jamais occasion ne fut plus
favorable pour le coup de surprise qu'il médi-

tait. Connaissant le prix du temps, il n'était
pas homme à laisser échapper un instant si
propice pour attendre le complément de
quelques préparatifs qui pouvaient encore lui
manquer. S'il eût hésité, d'ailleurs, à hâter
ses mouvements, la résolution de Louis XV,
cette fois encore, entraînait la sienne. Ce qu'il
avait toujours craint, n'était-ce pas que la
France, se contentant de faire ses propres
affaires dans les Pays-Bas, ne lui laissât porter
à lui seul le poids de la guerre en Allemagne?
Ce qu'il avait toujours réclamé, n'était-ce pas
que le gros de l'armée française fût porté vers la
frontière allemande, de manière à être entraîné
à la franchir à un jour donné pour la suite
des opérations militaires? Mais que cette armée
arrivât là où il la désirait, commandée par le
roi lui-même, c'était un idéal que, dans ses
vœux les plus ambitieux, il n'avait jamais rêvé. Il
obtenait ainsi au centuple le gage qu'il avait toujours demandé de l'énergie et de la fidélité de la
France. Ce n'était pas, en réalité, Frédéric qui
allait à Louis XV, c'était Louis XV qui venait
à Frédéric.

Aussi son parti fut pris sur-le-champ, et, quand Podewils, qui ne s'attendait à rien de pareil, qui ne connaissait pas même le texte du traité français, essaya quelques objections embarrassées, jamais l'infortuné conseiller n'avait été si malmené. « Êtes-vous sûr, disait le timide ministre, de la sincérité de la France et de la fermeté de la Russie? Et si l'un ou l'autre vous manque, Votre Majesté peut *s'embourber* tellement, qu'il pourrait lui en coûter même ses États héréditaires. Pour sauver l'empereur qui se noie, faut-il vous mettre à l'eau vous-même? » Le roi ne lui répondit qu'en lui remettant le projet de manifeste qui devait précéder son entrée en Bohême, et en lui enjoignant de le tenir prêt pour l'impression.

« C'était un de ces cas, dit-il dans l'*Histoire de mon temps*, où il faut savoir se décider, et où le parti le plus dangereux qu'on peut prendre est de n'en prendre aucun [1]. »

Mais, en faisant connaître à Louis XV et au maréchal de Noailles cette résolution décisive,

1. Droysen, t. II, p. 291, 292.

de combien de flatteries adroites à l'adresse du
souverain et du ministre, de combien d'excitations ardentes à une action immédiate et énergique il a soin de l'accompagner : « Je bénis
mille fois le roi mon maître, écrivait-il à
Noailles, de la résolution qu'il a prise de se
mettre à la tête de ses troupes... Plus il mettra
de vigueur et de nerf dans ses opérations, et
plutôt ses alliés seront obligés de chanter la
palinodie. Les Hollandais me reviennent comme
les grenouilles de la fable : ils avaient une bûche
pour roi durant le ministère du cardinal, ils ont
assez importuné les dieux pour qu'il méritent
d'avoir une cigogne... S'il n'avait tenu qu'à moi,
vous auriez pris vingt villes dans cette campagne
et gagné trois batailles. » — Et à Louis XV :
« Monsieur mon frère, Votre Majesté agréera
les félicitations que je lui fais du fond du cœur.
Vous surpasserez dans peu la réputation de
votre aïeul, et l'Europe voit avec étonnement,
et une partie avec beaucoup d'envie, que la
nation française est ce que son roi veut qu'elle
soit... Qu'il est beau de voir l'empressement
avec lequel Votre Majesté vole au secours de

ses peuples, après avoir montré d'un autre
côté combien il est dangereux de l'avoir offensée !
La promptitude de ses mouvements est admirable : elle ordonne, et une armée disparaît de
Flandre pour tomber tout d'un coup sur le
prince Charles. Je n'oserais dire à Votre Majesté
que ses coups d'essai sont des coups de maître ;
mais personne ne m'empêchera de le penser
ainsi. »

Puis, à chaque lettre de félicitation est jointe,
sous forme de note ou de commentaire expli-
catif, un plan de la campagne qu'il faudra
adopter lorsque, les Autrichiens une fois chassés
d'Alsace, il s'agira de les poursuivre en Bavière,
en même temps que les Anglais en Hanovre, où
ils ne sauraient manquer de se retirer aussi.
C'est l'offensive, toujours l'offensive qu'il
faudra prendre : la défensive a jusqu'ici tout
perdu. C'est Condé, c'est Catinat, c'est Luxem-
bourg qu'il faut imiter. L'habile homme de
guerre n'oublie rien, ni le nombre d'hommes
qu'il faudra employer dans chacune de ces expé-
ditions, ni la route qu'on devra suivre. — « Si,
après le départ du prince Charles, vous ne faites

d'abord marcher qu'après lui un corps suffisant
de vos troupes, vous ne ferez que de l'eau
claire, et vous pouvez compter que, si vous
n'envoyez pas vingt ou vingt-cinq mille hommes
dans le pays de Hanovre, toute notre affaire est
au diable. » — Vient ensuite régulièrement un
post-scriptum traitant du général qu'on devra
choisir, et c'est toujours Belle-Isle qui est
indiqué comme celui qui, connaissant le mieux
l'Allemagne, peut le plus sûrement y conduire
une armée. Parfois aussi le penchant irrésistible au sarcasme et à l'ironie reprend le dessus
et l'incorrigible railleur laisse entendre que ses
compliments ne seront tout à fait sincères que
quand ils auront été assez mérités pour faire
oublier les fautes passées : « J'attends les nouvelles (de vos progrès), écrit-il au maréchal de
Noailles, avec impatience, car si l'on compte la
retraite que les Français ont faite depuis deux
ans de Deggendorf jusqu'aux montagnes des
Vosges, elle surpasse tout ce que l'histoire nous
apprend en ce genre, et, si vous allez en avant
de même, vous serez au mois de décembre aux
portes de Belgrade. » Enfin, trouvant que l'écri-

ture était impuissante pour communiquer
l'intensité de son ardeur et la multiplicité de
ses pensées, il se décida à envoyer à Metz son
principal confident militaire, le maréchal de
Schmettau, pour recevoir Louis XV et concerter
avec Noailles et Belle-Isle l'ensemble des
mesures à prendre. Le même jour, il donnait
ordre à son ministre auprès de Marie-Thérèse
de quitter Vienne après avoir annoncé que le
danger que courait l'empereur l'obligeait, en
qualité de membre du corps germanique, à
prendre les armes pour sa défense[1].

Schmettau arriva à Metz la veille du jour où
on attendait le roi, qui y fit son entrée le 4 août
au milieu des acclamations enthousiastes de la
population. Sa marche, qui nous paraîtrait bien
lente aujourd'hui, semblait très rapide, alors
que, pour concentrer et transporter cinquante
mille hommes, les moyens de célérité dont nous
disposons n'existaient pas. On avait doublé la
paye du soldat, qui, de grand cœur, doublait
aussi sa journée de marche. On éprouvait tant

1. *Pol. Corr.*, t. III, p. 179, 209, 220, 226, 230, 233, 215, 240.

de joie, après avoir si longtemps souffert d'obéir
à un mineur en tutelle d'un vieux prêtre, à voir
enfin à sa tête un homme et un guerrier! Le
bruit de l'alliance avec le roi de Prusse s'étant
répandu, le parallèle des deux souverains était
dans toutes les bouches. Tous deux étaient
jeunes, aimés de leur peuple et de leur armée.
Tous deux marchaient à la victoire; si Frédéric
avait sur Louis quelque avance en fait d'exploits
et de renommée, c'était une distance qui serait
bientôt regagnée. La comparaison, pénible
naguère, n'avait plus rien dont l'amour-propre
national dût souffrir.

Ainsi raisonnaient les spectateurs qui voyaient
passer le cortège royal dans cet appareil militaire, si propre à enflammer les imaginations
populaires; mais ceux qui regardaient de plus
près, dont l'œil était plus ouvert ou l'esprit plus
prompt à la critique, faisaient déjà à voix basse
plus d'une remarque et se racontaient à l'oreille
plus d'une anecdote qui tempérait l'enthousiasme. « Les dames suivent-elles? » demandait dès le premier instant le duc de Luynes
dans son *Journal*. Et madame de Mailly, devenue

dévote et presque prude, faisait plus crûment la même question : « Les vivandières en sont-elles? » disait-elle à la vieille maréchale de Noailles. Et, quelques jours après, Luynes, se répondant lui-même : « Les dames, dit-il, suivent le roi ; elles ne marchent pas le même jour; mais elles se trouvent à toutes les stations. » Effectivement, madame de Châteauroux (on le sait déjà dans l'armée, et le peuple va l'apprendre) a voulu être aussi du voyage, et personne n'a eu le courage de l'avertir qu'elle gâtait l'effet des plus généreux conseils en s'y associant trop ouvertement. Elle et sa sœur suivent l'armée à un jour de marche et rejoignent le roi toutes les fois qu'il doit s'arrêter pour prendre quelques heures de repos. A chaque station, un rendez-vous discret est ménagé par les soins du duc de Richelieu. Mais, une fois par malheur, à Laon, Louis XV a été aperçu sortant d'un de ces tête-à-tête mystérieux, et des mauvais plaisants qui l'ont reconnu l'ont salué du cri de « Vive le roi! » Pour fuir cette ovation importune, il a dû se réfugier, au grand dommage de la dignité

royale, dans un jardin voisin par une porte trop
étroite pour y passer à l'aise. A Metz enfin,
après l'arrivée, l'intimité devient tout à fait
apparente; car madame de Châteauroux va
loger en face du palais même occupé par le roi,
dans une maison destinée aux principaux officiers, et que, soi-disant pour les besoins du
service, on a fait communiquer avec la demeure
royale, par une galerie en planches qui traverse
la rue. Les passants, surpris, n'ont pas de
peine à deviner à quel genre de service est destiné ce passage improvisé[1].

Ceux qui, peu de jours après, auraient suivi
à la trace Frédéric entrant en Bohême, ne
l'auraient trouvé ni en quête de ces distractions
déplacées, ni exposé à de si tristes mésaven-
tures ou à de si fâcheux commentaires. Pour
celui-là, une fois que l'heure du combat avait
sonné, la pensée même du plaisir ne traversait
plus son esprit. La différence des deux hommes

---

1. *Mémoires de Luynes*, t. VI, p. 27, 30, 47. — *Journal de
d'Argenson*, t. IV, p. 106. — Madame de Tencin à Richelieu,
20 juillet 1744.

aurait suffi à elle seule pour faire présager la fortune contraire des deux règnes.

III

Il semble qu'à certains moments de l'histoire la Providence prenne plaisir à se jouer de nos calculs les mieux faits et de nos prévisions en apparence les plus assurées. La maladie où la mort, ces ministres muets de ses volontés, qui n'obéissent qu'à elle seule et qui frappent sans avertir, sont, à ces heures critiques, les instruments qu'elle emploie pour faire sentir que son action est souveraine et indépendante de tout concours humain.

Le 4 août 1744, au moment où Louis XV faisait son entrée à Metz, tout paraissait seconder ses espérances; l'annonce que lui apportait l'envoyé du roi de Prusse enlevait, en réalité, tout péril à la résolution généreuse qu'il avait prise de voler au secours de l'Alsace, sans en diminuer en rien le mérite. Dès qu'on était certain que quatre-vingt mille Prussiens allaient, au premier jour, passer la frontière autrichienne, le prince Charles était, par là même, contraint de reculer et d'évacuer l'Alsace sans coup férir. Il ne s'agissait plus que d'arriver à temps sur ses derrières pour changer sa retraite en déroute et précipiter dans le Rhin ses bataillons fugitifs. Une fois cette opération relativement facile accomplie, Louis prenait rang, du premier coup, parmi les souverains qui méritent la reconnaissance de leurs peuples et qui vivent dans la mémoire de la postérité. Ce triomphe était célébré d'avance, le 7 août au soir, dans un splendide souper qui fut offert par le roi à l'officier prussien et où la santé des deux monarques fut saluée à plusieurs reprises par de copieuses rasades. Le lendemain, le roi devait assister à un *Te Deum* chanté en remerciement d'un nouveau succès remporté en Italie par l'armée du prince de Conti, dont un des lieutenants, le bailli de Givry, venait d'enlever, sous les yeux mêmes du roi de Sardaigne, la forteresse importante de Château-Dauphin. Le départ pour l'Alsace devait avoir lieu le jour suivant.

Le matin du 8, le roi se réveilla avec un grand

mal de tête et une grosse fièvre. On attribua
cette indisposition soit à la fatigue d'un voyage
très rapidement poursuivi par une chaleur
excessive et sous un soleil ardent, soit au repas
trop abondant de la veille ; en un mot, à un
brusque changement de régime qui n'était pourtant pas assez complet, puisque les épreuves
nouvelles n'interrompaient pas d'autres genres
d'excès. Il fallut renoncer au *Te Deum* et laisser
partir seul en avant le maréchal de Noailles ;
mais, dans les journées du 10 et du 11, le mal,
au lieu de se dissiper, s'aggrava, et les médecins
durent reconnaître qu'ils étaient en présence
d'une fièvre putride d'un mauvais caractère.

Du moment que le roi avait dû garder le lit,
les duchesses de Châteauroux et de Lauraguais,
introduites par le duc de Richelieu, avaient
voulu veiller seules à son chevet, faisant la
garde avec soin, imposant le silence aux médecins comme aux domestiques, et ne laissant ni
entrer ni sortir personne qui pût répandre au
dehors les alarmes qu'elles commençaient à
ressentir. Mais de tels secrets ne se gardent pas
longtemps, et le mystère même, en cas pareil,

accroît l'inquiétude au lieu de la calmer. On ne tarda pas à murmurer dans l'entourage royal contre une séquestration contraire à toutes les règles de l'étiquette et imposée par une compagnie si suspecte. Les princes du sang présents à l'armée, le duc de Chartres et le comte de Clermont, rappelèrent très haut que, si quelqu'un entrait chez le roi, leur rang les autorisait à y pénétrer avant tous autres ; le duc de Bouillon, grand chambellan, invoqua la prérogative de sa charge, qui lui donnait le droit d'assister à toutes les consultations des médecins. L'évêque de Soissons, grand aumônier, demanda d'un ton moins animé, mais plus grave, si on voulait courir le risque de laisser mourir le roi de France sans le secours de la religion, à l'état de péché public. De leur côté, de jeunes officiers, amis de Richelieu, se riaient de ces prétentions et de ces scrupules, et la querelle devint assez vive pour que, de l'antichambre, le bruit s'entendît dans les appartements intérieurs. Les duchesses et leur confident, avertis de ces rumeurs, essayèrent de faire taire les mauvaises langues en décidant les médecins, Lapeyronie et Chicoy-

neau, à donner une consultation publique. On
leur fit la leçon, et les deux docteurs déclarèrent
que, si l'état du roi donnait lieu à quelques
symptômes alarmants, de nature à effrayer ceux
qui n'en connaissaient pas la cause, à leurs
yeux, ce n'étaient que les effets ordinaires
d'une forte fièvre, et que le véritable danger
consisterait à donner au malade, sur le caractère
de ses souffrances, une inquiétude prématurée.
Richelieu, de son côté, qui avait des prétentions
à se connaître en médecine, affirma qu'il avait
tâté le pouls du roi à plusieurs reprises et qu'il
ne reconnaissait ni l'intensité fébrile ni le trouble
qui pouvaient faire craindre un péril prochain.

Ces avis, trop évidemment concertés d'avance,
ne rassurèrent personne. « Ces messieurs sont-
ils protestants, disaient les âmes pieuses scan-
dalisées, pour attacher si peu de prix à l'accomplissement des prescriptions de l'Église? » Les
princes prirent alors leur parti de forcer la
porte, puisqu'on ne la leur ouvrait pas. Le
comte de Clermont entra le premier, suivi du
duc de Chartres : on dit qu'ils furent obligés de
pousser eux-mêmes du pied le battant de la

porte, en heurtant assez rudement le duc de
Richelieu, qui voulait leur barrer le passage, et
à qui le duc de Chartres demanda avec hauteur
si un valet avait la prétention de faire la loi
aux parents de son maître. L'un et l'autre
s'approchèrent alors du lit du roi, en protestant
qu'ils n'avaient d'autre intention que de lui
rendre leurs hommages et de s'informer de ses
nouvelles. Le roi les reçut de bonne grâce, et
ils se retirèrent.

Mais la glace était rompue, et le cérémonial
ordinaire reprit son cours. L'évêque de Soissons en profita pour avertir le roi qu'il était
temps de mettre sa conscience en règle. « Je
suis trop faible en ce moment, dit le prince ;
mais les médecins promettent de me soulager
dans la journée, et je vous ferai prévenir. »
L'évêque n'insista pas ; seulement, en quittant
la chambre, il avertit qu'il se tenait aux ordres
du roi. Dès qu'il fut sorti, madame de Châteauroux rentra, et, s'approchant du malade royal,
lui parla dans les termes de leur passion accoutumée ; mais le roi, lui prenant la main pour la
baiser : « Ma princesse, lui dit-il (c'est le duc

de Luynes qui met cette expression dans sa
bouche), je crois que je fais mal et qu'il faudra
peut-être nous séparer. » Puis il recommanda
au duc de Richelieu de l'emmener chez lui et de
prendre soin d'elle.

C'était un congé tendrement donné, mais il
n'y avait pas à s'y méprendre. La duchesse, ne
pouvant se résigner, après avoir inutilement
séduit les médecins, essaya de fléchir le confesseur : c'était un jésuite, le père Pérusseau,
assez timide de sa nature et rendu tel, plus
encore, par l'embarras de la position très délicate qu'il avait dû garder dans ces derniers
temps. Croyant sans doute qu'elle trouverait
chez lui quelques-unes de ces facilités de conscience que des calomnies très accréditées prêtaient à la fameuse compagnie, madame de Châteauroux s'efforça d'obtenir qu'il se bornât à lui
interdire l'entrée de la chambre royale, sans la
faire sortir avec éclat du palais et en se contentant de la promesse que tout commerce crimi-
nel cesserait à l'avenir si le roi se rétablissait.
« La proposition, dit Luynes, qui raconte l'entretien sans pourtant affirmer positivement qu'il

ait eu lieu, ne fut point agréée par le père Pérusseau, et cela est aisé à croire. » En tout cas, la conversation ne put être longue; car un grand bruit qui s'éleva l'interrompit : c'était le roi qui venait d'être saisi d'une subite défaillance; il s'était déjà cru mort, et, en proie à la terreur des châtiments célestes, appelait à grands cris les secours de l'Église.

Si le père Pérusseau (ce que je suis très éloigné de penser) eût eu la faiblesse de céder, ou la naïveté d'ajouter foi aux promesses de madame de Châteauroux, il en eût été pour ses frais de crédulité; car ce n'était point assez de recevoir les aveux secrets du roi et les promesses de son repentir : il fallait, par la réception des derniers sacrements, en donner à la conscience publique, si récemment outragée, l'éclatant témoignage; et ce n'était pas le confesseur, mais bien le grand aumônier qui était le ministre désigné de cette solennité. Celui-là ne pouvait être sujet même au soupçon de la moindre complaisance. François de Fitz-James, évêque de Soissons, était un prélat encore jeune, de la plus illustre origine, petit-fils du maréchal de

Berwick, appelé lui-même à la succession d'une duché-pairie et qui, malgré sa qualité d'aîné de famille, avait renoncé dès l'adolescence à l'éclat de son rang pour obéir à l'appel d'une sainte vocation. La pureté de ses mœurs, l'intégrité de son caractère, après avoir édifié son diocèse, défiaient, depuis plusieurs années déjà, la malveillance de la société corrompue au sein de laquelle sa charge de cour l'obligeait de vivre. Ceux que son austérité gênait, ne sachant que lui reprocher, l'accusaient volontiers d'incliner vers le jansénisme, non qu'il eût jamais opposé aucune résistance aux définitions théologiques de Rome ou refusé sa signature à aucun formulaire, mais parce que la sévérité de sa tenue, la rigueur, parfois même l'âpreté de son zèle, lui donnaient un air de famille avec les docteurs de cette secte fameuse. Un tel homme n'avait garde de mettre en oubli cette antique règle de l'Église : à savoir que la reparation en tout genre doit être proportionnée au scandale et que le rang élevé d'un pécheur, en donnant plus d'éclat à ses fautes, l'oblige à en apporter autant dans sa pénitence. Il avait rop souffert, d'ailleurs, du spectacle qu'il avait eu sous les yeux, du mélange qu'il avait dû tolérer entre les pratiques extérieures de la dévotion et l'effronterie du libertinage, pour se prêter plus longtemps à une confusion qui, à cette heure suprême, devenait sacrilège. Il ne voulait pas que les saintes cérémonies de l'Église parussent une comédie jouée en face de la mort et dont acteurs et spectateurs se riraient ensuite également si le danger venait à disparaître. Aussi, quand on vint lui demander de porter au roi la communion en viatique, il déclara nettement qu'il ne se rendrait pas à cette prière si la maîtresse congédiée n'avait d'abord quitté la ville, où sa présence n'était expliquée que par la passion coupable qui l'y avait amenée. L'injonction transmise au pénitent fut obéie sans résistance, et les deux sœurs durent recevoir l'ordre de s'éloigner sur-le-champ de Metz.

Ce fut le comte d'Argenson, ministre de la guerre, qui fut chargé d'aller leur porter ce triste message. Il trouva madame de Châteauroux seule avec Richelieu, dans une attente pleine d'angoisse. Le comte était un de ceux qui s'é-

taient montrés les plus empressés à la courtiser
pendant sa faveur, et elle comptait sur son amitié ; aussi, en entrant, portait-il sur son visage
la trace d'une émotion jouée ou véritable ; il fit
même, racontait plus tard Richelieu, semblant
de se trouver mal ; ce ne fut que d'une voix
entrecoupée et tremblante qu'il put lui dire :
« Le roi vous conseille, madame, de vous en
aller à quatre ou cinq lieues de Metz. » La malheureuse resta consternée. Obéir était nécessaire, mais non facile ; car il n'était pas sans danger de traverser les rangs d'une foule émue qui
remplissait les rues de la ville. L'irritation était
au comble contre les deux femmes qu'on accusait d'avoir compromis la santé du roi par la vie
de débauches qu'elles lui avaient fait mener et
attiré sur lui la colère céleste par les désordres
dont elles l'avaient rendu complice. Richelieu eut
l'heureuse pensée d'aller demander aide à Belle-
Isle, de qui dépendait, en sa qualité de gouverneur, la sécurité de la ville. Le maréchal, en
vrai gentilhomme, n'hésita pas à se mettre, lui
et ses gens, à la disposition des deux proscrites.
Il vint les prendre et les fit monter avec sa

nièce, madame de Bellefonds, dans un carrosse
à ses armes et à sa livrée et dont les stores
furent baissés avec soin; elles passèrent ainsi
sans être reconnues et vinrent se réfugier toutes
tremblantes dans une maison de campagne des
environs. C'était une demeure abandonnée et
en mauvais état, où il n'y avait ni chaises pour
s'asseoir, ni lits pour se coucher. « Tâchez de
nous en envoyer, écrivait par le retour du carrosse la duchesse à Richelieu, car je ne puis
faire passer à ces dames la nuit blanche. Man-
dez-moi aussi des nouvelles du roi. Mais, au
nom de Dieu, qu'on ne le tue pas, maintenant
qu'il a fait ce qu'on voulait; que la tête ne
tourne pas aux gens qui ont sa vie entre leurs
mains. Ne vous affectez pas, je vous prie, de ce
qui m'arrive. Pourvu que le roi vive, c'est tout
ce qu'il me faut. J'espère que mes amies con-
serveront de l'amitié pour moi [1]. »

Ce n'était pourtant pas encore assez pour satisfaire les scrupules de l'austérité du prélat; cette
station si voisine de la ville, et qui semblait

---

1. La duchesse de Châteauroux à Richelieu, 13 août 1744.
Lettre communiquée par M. de Boislisle.)

attendre ou permettre un prompt retour, ne lui
parut pas rassurante. Dans l'ordre des rites
sacrés, le viatique devait être suivi de l'extrême-
onction, mais on remit la seconde cérémonie
au lendemain, la première ayant fait éprouver
au malade trop de fatigue : quand il s'agit de
donner ce dernier témoignage de la réconciliation du pécheur avec l'Église, l'évêque refusa
encore d'y procéder avant d'être assuré que les
dames fugitives s'étaient remises en route pour
une destination plus éloignée. Cette fois encore,
nulle résistance ne pouvait lui être opposée.
« Où voulez-vous donc qu'elles aillent? deman-
da-t-on au roi. — A Paris, ou bien où elles
voudront, répondit-il, pourvu que ce soit loin. »
Il reçut alors l'extrême-onction devant une
affluence de ministres, d'officiers et de courtisans aussi nombreux, dit une relation écrite du
temps, qu'un parterre d'opéra à une première
représentation. L'office terminé, l'évêque se
retourna vers l'assistance : « Messieurs, dit-il,
le roi me charge de vous déclarer qu'il se repent
du scandale et du mauvais exemple qu'il a
donnés. » Puis, faisant allusion à un bruit qui

circulait et à une nomination qu'on disait déjà
faite, il ajouta : « Le roi déclare qu'il n'a point
l'intention d'appeler madame de Châteauroux à
la surintendance de la maison de la dauphine.
— Ni de faire sa sœur dame d'atours, » dit
alors le roi d'une voix faible, mais entendue de
tous les assistants; supplément de contrition
assez inutile, prêtant à d'étranges interprétations
et que l'évêque se défendit tout de suite d'avoir
provoqué. Richelieu a raconté, depuis lors, qu'à
ce moment une sévérité allait être réclamée
contre lui-même, désigné comme l'instigateur
des désordres du roi, et que, averti de ce qui le
menaçait, il s'était placé d'avance en face du
prélat, afin de lui répondre tout haut et de relever le défi. Un tel scandale n'eut pas lieu : la
réparation obtenue fut sans doute trouvée suffi-
sante, au moins pour l'édification de la cour.
Mais, pour que le peuple entier pût s'associer à
la pénitence publique du souverain, la galerie
de planches, objet de si fâcheux commentaires,
fut démolie dans la soirée et on n'en laissa aucun
vestige. La justice divine parut alors satisfaite,
et un temps d'arrêt s'étant manifesté dans les

progrès jusque-là constants du mal, on commença à espérer qu'elle pourrait se laisser fléchir [1].

Les deux duchesses s'éloignaient cependant
rapidement de Metz, précédées d'un courrier de
cabinet que le comte d'Argenson avait préposé
à leur garde, en apparence pour faciliter leur
voyage, en réalité pour s'assurer que rien ne
viendrait entraver l'ordre royal. Ce n'est pas
l'histoire, c'est le roman ou le drame qui pourrait
peindre d'assez sombres couleurs l'état de rage
et de désespoir où était plongée l'orgueilleuse
favorite, emportée ainsi, avec une hâte ignomi-
nieuse, loin de l'amant qui la couronnait la
veille, dont elle s'était crue chérie, et qui la
laissait chasser sans un regret, sans un regard,
sans un mot de compassion. Jamais voyage ne
fut plus affreux. Partout où le carrosse devait
s'arrêter, la populace s'ameutait, d'insolents

---

1. *Mémoires du duc de Luynes*, t. VI, p. 39-44-61-62. —
Fragments des *Mémoires de la duchesse de Brancas*. —
Manuscrit communiqué par M. de Boislisle. Ici se rencontre
une de ces contradictions entre les témoins les mieux
informés que j'ai déjà signalées. Tandis que madame de
Brancas accuse les médecins de Louis XV d'avoir dissimulé

railleurs venaient passer la tête aux portières.
C'était un concert de sales invectives et de
grossiers jurons. A l'entrée même de certaines
villes, il fallait descendre, faire à pied de longs
circuits pour éviter des rues ou des places qu'on
n'aurait pu traverser en sécurité. La nature
ardente de madame de Châteauroux ne fléchis-
sait pas sans combat sous le poids de cette
horrible situation. Par moments, elle voulait
résister, s'arrêter, attendre un souvenir qu'elle
espérait encore, un retour du caprice de la
fortune. Son imagination se monte alors : le roi
se guérira; il l'aime encore, il lui saura gré
d'être restée à portée de son appel; elle sera
vengée, ses persécuteurs seront chassés à leur
tour. Pourvu cependant que la reine, dont on
annonce la venue, ne reprenne pas possession

on mal le plus longtemps possible pour ménager madame
e Châteauroux, le duc de Richelieu, dans la pièce curieuse
ui m'a été confiée, dirige contre ces mêmes médecins une
nputation toute contraire. Il leur prête le dessein d'exa-
érer la gravité du mal pour entrer dans les vues des en-
emis de la duchesse et provoquer son bannissement. Une
iention, insérée par l'avocat Barbier dans son *Journal*,
tteste pourtant que l'opinion de madame la duchesse de
rancas était celle du public contemporain. (Barbier, août
744.)

du cœur de son époux, ou n'amène pas avec elle quelque dame qui puisse arrêter les regards du convalescent !

« Je vous assure, écrit-elle dès la première soirée à Richelieu, que je ne peux pas me mettre en tête qu'il en meure; il est impossible que ce soient ces monstres qui triomphent... Je crois bien que tant que la tête du roi sera faible, il sera dans la grande dévotion; mais, dès qu'il sera un peu remis, je parie que je lui trotterai furieusement dans la tête, et qu'à la fin, il ne pourra pas résister et qu'il parlera de moi, et que tout doucement il demandera à Lebel ou à Bachelier (les valets de chambre) ce que je suis devenue. Comme ils sont pour moi, mon affaire sera bonne; je ne vois pas du tout en noir pour la suite, si le roi en revient, et, en vérité, je le crois. Je ne vais plus à Paris; après mûre réflexion, je reste à Sainte-Menehould avec ma sœur... Il est inutile de le dire, parce que, avant qu'on le sache, il se passera au moins deux ou trois jours, et puis je puis être tombée malade en chemin, ce qui est assurément fort vraisemblable. Mais remarquez que, d'ici à ce temps, la

chose sera décidée en bien ou en mal; si c'est
en bien, on n'osera rien dire, et, comme le roi
ne m'a pas fait spécifier l'endroit et qu'il a dit
à Paris, ou bien où elle voudra, pourvu que ce
soit loin, il est plus honnête pour lui, s'il en
revient, que j'aie cru que vingt lieues étaient
au bout du monde et que je me sois retirée dans
un lieu où je ne puis avoir nulle sorte de
nouvelles ni de consolations, et uniquement
livrée à ma douleur; et puis, dans la convales-
cence, quarante lieues de plus ou de moins ne
laisseront pas que d'y faire, non pas pour me
revoir, car je n'y compte pas de sitôt, mais
pour me faire dire quelque chose... S'il en
meurt, je resterai à Paris avec mes amis; mais
je vous assure que je regretterai le roi toute
ma vie, car je l'aimais à la folie et beaucoup
plus que je ne le faisais paraître... S'il en meurt,
je ne suis pas pour faire des bassesses, dût-il
m'en revenir le royaume de France. Jusqu'à
présent, je me suis conduit (*sic*) tel qu'il me
convient, avec dignité; je me soutiendrai
toujours dans le même goût, c'est le seul
moyen de me faire respecter, de faire revenir

le public pour moi et de conserver la considération que je crois que je mérite. J'oublie
de vous dire, sur ce que le Soissons se défend
d'avoir parlé au roi de madame de Lauraguais,
que je le croirais assez, et que j'ai pensé, dès le
premier moment, que cela venait du roi, par
bonté pour moi et pour que nous ne fussions
pas séparées, et pour que ma sœur fût ma consolation ; mais il ne faut pas le dire, parce que
cela justifierait le Soissons, et qu'en vérité je
ne suis pas payée pour cela... Je suis persuadée qu'il recevra la reine tout au mieux et
qu'il lui fera cent mille amitiés parce qu'il se
croit des torts avec elle et obligé de les réparer.
*Vous me manderez quelles sont les dames qu'elle
a amenées...* S'il en revient, cher oncle, que ce
sera joli ! Vous verrez : je suis persuadée que
ceci est une grâce du ciel et que les méchants
périront. Si nous nous tirons de cela, vous con-
viendrez que notre étoile nous conduira bien
loin. »

Mais, le lendemain, arrivée au lieu où elle
annonçait le dessein de rester et d'attendre,
comme rien ne vient, elle sent bien qu'il faut

obéir. « Ne soyez pas effrayé, écrit-elle, de ma
proposition de rester ici : ma lettre n'était pas
partie, que je fis réflexion que cela serait ridicule, et nous partirons demain sans faute ; mais
c'est assez simple que ma tête se trouve égarée
par-ci par-là. Soyez tranquille, je vous promets
que je vais tout de suite à Paris... Je vous
donne ma parole d'honneur que je ne paresse
plus... Tout ceci est bien terrible et me donne
un furieux dégoût pour le pays que j'ai habité
bien malgré moi, et, bien loin de désirer d'y
retourner un jour, je ne pourrai pas m'y
résoudre. Tout ce que je voudrais par la suite,
c'est qu'on réparât l'affront qu'on m'a faite (*sic*)
et n'être pas déshonorée. Voilà, je vous assure, mon unique ambition. Bonsoir, je ne
peux pas vous en dire *davante*, étant mourante. »

Puis elle reprend la plume. Ne dit-on pas
que sa sœur de Flavacourt accompagne la
reine ? « Elle mériterait bien que M. de Soissons
lui donne une petite marque de sa bonté ; je
n'en désespère pas, ou elle viendra peut-être
du roi, cela serait assez plaisant. Ah ! mon

Dieu, qu'est-ce que tout ceci? Je vous donne
ma parole que voilà qui est fini pour moi. Il
faudrait être une grande folle pour avoir envie
de s'y embarquer et vous savez combien peu
j'étais flattée et éblouie de toutes les gran-
deurs, et que, si je m'en étais crue, je n'en
serais pas là. Il faut prendre son parti et n'y
plus songer. Tâchez de remettre du calme
dans votre esprit et de ne pas tomber malade [1]. »

A Bar-le-Duc, cependant, il fallut bien, bon
gré, mal gré, faire halte, sans quoi on risquait
de croiser un autre cortège qui arrivait en sens
contraire, plus rapidement peut-être encore, et
soulevant sur son passage des émotions bien
différentes. C'était la reine qui accourait, incer-
taine si elle arriverait à temps pour recevoir le
dernier soupir de son époux. A quelque distance,
derrière elle, suivait le dauphin avec le duc de
Châtillon, son gouverneur, puis les princesses
filles du roi, avec leurs dames. Le courrier des
duchesses avait reçu de M. d'Argenson l'in-

---

1. Lettre de madame de Châteauroux à Richelieu. —Bibliothèque de Rouen.

struction formelle de faire tous les détours
nécessaires pour éviter une si fâcheuse rencontre. Mais la difficulté de desservir sur une
même route tant d'équipages à la fois, faisant
changer à tout moment les itinéraires, un hasard
et un malentendu amenèrent précisément ce
qu'on voulait fuir : la souveraine et la favorite
furent sur le point de se trouver en face l'une
de l'autre sur une place publique, et Dieu sait
quel tumulte en serait résulté! Heureusement
la duchesse, prévenue, eut le temps de se réfugier et de se renfermer dans une maison écartée
de la ville, d'où elle pouvait entendre des acclamations qui ne ressemblaient pas à celles **dont**
ses oreilles étaient tristement assourdies.

Du jour, en effet, où la nouvelle du péril du
roi avait été apportée à Versailles, la reine
n'avait eu qu'un vœu et qu'une pensée, c'était
de voler auprès de lui. Mais telle était la règle
impérieuse à laquelle, comme toute autre, elle
obéissait, telle peut-être aussi sa crainte de
n'être pas bienvenue même auprès d'un lit de
mort, qu'elle n'avait pas osé bouger avant d'en
avoir demandé par un courrier exprès à Metz

l'autorisation formelle. La permission ne lui fut
accordée que le jour où le roi fit l'aveu complet
de ses fautes et comme un complément de son
repentir.

L'ordre de départ fut aussitôt donné ;
mais nulle hâte n'était possible avec les interminables formalités de l'étiquette de cour, et
plus de vingt-quatre heures durent être encore
employées à mettre d'accord l'ordre régulier du
service avec les convenances particulières aux
dames qui devaient accompagner la reine.
Madame de Flavacourt, entre autres, appelée
par tour à cet honneur, réclamait son droit,
et il fallut un peu d'art pour l'y faire renoncer.
Puis le voyage rapide n'étant pas dans les habitudes royales, d'autres délais furent nécessaires pour mettre en état de courir la poste de
vieilles berlines qui, depuis longtemps, ne servaient plus. Bref, ce ne fut que le 17 août, après
la messe, que la reine put se mettre en route,
avec tant de voitures de suite, qu'il fallait lui
préparer quatre-vingts chevaux de poste à
chaque relais.

L'annonce de son départ rendait publique et

certaine, à Paris, la nouvelle qui ne circulait jusque-là que mystérieusement et à l'état de rumeur douteuse. Tous les témoignages contemporains sont unanimes pour attester que ce fut comme une commotion électrique qui se communiqua d'un bout de la cité, et presque de la France, à l'autre ; on vit alors combien le sentiment du dévouement monarchique, bien que déjà affaibli, était vivant encore dans le cœur des Français et toujours prêt à se ranimer dès que le souverain ne faisait pas lui-même tout ce qu'il fallait pour l'éteindre. Le coup qui menaçait Louis l'atteignait à l'heure où, après une longue attente, il n'avait encore fait que promettre à ses peuples de se montrer digne de leur affection. La nation entière apprit pourtant avec désespoir que cette espérance pouvait lui être enlevée, et la pleura d'avance, comme si elle eût déjà été réalisée. Frappé au moment où il allait combattre pour la délivrance du sol national, on le regardait déjà comme une victime de la cause qu'il n'avait pas eu le temps de servir. « On s'écriait, dit Voltaire : « Il périt » pour avoir voulu nous défendre ! » Ce fut une

a.arme, un désespoir universels. La foule,
groupée autour des bureaux de poste à l'heure
de l'arrivée des courriers, s'arrachait les lettres qui apportaient des nouvelles. L'émotion
fut portée au comble lorsqu'on apprit la rupture
du lien scandaleux qui était le seul grief qu'on
eût encore à reprocher à l'auguste malade. A
distance, on ne pouvait savoir ce que de tristes
détails laissaient déjà soupçonner aux témoins
plus rapprochés, et ce que la suite ne devait
que trop faire voir; c'est que ce repentir, plutôt
imposé qu'éprouvé, venait d'une pusillanimité
servile, non d'un sérieux réveil de conscience.
On y vit un acte de générosité chrétienne qu'on
célébra dans les églises, où les fidèles accou-
raient, à toute heure, pour demander grâce à
la Providence. Ce sentiment était tellement
général, tellement répandu dans toutes les
classes, que ce fut un poète populaire, Vadé,
auteur de chansons grossières, qui imagina de
joindre, ce jour-là, au nom de Louis l'épithète d
Bien-Aimé: surnom qui devait lui rester tout
sa vie, alors même que la différence du mot e
de la réalité en fit une étrange dérision.

Le passage rapide de la reine dans les mêmes lieux, au milieu des mêmes populations que venait de traverser la courtisane, fut une véritable ovation. Partout où elle s'arrêtait, on se précipitait pour baiser la trace de ses pas, ou se jeter sur sa main pour l'inonder de larmes : on eût dit le triomphe de la vertu, et la morale outragée rentrant dans ses droits. Insensible à ces hommages, uniquement préoccupée de l'accueil qui l'attendait, tressaillant toutes les fois qu'un courrier envoyé ou un voyageur parti de Metz pouvait lui apporter quelques nouvelles, la reine se donnait à peine le temps de respirer et fit route quarante-huit heures de suite sans s'arrêter. Elle arriva à Metz le 18 août, à minuit, pour apprendre avec autant de joie que de surprise qu'une amélioration inattendue s'était manifestée dans l'état du roi.

Que ce fût l'effet d'une dose inaccoutumée d'émétique administrée par un empirique, nommé Dumoulin, qu'on avait fait venir quand tous les médecins s'étaient déclarés découragés, ou simplement une de ces réactions que la nature opère souvent à elle seule dans les maladies inflammatoires, il est certain qu'au moment où on n'attendait plus que le dernier soupir et où le moindre bruit entendu dans la chambre du malade semblait être l'annonce de la fin, le mal se relâcha subitement, la fièvre tomba et la connaissance, un instant égarée, revint.

Quelques heures de sommeil apportèrent un véritable soulagement et c'est en sortant de ce repos salutaire que Louis apprit l'arrivée de la reine. Malgré l'heure avancée de la nuit, il témoigna à l'instant le désir de la voir. « La reine entra seule, dit Luynes ; le roi l'embrassa et lui demanda pardon des chagrins et des peines qu'il lui avait causés. » Le lendemain, faisant venir toutes les dames de la reine, il renouvela en leur présence le même aveu, s'excusant, en particulier, auprès de madame de Luynes de l'avoir fait souvent souffrir, sans doute en lui imposant une compagnie qui répugnait à sa vertu. Les jours suivants, l'amélioration se soutint et, avant la fin de la semaine, la guérison paraissait certaine.

La reine avait peine à croire à son bonheur.

Voir son époux repentant et rétabli, réconcilié avec Dieu, et rendu à la fois à la vie et à sa tendresse, c'était plus que, pendant ses heures d'angoisses, elle n'avait osé demander dans ses prières. Aussi ne pouvait-elle contenir son ravissement. « Je n'ai rien de plus pressé que de vous dire que je suis la plus heureuse des créatures, écrivait-elle à l'ennemi de sa rivale, Maurepas, le seul ministre qui n'eût pas fléchi devant l'idole. Le roi se porte mieux. Dumoulin assure qu'il est presque hors d'affaire : il dit même plus, et je n'ose encore m'en flatter. Il a de la bonté pour moi, je l'aime à la folie. Dieu veuille avoir pitié de nous et nous le conserver! Je vous conseille de demander la permission de venir. Adieu, ne doutez pas de mon amitié : j'embrasse madame de Maurepas [1]. »

Elle avait raison d'être heureuse, car elle n'était pas seule à se réjouir, et son bonheur, qui n'avait rien d'égoïste, fut promptement partagé par toute la France. Dès que cette guérison, que sa piété trouvait miraculeuse, se fut

1. Lettre de la reine à Maurepas, tirée des archives de M. de Chabrillan.

confirmée de manière à convaincre les plus incrédules, ce fut dans les rangs de la nation une
explosion de joie qui tenait du délire. Il semblait
que la patrie était sauvée parce que le roi était
conservé. La satisfaction publique se manifesta
sous toutes les formes : *Te Deum*, feux de joie,
illuminations dans toutes les villes, cantates sur
tous les théâtres, hommages de félicitations en
prose et en vers, qu'on faisait passer par cen-
taines sous les yeux du convalescent. On s'abor-
dait partout dans les rues sans se connaître
pour se communiquer l'heureuse nouvelle.

« Paris, dit Voltaire :

..... Ne vit jamais de transports si divers,
Tant de feux d'artifice et tant de mauvais vers ! »

« Qu'ai-je donc fait, disait le roi lui-même
surpris, pour être aimé ainsi? » Et dominé
encore par la sérieuse impression de la mort,
il promettait de reconnaître tant d'affection et
de la mériter même en prenant, dès que ses
forces seraient revenues, le commandement de
l'armée qui devait délivrer la France. « En
attendant, faisait-il dire au maréchal de Noailles,
n'oubliez pas que c'est pendant que Louis XIV

était mourant, que le prince de Condé a gagné la bataille de Rocroi. »

Noble langage et souvenir plein d'à-propos. Malheureusement, on allait se convaincre que Noailles, général sage et que l'expérience avait rendu timide, n'avait ni l'audace juvénile ni le génie de Condé.

IV

La déclaration portée à Vienne par le ministère prussien y avait causé, en même temps qu'un trouble bien naturel, une surprise qui l'était moins ; car les préparatifs, faits depuis six mois déjà, par Frédéric pour mettre son armée sur le pied de guerre étaient si apparents qu'il fallait, en réalité, se fermer les yeux pour ne pas les voir. Mais telle était la confiance de Marie-Thérèse dans son droit et dans sa fortune, et tel aussi son désir de n'interrompre, à aucun prix, son opération agressive contre la France, que, jusqu'au dernier moment, elle n'avait pas voulu croire à la réalité de ces menaces. C'était, pensait-elle, un jeu de Frédéric pour l'intimider et la décider à entrer en relation avec l'empereur en lui restituant la Bavière : « Ne vous inquiétez donc pas tant de la Prusse, écrivait-elle au général Traun, qui commandait l'armée du Rhin avant la venue du prince Charles. C'est sans doute un ennemi dangereux, mais Dieu est avec nous... D'ailleurs, ce qui le regarde n'a rien à faire avec l'armée que vous commandez[1]. » Vainement le prince Charles lui-même, à peine arrivé, avait-il reçu par une voie secrète, mais très sûre, avis de la conclusion du traité d'union de Francfort; cet avertissement, transmis par lui à son frère, ne fut pas écouté : c'était encore Frédéric qui faisait courir ces bruits pour répandre l'alarme. Enfin, la facilité avec laquelle s'était accompli le passage du Rhin acheva de persuader à la reine que tout désormais devait lui réussir : « Que les choses aillent seulement bien sur le Rhin, écrivait son conseiller Bartenstein, et jamais le roi de Prusse, qui suit toujours

1. *Mémoires du duc de Luynes*, t. VI, *l. c.* — Mémoire attribué à Richelieu et communiqué par M. de Boislisle.

la fortune, n'osera se mettre contre nous [1]. »

Ce fut donc un grand mécompte lorsqu'il fallut enfin se convaincre que cette invasion du sol français, si heureusement commencée, mais si témérairement entreprise, bien loin de faire reculer Frédéric et d'intimider ses mauvais desseins, le décidait, au contraire, à faire brusquement un pas en avant et à jeter le masque. Le péril de la situation apparut alors dans toute sa réalité. Tandis qu'une puissante armée prussienne allait se précipiter sur la Bohême, menaçant Prague, peut-être même Vienne, on n'avait en face d'elle, pour lui tenir tête, que le corps d'armée qui occupait la Bavière et qui avait lui-même fort à faire pour garder cette conquête et prévenir un retour offensif de son souverain légitime. La principale armée autrichienne se trouvait engagée à plus de cent lieues de son centre naturel d'action, ayant mis le Rhin entre elle et l'Allemagne et voyant arriver le gros des forces françaises commandées par Louis XV, qui pouvait, par une manœuvre heureuse, soit

1. D'Arneth, t. II, p. 392, 398, 410, 555.

la jeter dans le fleuve, soit lui en interdire l'accès. Le désappointement fut vivement ressenti dans le cabinet et presque même dans tous les rangs de la population de Vienne, et se traduisit, comme c'est assez l'ordinaire chez les esprits faibles, par une explosion de colère et cette attitude de fanfaronnade qui cache mal la terreur. Il n'y avait point d'épithète injurieuse qu'on ne prodiguât à Frédéric : « Voilà bien, écrivait le grand-duc à son frère, l'abominable caractère de ce monstre... Je reconnais l'infamie du roi de Prusse, qui est plus infâme que jamais! Mais nous allons donner de toutes nos forces pour non seulement le chasser de Bohême, mais même de la Silésie et au delà, car je me flatte qu'on le rosse comme il faut, et il le mérite, n'ayant ni foi, ni honneur, ni religion. Ce serait beau d'écraser ce diable-là tout d'un coup et de le mettre hors d'état de le devoir jamais craindre[1]. » Et l'irritation du prince était si bien partagée par la foule, qu'il fallut mettre des gardes à la porte du ministre de Prusse pour

---

1. D'Arneth, t. II, p. 556 557.

éviter que sa vie ne fût compromise dans un tumulte populaire.

Marie-Thérèse seule, quoiqu'en réalité aussi déçue, et peut-être même plus que tout autre (car la faute qui causait le péril lui était particulièrement imputable) ne perdit pas son sang-froid. De gré ou de force, elle dut bien reconnaître enfin que le seul parti à prendre était de rappeler immédiatement le prince Charles, en lui recommandant même assez de diligence pour éviter tout engagement avec l'armée française et ramener la sienne intacte, de l'autre côté du Rhin. Mais, en donnant, de sa propre main, l'ordre qui contenait en réalité l'aveu de son imprudence, elle y joignait une instruction détaillée sur la manière dont cette évacuation devait s'accomplir, pour ne pas laisser absolument sans défense les possessions autrichiennes qui bordaient la rive droite du Rhin et où on pensait que le roi de France porterait son attaque, s'il trouvait ses propres provinces délivrées. C'était elle, en réalité, fait remarquer d'Arneth, qui paraissait seule avoir conservé l'intelligence et le souci des détails militaires. Les mesures

prises, elle résolut de se mettre immédiatement
en route pour Presbourg, où sa venue était déjà
annoncée et où elle se proposait de faire un
nouvel appel au dévouement inépuisable de ses
fidèles Hongrois. Sa présence y était de nouveau
nécessaire, « elle seule (disait un écrivain
anglais du temps) pouvant faire régner l'union
dans cette nation travaillée par tant de divisions;
car elle avait l'art de faire du moindre de ses
sujets un héros dévoué à sa cause » [1].

Le prince Charles, aussitôt l'ordre reçu, se
mit en devoir de l'exécuter. Il abandonna suc-
cessivement ses positions, d'abord Saverne,
puis Haguenau, reculant toujours dès qu'il
pouvait craindre que le maréchal de Noailles,
qui s'avançait, ne vînt à l'atteindre. Sa préoccupation unique était de ne pas engager d'action,
persuadé (dit le procès-verbal du conseil de
guerre qui fut tenu à cette occasion) que de la
conservation de son armée dépendait celle des
États héréditaires de la maison d'Autriche et
qu'une victoire même, accompagnée, comme

---

1. D'Arneth, t. II, p. 416, 421.

elle le serait, de pertes inévitables, pourrait
tout compromettre. Par la même raison,
Noailles devait à tout risque et à tout prix chercher le combat. La célérité de la marche, la
vigueur de l'attaque, n'avaient jamais été plus
nécessaires. Par malheur, les premiers indices
du mouvement de retraite des Autrichiens lui
parvinrent en même temps qu'il recevait de
Metz les bulletins les plus alarmants et presque
désespérés de la maladie du roi. Quelque dou-
loureuse que fût la surprise, un grand citoyen,
un véritable homme de guerre, aurait dominé
son émotion pour ne penser qu'à son devoir.
Noailles n'eut pas cette fermeté d'âme. Toutes
les conséquences publiques et privées de l'événement qui menaçait apparurent à la fois à son
esprit. Le roi mort, qui prenait sa place? Un
enfant gouverné par une mère que personne
n'avait songé à ménager et qui devait en vouloir
aux favoris de la veille de leur complaisance
pour les faiblesses de son époux. La pensée de
cette ruine possible, certaine même, de son
crédit, la crainte de la responsabilité qu'il
encourrait si un échec, dans cette heure cri-

tique, pouvait lui être imputé, le jetèrent dans
une perplexité qui se trahit par la mollesse et
l'incertitude de ses résolutions. Il poursuivit
lentement les Autrichiens, ne s'éloignant qu'à
regret de Metz, d'où une nouvelle décisive
pouvait à tout moment arriver. Quand il
atteignit enfin, le 28 août, l'arrière-garde
ennemie, ce fut seulement à la tombée du jour,
dans un terrain marécageux, où, dès le commencement de l'action, la cavalerie s'embourba,
hommes et chevaux culbutant les uns sur les
autres. De là une confusion générale à laquelle
la nuit seule vint mettre un terme. Noailles se
crut vainqueur, parce que les ennemis avaient
fui devant lui avec une hâte qu'il prenait pour
de la terreur et qui n'était qu'une feinte habile
pour se rapprocher plus rapidement du Rhin,
dont le passage était déjà commencé. L'opération fut continuée et terminée le lendemain,
pendant que les troupes françaises prenaient
une journée de repos. Bref, le 24 au soir,
l'armée autrichienne tout entière était sur la
rive droite du fleuve avec son matériel intact.
Le feu fut mis sur-le-champ aux ponts qui

avaient servi à la traversée pour arrêter une poursuite que Noailles, d'ailleurs, n'essaya pas.

C'était ce même jour, 23 août, que Frédéric entrait en Bohême : il s'y était rendu par la ligne directe, traversant la Saxe malgré la résistance épeurée d'Auguste III, qui protestait contre la violation de son territoire. Mais on lui produisit une réquisition en règle de Charles VII, qui, en sa qualité de chef du saint-empire, exigeait le passage à travers tous les États allemands d'une armée auxiliaire qui venait à son secours. Il fallut se rendre à une invitation appuyée par quatre-vingt mille hommes en armes, et même remercier les Prussiens de ne pas faire plus de dégât sur leur chemin. La Bohême étant à peu près dégarnie de troupes, Frédéric comptait arriver sans résistance jusqu'à Prague, dont il s'apprêtait à faire le siège. On peut juger quels furent sa surprise et son mécontentement quand il apprit que l'armée qu'il croyait paralysée ou anéantie en Alsace était au contraire dégagée, libre de ses mouvements, en pleine marche vers le nord et prête à se trouver d'un jour à l'autre en face de lui!

Toutes ses espérances étaient déçues et tous ses plans renversés du même coup. Au lieu d'un succès facile emporté par surprise, c'était une lutte sérieuse à soutenir. Rien ne l'assurait plus que la France, délivrée de ses propres inquiétudes, ne lui laisserait pas sur les bras (comme il l'avait toujours craint) l'embarras dont elle venait elle-même de se décharger. Naturellement enclin à la méfiance et prompt à avoir l'injure à la bouche, il vit tout de suite une trahison cachée dans ce qui n'était que le résultat fâcheux, mais assez explicable, d'une complication imprévue. Il n'hésita pas à exprimer assez clairement ses soupçons dans une lettre adressée à Louis XV lui-même, bien différente des flatteries dont il le comblait la veille, et où il ne prenait presque pas la peine de lui parler de la part qu'il avait prise à sa maladie et de lui faire compliment sur sa guérison. « Monsieur mon frère, lui disait-il, je viens d'apprendre avec la plus grande surprise du monde le passage du Rhin du prince Charles, heureusement exécuté. Je prie Votre Majesté de se ressouvenir des engagements qu'elle a

pris envers moi et de me décider dans un cas
où je ne sais quel jugement porter de ce qui
arrive. Je la prie de se souvenir de ce que je
lui ai écrit à tant de reprises et de me dire elle-
même ce que j'ai à attendre de la France, ou si
je n'ai rien à attendre du tout. A peine me suis-
je déterminé à tout faire pour la France que je
me vois pris au dépourvu. Tout cela m'est bien
sensible, mais je l'attribue à l'indisposition de
Votre Majesté. » Une épître plus vive encore,
adressée au maréchal Schmettau, servait de
commentaire à celle-ci... « Je ne sais, disait-il,
ce que je dois penser d'un tel procédé du maréchal de Noailles, qui le couvre de honte et de
confusion... Aussi veux-je que vous en fassiez
des plaintes amères au roi de France. » Il l'engageait pourtant en terminant à ne pas trop
aigrir le roi. « Mais, ajoutait-il, je regrette la
disgrâce de madame de Châteauroux [1]. »

Schmettau n'avait garde, on le pense bien,
de tenir secrète et surtout d'atténuer l'expression d'une irritation qui s'exprimait dans de tels

1. Frédéric à Louis XV et à Schmettau, 31 août 1744.
Pol. Corr., t. II, p. 261, 262.

termes. Il jeta tout haut feu et flamme contre le
maréchal de Noailles, en ajoutant ce que son
maître ne voulait pas dire, mais n'était pas fâché
qu'on devinât : c'est que les choses n'auraient
pas pris ce tour fâcheux et suspect si on avait
suivi, dans le choix du général envoyé pour
diriger l'expédition du Rhin, l'avis de ceux qui
connaissaient l'Allemagne. De telles paroles
trouvaient à Metz plus d'un écho pour les redire
et même pour les porter, malgré la distance, au
camp jusqu'aux oreilles du maréchal de Noailles.
Averti du travail fait contre lui, Noailles se jus-
tifia avec une certaine noblesse en s'adressant
d'abord directement au roi de Prusse. Après
avoir établi, avec plus ou moins de vérité ou de
conviction, qu'il n'avait ni perdu un jour, ni
négligé une précaution : « Il n'est pas de la
prudence, Sire, ajoutait-il assez hardiment, de
censurer les manœuvres de la guerre lorsqu'on
est éloigné des lieux où elle se passe... Qu'il
soit permis à un homme qui sert depuis cin-
quante-deux ans, qui doit avoir quelque expérience, et qui s'intéresse véritablement à la
grandeur et à la gloire de Votre Majesté, de la

mettre en garde contre les imaginations de guerre, dans lesquelles on n'a pesé ni les avantages, ni les inconvénients des projets, en se laissant séduire par les apparences du grand et du vaste, sans combiner ni les mesures ni les moyens... Ces imaginations sont bien différentes du vrai génie de guerre qui connaît des principes et des règles, et qui sait que ce n'est qu'avec une extrême circonspection qu'on se garantit des écarts d'un zèle et d'une ardeur inconsidérés. » Il écrivait en même temps au roi pour demander la permission de se rendre auprès de lui en personne, afin de conférer sur la suite à donner à la campagne commencée : en réalité, c'était demander à venir plaider sa cause. « Je serai ravi de vous revoir, monsieur le maréchal, répondit Louis d'une main encore tremblante ; vous me trouverez avec bien de la peine à revenir : il est vrai que c'est des portes de la mort. Ce n'est pas sans regret que j'ai appris l'affaire du Rhin ; mais la volonté de Dieu n'était pas que j'y fusse et je m'y soumets de bon cœur ; car il est bien vrai qu'il est maître en toutes choses, mais un bon maître.

En voilà assez, je crois pour une première fois[1]. »

La lettre du roi semblait respirer à la fois et son ancien attachement pour son conseiller préféré et les nouveaux sentiments de piété dont, depuis sa pénitence, on le disait animé. En réalité, cependant, quand Noailles arriva à Metz, il trouva l'une et l'autre de ces dispositions également en train de se refroidir. A mesure, en effet, que les forces du convalescent revenaient, les spectateurs malins pouvaient remarquer que sa dévotion, d'abord très expansive et ne tarissant pas en expressions de reconnaissance envers Dieu, devenait plus réservée et moins prompte à se manifester au dehors. Par moments même, on voyait passer un nuage sur son front quand un incident rappelait les scènes qui s'étaient passées auprès de son lit de souffrance, comme si la pensée lui venait qu'il avait peut-être poussé la soumission jusqu'à compromettre la dignité royale et pris des engagements dont les passions, qui se rallumaient insensiblement

1. *Mémoires de Noailles*, t. III, p. 380. — Rousset, t. II, p. 181.

avec la santé et la vie, allaient se trouver gênées.
Ses prières étaient moins longues, ses conférences avec le père Pérusseau moins fréquentes,
sa tendresse pour la reine moins démonstrative.
Faut-il ajouter, comme l'affirme dans ses *Mémoires*, avec une indécence malicieuse, la vieille
duchesse de Brancas, que la pauvre reine, toute
heureuse de se croire aimée de nouveau, se
donnait le tort de jouir avec trop peu de discré-
tion de son triomphe, s'en laissait féliciter tout
haut par ses dames, et qu'elle fut même assez
mal inspirée pour essayer d'attester cette reprise
de possession par je ne sais quel air de rajeu-
nissement dans son extérieur et de coquetterie
dans sa toilette qui prêtait un peu à rire? Rien
n'était plus propre assurément à faire naître
dans la mémoire de son époux des regrets et des
comparaisons qui n'étaient pas à son avantage [1].

Quoi qu'il en soit, cette altération insensible
des sentiments du roi était suivie avec une
curiosité railleuse par tous les courtisans; mais

[1]. *Mémoires de Luynes*, t. VI, p. 85. — Fragments des
Mémoires de la duchesse de Brancas.

ceux qui s'appliquaient le plus attentivement à
en discerner les moindres nuances étaient,
comme on peut bien le penser, les ambitieux
qui avaient lié leur fortune à celle de la favorite
et qui avaient pu se croire un moment entraî-
nés dans sa disgrâce. C'étaient : Tencin, accouru
à Metz avec les autres ministres à la nouvelle
de la révolution du palais, et beaucoup moins
soucieux de l'honneur de l'Église que touché
des malheurs de l'amie de sa sœur; Belle-Isle,
compromis par sa générosité de la dernière
heure; Richelieu surtout, qui, ne pouvant se
flatter de faire oublier sa complicité dans toutes
les faiblesses royales, n'avait de ressources que
de spéculer hardiment sur leur retour. Tous
ceux-là voyaient avec un plaisir mal déguisé le
roi retourner, par degrés, à ses instincts naturels. Mais, en face d'eux, un autre groupe formé
des amis de la reine, de Châtillon, gouverneur
du dauphin, de tous les gens pieux, en un mot,
qui avaient applaudi à la fin des scandales, et
de Maurepas (peu digne de leur être associé,
mais qu'un ressentiment personnel enrôlait dans
leurs rangs), était également en éveil, craignant

à tout moment de perdre l'ascendant qu'il venait
à peine de reconquérir.

Noailles, dans la situation critique où le pla-
çait sa mésaventure, avait le malheur de ne
pouvoir compter sur l'appui ni de l'un ni de
l'autre des deux partis qui se tenaient ainsi en
observation. Il avait pris trop de part aux
débuts de la liaison du roi avec madame de Châteauroux, vécu avec elle pendant les premiers
temps de sa faveur dans une trop grande et
trop visible intimité, pour n'être pas vu avec
défiance par ceux qui avaient applaudi à son
départ. Mais l'humeur que, dans les derniers
temps, il lui avait témoignée à elle-même de sa
présence à l'armée ne le recommandait pas non
plus à la bienveillance des amis qui la regret-
taient. Puis on paye toujours tôt ou tard, dans
le monde, surtout à la cour, les avantages dont
on a joui tout seul, surtout quand on les a éta-
lés avec trop peu de ménagements; le revers
de la médaille, c'est qu'au jour de la disgrâce,
on n'est défendu ni regretté par personne. Ce
fut le sort qu'éprouva Noailles; il put lire, le jour
de sa rentrée à Metz, la malveillance dans tous

les regards. « Le déchaînement contre lui est universel, » écrit Luynes dans son Journal; et, effectivement, pendant qu'il traversait les rangs des courtisans pour entrer dans le cabinet du roi, il put entendre murmurer assez haut derrière lui des plaisanteries sur ce qu'il appelait encore sa victoire du 23 août, et ce que toute l'armée avait baptisé du nom de *journée des culbutes*. Tous les yeux étaient ouverts et toutes les oreilles tendues pour apprendre quel accueil il allait recevoir.

La curiosité fut déçue, au moins ce jour-là; car le roi ne laissa rien voir sur son visage. « Voilà le maréchal arrivé depuis hier, écrivait Belle-Isle au comte de Clermont. Il vint chez le roi sur les huit heures. Sa Majesté jouait; le maréchal s'approcha, il mit un genou en terre et lui baisa la main. Le roi dit : « Monsieur le » maréchal, vous voyez un ressuscité. » Cela dit, il ne fut question de rien de part ni d'autre. Le roi fit des questions générales sur les blessés, demanda où était présentement le prince Charles, M. de Noailles s'en alla comme tout le monde, après le jeu. » Il y avait pourtant eu un moment, dans le cours de l'entretien, où les malins avaient cru triompher, car le roi avait demandé assez haut : « Monsieur le maréchal, comment avez-vous fait pour ne pas être culbuté comme MM. tel et tel (qu'il nomma)? » Mais Noailles, sans se troubler, répondit qu'il n'était pas présent là où la confusion avait eu lieu, et profita de la question pour faire connaître la nature de l'accident et les mesures qu'il avait prises afin d'en empêcher les suites. Le roi parut agréer ses explications. « En somme, écrivait Tencin, la réception a été un problème. Est-elle bonne? est-elle mauvaise? Les sentiments sont partagés; ce qu'il en faut conclure, c'est qu'elle n'a pas été brillante [1]. »

Tencin avait raison : les favoris sont comme les amants : ce qu'ils doivent le plus redouter, ce n'est pas l'irritation, c'est l'indifférence, et la froideur polie du roi dut paraître à Noailles le plus alarmant des symptômes; mieux aurait valu cent fois des reproches un peu vifs qui lui auraient permis une justification complète.

1. Rousset, t. I, *Introduction*, p. CL, CLII. — *Mémoires de Luynes*, t. VI, p. 73.

C'est en tête-à-tête, à la vérité, et non dans un cabinet plein de monde qu'une explication de ce genre aurait pu avoir lieu avec utilité. Mais ce fut précisément cette faveur d'un entretien particulier qui fut refusée au maréchal de Noailles. Le roi, alléguant la faiblesse de tête et la difficulté de travail que lui avait laissées sa maladie, s'excusa de ne pouvoir l'entendre sur les faits passés, et, quant aux décisions à prendre, il le renvoya poliment soit au ministre de la guerre, soit au conseil, dont il faisait partie lui-même. Mais ce conseil, où il rencontrait ses rivaux et ses ennemis, comme Tencin et Maurepas, ne tenait plus que des séances courtes et irrégulières, l'état du roi servant encore ici de prétexte pour les abréger ou les renvoyer d'un jour à l'autre. En attendant, tout languissait, toutes les résolutions demeuraient en suspens. Le roi, qui était censé tout conduire, ne dirigeait plus rien, et toute la machine administrative et militaire semblait être, comme lui, atteinte de défaillance.

La situation était pourtant très pressante ; car il fallait décider au plus tôt ce qu'on devrait

faire pour réparer la faute commise, et si, afin
de rejoindre le prince Charles (puisqu'on n'avait
pu l'arrêter), on lancerait l'armée française à
sa suite, au delà du Rhin. Frédéric ne cessait
de demander une résolution prompte et hardie
de cette nature, prétendant, non sans raison,
qu'on la lui avait promise par le traité signé le
5 juin. Schmettau, excité chaque jour par une
lettre nouvelle qui lui enjoignait de *pousser à la
roue*, assiégeait les ministres d'insistances, de
mémoires écrits ou de pressantes allocutions.
« Mais il aurait plutôt, dit Frédéric dans ses
Mémoires, transporté les montagnes que secoué
l'engourdissement de cette nation. » Enfin,
après plusieurs délibérations assez confuses, on
s'arrêta à une demi-mesure ayant pour but
d'éluder plutôt que de remplir les engagements
qu'on avait pris. On confia au comte de Clermont un petit corps de troupes qui dut rejoindre
l'armée de Charles VII et, de concert avec les
Bavarois, s'avancer en Allemagne afin de tendre
la main à Frédéric. Quant au reste [de l'armée
française, on dut bien aussi lui faire passer le
Rhin, mais au-dessus de Strasbourg, pour

envahir ce qu'on appelait l'Autriche antérieure
et mettre le siège devant Fribourg en Brisgau,
chef-lieu de cette province. Schmettau eut
beau représenter que Marie-Thérèse, tenant
beaucoup plus à Prague qu'à Fribourg, ne
détournerait pas un soldat de Bohême pour aller
défendre ses possessions rhénanes, et que cette
diversion prétendue serait sans aucune utilité
pour son maître, il ne put rien obtenir de plus.
On lui avait promis de porter la guerre en Allemagne, on lui tenait parole. Cette exécution
littérale devait lui suffire, et, sans l'écouter
davantage, l'ordre fut envoyé au maréchal de
Coigny de commencer le mouvement des troupes
vers Fribourg et de préparer les opérations du
siège. « Mon gros Valori, écrivait Frédéric en
apprenant ces irrésolutions si pauvrement termi-
nées du ministère français, nous prendrons
Prague ; mais vos Français ne feront que des
sottises. »

Restaient encore plusieurs points, et des plus
importants, à résoudre. D'abord, le roi partirait-
il avec son armée et irait-il encore prendre part
aux travaux de ce siège ? Nouveaux débats sur

ce point, et des plus vifs. Toute la faculté médi-
cale poussait des cris à la seule idée de voir
compromettre, par une nouvelle épreuve, une
santé aussi précieuse, sauvée par miracle et
encore chancelante; naturellement, les amis
de madame de Châteauroux faisaient chorus,
pressés qu'ils étaient de ramener le roi là où il
aurait la facilité et, par là même, la tentation
de se rapprocher d'elle. Richelieu pourtant (il
s'en est du moins vanté par la suite) ne fut point
de ceux qui le conseillèrent dans le sens de la
faiblesse. S'il faut l'en croire, le roi, décidément
fatigué à la fois de l'héroïsme et de la vertu, ne
lui cacha pas son désir de revoir sa maîtresse :
« Avant de la revoir, lui répondit-il, faites ce
qu'elle vous aurait conseillé et ce que Gabrielle
aurait conseillé à Henri IV. » Et ce serait là-
dessus que le roi, reprenant courage, aurait
annoncé son départ pour le lendemain. L'anecdote, bien que rapportée par une amie très intime
du duc, ne mérite qu'une médiocre confiance ; car
elle se ressent trop du ton de vanterie habituelle à
un personnage qui, toute sa vie, a toujours voulu
que tout ce qui se passait, en fait de bien comme

de mal, de vice comme de vertu, fût attribué à son influence. Rien ne prouve, d'ailleurs, que Louis XV, à ce moment, bien qu'intérieurement travaillé de désirs et de regrets, eût pris le parti de se donner un nouveau démenti et fait le calcul d'une rechute préméditée. Ce qu'il y a de certain seulement, c'est que, s'il ne recherchait pas encore les sociétés illicites, il était déjà fatigué des légitimes; car, la reine lui ayant demandé la permission de l'accompagner jusqu'à Strasbourg : « Ce n'est pas la peine, » lui dit-il sèchement; et il lui enjoignit de retourner à Versailles, après avoir fait visite à son père à Lunéville[1].

Le roi partait donc; mais qui allait l'accompagner? qui devait commander sous lui et sous ses ordres, ou plutôt pour lui et en son nom? Serait-ce Belle-Isle, qui pouvait s'y attendre, tant son nom était fréquemment prononcé dans toutes les lettres du roi de Prusse? Serait-ce Noailles, en vertu du droit de sa charge officielle? On apprit bientôt avec surprise que ce ne

1. Fragments des *Mémoires de la duchesse de Brancas.* — *Mémoires de Luynes,* t. VI, p. 82.

serait ni l'un ni l'autre et que Louis, se réservant à lui seul le commandement supérieur, comptait diriger le siège de sa personne, sans autre concours que celui de Coigny. Belle-Isle ne reçut pas la permission de l'accompagner au delà de Strasbourg, et Noailles ayant demandé s'il devait suivre plus loin : « Comme vous voudrez, » lui fut-il répondu, sans qu'un mot fût ajouté à cette invitation si peu pressante. Ainsi se trahissait chez Louis XV cette inconstance de sentiment, cette incohérence d'esprit qui, le rendant tour à tour confiant ou méfiant à l'excès, le portaient tantôt à se décharger complètement du fardeau de commandement, tantôt à le ressaisir avec jalousie, sans avoir jamais la force ni la patience de le porter longtemps lui-même. Tel il devait se montrer jusqu'au jour où, par une étrange combinaison, il réussit à satisfaire à la fois ses penchants contraires, en constituant, d'une part, un ministère public auquel il laissait tout faire et un cabinet occulte dirigé secrètement par lui-même et chargé de surveiller, de contrarier même, à l'occasion, les dépositaires officiels du pouvoir.

En attendant, la campagne, un instant commencée avec tant d'énergie et d'éclat, allait se continuer sous d'assez tristes auspices : la seconde alliance de la France et de la Prusse reprenait tous les caractères de la première. C'était, de nouveau, dans les conseils de la France, la mollesse et l'indécision; de nouveau aussi, chez Frédéric, l'impatience, l'irritation et cette promptitude au soupçon qui semblait faite pour préparer et pour justifier au besoin des représailles : au lendemain de la conclusion du nouveau traité, on eût dit qu'on était encore à la veille de la rupture de l'ancien.

Tel était le triste résultat du temps d'arrêt imprévu qui avait suspendu la marche de Louis XV vers l'Alsace; et c'est ici qu'on peut voir combien, à certains moments de l'histoire (j'en demande pardon aux théories des philosophes), un événement inattendu et insignifiant en lui-même peut changer pour longtemps chez un peuple tout le cours des faits et même des idées. Jamais accident ne fut, à coup sûr, plus impossible à prévoir et ne parut plus promptement réparé que le mal soudain, mais passager, qui menaça, à Metz, les jours du roi; il est pourtant peu d'événements du siècle qui aient eu, en tout genre, des conséquences plus fâcheuses et plus étendues. L'effet le plus immédiat, le plus direct (mais non pas le pire), ce fut d'altérer tout d'un coup les relations personnelles qui venaient de s'établir heureusement entre Louis XV et Frédéric, au moment où ils entraient ensemble en campagne. La veille, ce n'étaient des deux parts que protestations d'amitié et témoignages de confiance et même d'admiration mutuelles. Frédéric surtout ne tarissait pas en louanges enthousiastes sur les qualités qu'il découvrait chez son allié. Sans doute, ce juge perspicace connaissait trop bien les hommes et surtout en pensait trop de mal, pour être aussi réellement séduit qu'il le prétendait par les éclairs de générosité royale dont était traversée l'âme de Louis XV, et les compliments qu'il lui prodiguait sont trop exagérés pour porter le cachet de la sincérité. Mais le seul fait qu'il prenait soin de le ménager, de le flatter même, comme son élève et son émule, au lieu de le harceler des propos

piquants dont il avait criblé la vieillesse de
Fleury, attestait un adoucissement de son
humeur qui, mettant de la souplesse dans le
jeu de tous les ressorts, promettait à la nouvelle alliance de meilleurs jours qu'à la précédente. Tout fut brusquement changé quand on
apprit que, faute de pouvoir être conduits par
leur roi lui-même, les Français avaient manqué
au poste qui leur était assigné pour seconder à
temps l'agression prussienne en Bohême. Ce
fut un crime impardonnable : Louis XV fut perdu
dans l'estime de Frédéric pour s'être donné
le tort de ne pas arriver, à tout risque, fût-il
mourant, au rendez-vous où il devait se rendre
pour lui complaire. Il faut bien penser aussi
que les incidents mêmes de la maladie ne
contribuèrent pas à réhabiliter le malade aux
yeux du prince incrédule. A voir dans quels
termes dédaigneux Frédéric s'exprime dans ses
Mémoires sur ce roi « entouré de prêtres, de
confesseurs et de tout l'attirail que l'église
catholique emploie pour envoyer les mourants
dans l'autre monde, » on peut juger quelle
impression lui laissèrent des scènes qui frois-

saient chez lui les sentiments du philosophe,
au même moment où le général voyait tous ses
plans de campagne et le politique toutes ses com-
binaisons déconcertés. Il n'en fallut pas davantage pour faire déborder de nouveau tous les
flots d'amertume que contenait ce cœur irascible. Tout fut dit dès lors entre les deux princes : ils purent se haïr encore quelque temps,
ou se mépriser en restant unis, mais on vit se
préparer le jour où le dédain railleur de l'un et
l'amour-propre blessé de l'autre feraient éclater
cette lutte ouverte qui a ensanglanté l'Europe
pendant la seconde moitié du xviiie siècle, et
dont l'issue nous a été si funeste.

Mais, si ce changement de dispositions, ou
plutôt ce retour à de vieilles habitudes, fut chez
Frédéric l'effet de la malencontreuse maladie
de Metz, le résultat, plus triste encore chez
Louis XV, fut d'arrêter une transformation de
caractère qui aurait peut-être pu sauver de la
juste réprobation de l'histoire sa mémoire et
son règne. Le mal le surprit au milieu de la
première résolution virile qu'il eût prise depuis
qu'il était en état de penser et d'agir; si la vic-

toire l'en eût récompensé, qui peut dire que
celle-là eût été la seule et dernière? Qu'on se
figure le roi de France rentrant dans sa capitale
après avoir de sa propre main délivré son
royaume de l'invasion et vu fuir l'étranger
devant ses yeux ; quelle n'eût pas été, sur son
passage, l'ivresse de l'enthousiasme populaire!
Qui sait quelle trace une telle journée eût pu
laisser dans l'esprit du fils de tant de rois en
qui les instincts héréditaires d'une grande race
n'étaient pas encore complètement étouffés?
La France eût été fière de son libérateur, qui
eût peut-être tenu à rester digne d'elle. Quand
un homme a mérité une fois sa propre estime
et celle du monde, il lui en coûte d'y renoncer
et il lui est plus aisé de n'en pas déchoir.
Combien de destinées et de renommées ont
dépendu ainsi d'une occasion saisie ou man-
quée! Celle qui s'offrit alors à Louis XV ne se
retrouva plus. Quand il revint à la vie, la gloire
qu'il croyait tenir s'était échappée; sa nature
molle, fatiguée d'un effort inutile, s'affaissa sur
elle-même et ne chercha plus que le plaisir et le
repos.

Et pourtant ce ne fut pas encore là le plus grand mal. La conséquence vraiment déplorable de ces scènes douloureuses, ce fut le parti qu'en sut tirer une secte déjà puissante pour décréditer, aux yeux d'une génération travaillée par le doute, l'Église et la religion, qui avaient été contraintes d'y figurer avec un lugubre éclat.

J'ai dit, à la vérité, et tous les récits le constatent, que le public fut unanime, au premier moment, pour admirer l'humilité de la pénitence du roi et l'austérité courageuse du prélat qui l'assista. Mais telle est la mobilité de l'opinion française, qu'il suffit de quelques jours et de la connaissance plus exacte de quelques détails pour la retourner bientôt en sens contraire. Ce furent d'abord des plaintes timides qui s'élevèrent en faveur de madame de Châteauroux : une femme belle et malheureuse trouve toujours quelque part des cœurs compatissants. Puis le clergé fit la faute de triompher trop bruyamment de la victoire remportée par un prélat sur la conscience d'un roi. Il n'en fallut pas davantage pour inquiéter la susceptibilité

des meilleurs catholiques, très facilement alar-
més, dans l'ancienne France, de tout ce qui
ressemblait à un empiétement de l'autorité
ecclésiastique sur les droits et la dignité de la
royauté. « On regarde, disait dès la fin d'août
le chroniqueur Barbier dans son *Journal*, la
conduite de M. l'évêque de Soissons comme
la plus belle chose du monde ; moi, je la trouve
légère et trop satisfaisante pour l'autorité ecclésiastique sur les princes ; dans un moment critique... Il faut respecter la dignité d'un roi
et le faire mourir avec religion, mais avec dignité et majesté. » Ce sentiment ne tarda pas
à être répandu dans tout le monde parlemen-
taire, avocats et magistrats, défenseurs jaloux
de toutes les prérogatives royales, dont l'avocat
Barbier n'était qu'un écho. On se rappela qu'une
des maximes gallicanes prétendait interdire,
même au souverain pontife, d'excommunier
publiquement les princes, de crainte que la cen-
sure qui pourrait atteindre leurs actes n'entra-
vât l'exercice de leur pouvoir. Un évêque
pouvait-il s'arroger le droit qu'on refusait au
pape lui-même ? C'était le moment, d'ailleurs,

où commençait la fameuse querelle des billets
de confession, exigés par l'autorité épiscopale à
Paris pour accorder la sépulture chrétienne
aux défunts suspects de jansénisme et que
le Parlement se croyait le droit d'interdire.
L'exemple d'une condition imposée à la confession du roi lui-même parut un fâcheux précédent. On rapporte que, quelques curés de
Paris s'étant permis de lire en chaire l'amende
honorable du prince mourant, les gens du roi
s'émurent de tant d'audace et firent savoir à
l'archevêque qu'ils commenceraient des pour-
suites si on n'imposait pas silence à ces sujets
peu respectueux. Les déclamations des philosophes ne tardèrent pas à faire sur ce point,
comme sur tous les autres, écho aux scrupules
des légistes, et il est resté acquis à l'histoire que
l'Église avait profité des angoisses de l'agonie
pour humilier la royauté devant l'arrogante domination du fanatisme.

Dieu me garde, après avoir eu le chagrin de
dépeindre une société et une époque où tant de
consciences fléchissaient sous le débordement
d'une corruption trop générale, de blâmer chez

l'évêque de Soissons cette vertu rigide que
n'avait pu altérer même le contact pernicieux
de la cour! Fitz-James était dans son droit et
dans la dignité de sa profession en proscrivant
une femme coupable dont un cardinal n'avait pas
craint de se faire, sous ses yeux, l'adulateur et le
complice. C'était une réparation qu'il devait à
l'honneur de son caractère sacré. S'il eût eu, d'ailleurs, la faiblesse de traiter un pécheur couronné
autrement que le plus humble des fidèles, combien de réclamations plus légitimes se seraient
élevées contre sa complaisance intéressée! Tou-
tefois, s'il est vrai que l'Église, comme toute
son histoire l'atteste, sans jamais fléchir sur la
rigueur des principes, sait en tempérer l'appli-
cation par égard pour l'état des mœurs, par
prudence ou par charité, on peut se demander
si c'était pour un évêque bien connaître l'esprit
de son temps que de parler tout haut, à un souverain du xviiie siècle, comme Ambroise à
Théodose. Il est permis de penser qu'avec moins
d'éclat et plus de douceur, en donnant une
publicité moins théâtrale aux aveux du roi, en
imposant un châtiment moins cruel à sa maî-

tresse, on aurait évité de mettre aux prises, dans la conscience des peuples, des sentiments qui sont faits pour s'appuyer et non pour se combattre, le respect de la loi religieuse et celui de la dignité royale, l'indignation contre le vice et la pitié pour le malheur.

Mais ce qui a contribué, plus que toute chose, à envelopper l'ensemble des faits dont Metz avait été le théâtre dans un blâme rétrospectif, ce fut la précipitation scandaleuse avec laquelle on vit Louis XV, à peine rendu à la vie, se plonger de nouveau dans les désordres que, de sa bouche mourante, il avait si sévèrement condamnés. C'est ce honteux lendemain qui a jeté son reflet sur la veille. Louis XV, corrigé, rappelé au sérieux de la vie par les avertissements de la mort, métamorphosé, comme Shakspeare nous dépeint Henry V d'Angleterre, ou comme le fut notre Charles VII après Jeanne d'Arc, eût donné un exemple respecté de tous et fait honneur à la grande autorité morale qui aurait su réveiller sa conscience et lui faire souvenir qu'il était roi. Mais, quand on le vit plus humilié de son repentir que de sa faute,

quel est même le chrétien sincère qui put
regarder sans dégoût une dévotion intermit-
tente, née de la peur et disparaissant avec elle,
et l'espoir du salut éternel négocié au rabais par
un ignoble marché de la dernière heure,
toujours résiliable et conditionnel? Rien n'était
moins conforme à ce que l'Église enseigne sur
les conditions de pardon et les effets de la grâce ;
mais rien aussi n'était plus propre à exposer
l'Église elle-même aux plus fâcheuses méprises
et aux comparaisons les moins avantageuses.
La philosophie eut beau jeu à chercher dans son
histoire, pour l'opposer à un tel spectacle,
l'exemple rare (mais qui n'est pas introuvable)
du petit nombre de sages qui ont su s'attacher
au bien durant le cours de leur vie et rester
fermes devant la mort sans être soutenus par
l'attente d'une récompense dans l'immortalité.

On mesurerait donc difficilement le tort que,
dans cette triste journée, comme dans tout le
reste de son existence, Louis XV a fait à la religion, dont il conservait le culte extérieur en
violant tous ses préceptes. Sans doute, c'est
une très fausse manière d'apprécier les doctrines

morales et religieuses que de les juger par les
vices ou les vertus qu'elles inspirent aux puissants de ce monde qui les professent, — car le
pouvoir, à lui seul, est un grand corrupteur, et
aucun principe ne suffit pour donner à toutes
les âmes la force de résister à ses séductions.
Il y a eu peu de chrétiens édifiants et encore
moins de philosophes austères parmi ceux qui
ont porté la couronne. Il faut bien se souvenir,
pourtant, que les exemples partis de haut sont
ceux que la foule voit de plus loin : dans les
temps où les esprits sont partagés entre des idées
qui se combattent, le vulgaire, pour décider
entre elles, jette volontiers les yeux sur ceux
qui, placés en évidence par leur situation élevée,
les représentent avec éclat. Un parallèle grossier
et superficiel, mais par là même à la portée
du plus grand nombre, décide alors, dans un
sens ou dans l'autre, le courant de l'opinion
populaire. Sous ce rapport, dans le grand
conflit qui s'engagea au XVIIIe siècle entre l'incrédulité et la foi, l'Allemagne chrétienne fut
mieux partagée que la France. Car, si Frédéric
prêtait à l'ascendant croissant de l'irréligion

l'appui de la puissance doublée du génie, en face de lui la foi mâle de Marie-Thérèse s'offrait à tous les regards dans une auréole de gloire et de vertu, et nul n'avait à rougir de servir avec elle le Dieu qu'elle invoquait. Mais quel est en France le croyant qui aurait osé lever les yeux sur la royauté très chrétienne personnifiée dans Louis XV?

J'arrête ici, pour le moment du moins, la suite de ce récit, qui ne pourrait être continué sans aborder une phase entièrement nouvelle de l'histoire de cette longue guerre. Une seconde lutte est engagée entre Marie-Thérèse et Frédéric, une seconde alliance conclue entre la France et la Prusse; mais, bien que les parties intéressées dans le conflit soient les mêmes, le rôle des acteurs, dans ce second acte du même drame, va prendre un aspect très dissemblable. Un événement qu'on pouvait déjà prévoir, la mort prématurée de Charles VII, en élevant Marie-Thérèse à la dignité impériale sous le nom du grand-duc son époux, ne doit pas tarder à lui conférer des droits qui n'appartenaient pas à la reine de Hongrie et qui, exercés par sa main vigoureuse, altèrent à son profit tout l'équilibre des forces dans l'empire. Par suite de ce changement, qui n'est pas seulement nominal, la France, détournée du but primitif de ses efforts, puisqu'elle ne peut plus prétendre à disputer la couronne de Charles-Quint à ses descendants, s'éloigne de l'Allemagne pour ne plus chercher la puissance autrichienne qu'en Italie, et l'Angleterre sur mer et dans les Pays-Bas. Le champ du combat s'élargit ainsi et s'étend à toute l'Europe ; en même temps, toutes les positions étant prises et toutes les puissances entrant en guerre à la fois, la parole est surtout aux événements militaires, et les relations diplomatiques perdent de leur intérêt et de leur importance. C'est un tableau bien différent de celui qui a passé sous nos yeux, et, pour le mettre dans tout son jour, d'autres couleurs seraient nécessaires, peut-être la main d'un autre peintre.

FIN DU TOME SECOND

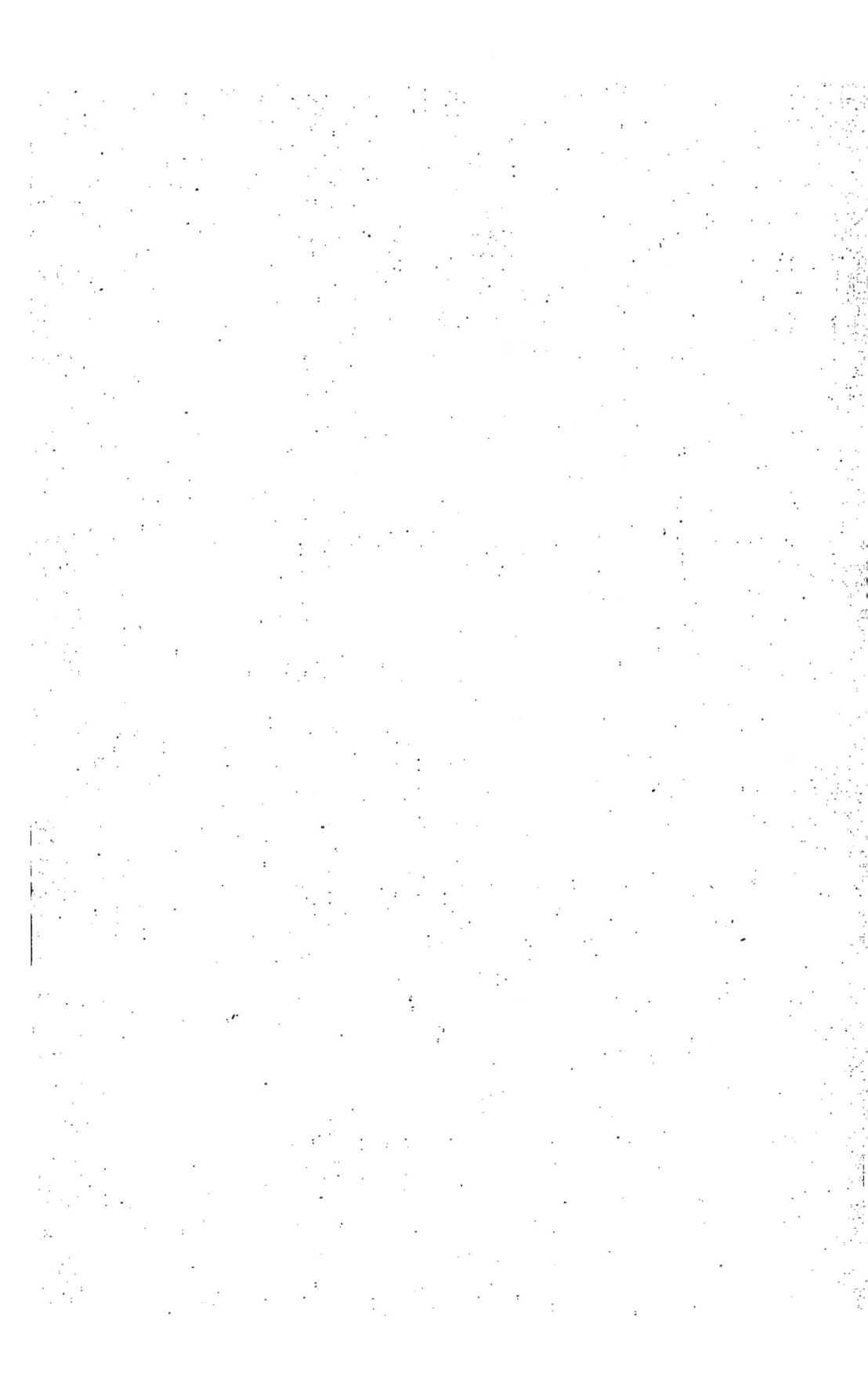

APPENDICE

A

(Voir p. 60 et suiv.)

Correspondance de Voltaire avec Amelot, ministre des affaires étrangères, pendant sa mission auprès du roi de Prusse.

Je ne donne ici que les lettres inédites, datées presque toutes de La Haye.

Celles qui furent écrites de Berlin ont déjà été publiées dans les œuvres de Voltaire, d'après ses minutes. Le texte définitif qui dut être envoyé au ministre n'existe pas ou n'a pu être retrouvé au ministère des affaires étrangères.

MINISTÈRE DES AFFAIRES ÉTRANGÈRES. — *(Correspondance de Hollande.)*

Voltaire à Amelot.

A La Haye, ce 21 juillet 1743.

Monseigneur,

J'envoie un courrier jusqu'à Lille. On m'a donné assez d'argent pour faire de ces dépenses. Ce courrier doit donner mon paquet à ma nièce, femme du commissaire des guerres de cette ville, et le paquet est sous le couvert de M. de Maurepas, afin de donner moins d'ombrage.

J'ai profité de mon séjour à La Haye pour faire des liaisons utiles. Les principales sont avec les ennemis de la France; les autres sont faites avec les ministres publics.

J'en ai tiré, entre autres connaissances, un mémoire secret et détaillé de l'extraordinaire des guerres de cette année et du contingent de chaque province, que j'ai cru devoir envoyer sur-le-champ au secrétaire d'État de la guerre.

Je suis lié assez intimement avec le fameux M. Van Haren; il m'a avoué de quels ressorts il s'est servi pour faire résoudre l'envoi des vingt mille hommes; j'aurai l'honneur de vous en rendre compte lorsque je vous ferai ma cour.

Je sais que M. Van Hoey vous a dépeint M. Van Haren comme un jeune homme qui a plus d'enthousiasme que de raison; mais M. Van Hoey ne l'a jamais vu. Je peux vous assurer (et j'en ai pour garants les ministres les plus expérimentés), que M. Van Haren est un homme d'un esprit très profond et d'un cœur inébranlable. Il aura vraisemblablement un crédit durable. Permettez-moi de vous dire, monseigneur, que je ne puis être de l'avis de M. de Fénelon, qui pense que ce républicain audacieux est partisan du stathoudérat. J'ai eu plus d'une occasion de voir les vrais sentiments que la liberté et la chaleur de la conversation découvrent à la longue. Il me paraît entièrement opposé à la faction du prince d'Orange. Je souhaiterais qu'un homme de ce caractère pût être attaché à la personne de Sa Majesté, et je ne crois pas qu'il soit impossible d'y réussir.

Vous savez que M. Fagel a dit que la République ne poserait les armes que quand la reine de Hongrie serait dans une pleine et entière jouissance de ses droits.

M. Trévor, l'envoyé d'Angleterre, M. de Spork, envoyé titulaire de Hanovre, M. Main, envoyé de Hesse, mais surtout M. de Reisacch m'ont tenu les mêmes discours.

J'ai entendu dire à M. le comte de Nassau qu'on était dans le dessein de n'écouter d'autre accommodement que celui qui pourrait faire un avantage à l'Espagne pour la diviser d'avec la France, et qui laisserait aux alliés le pouvoir de pénétrer en Alsace et en Lorraine.

Je vous instruis fidèlement de ce que j'entends sans être tenté d'y joindre des réflexions inutiles. On me parle familièrement, et, si j'étais dans le camp du roi d'Angleterre, j'ai lieu de croire qu'on ne se déguiserait pas davantage, tant on me croit peu à portée, par mon caractère et par ma situation, de profiter de cette franchise.

Ce bonheur que j'ai de me trouver (je ne sais comment) initié tout d'un coup aux mystères, m'a fait découvrir hier que le roi de Prusse fait emprunter quatre cent mille florins dans Amsterdam. Cette nouvelle est aussi vraie qu'étonnante. Il faut, ou que les trésors soient moins grands qu'on ne le dit, ou que ce monarque veuille emprunter à trois et demi pour cent pour éteindre une dette qui porte cinq pour cent d'intérêt, et gagner ainsi sur cet emprunt. Je ne vois guère une troisième raison, l'emprunt étant très secret; dans l'un et l'autre de ces deux cas, je vous demande, monseigneur, si vous ne jugez pas que ce prince accepterait aisément des subsides en cas de besoin, et s'il ne pourrait pas tenir lieu de ce qu'était autrefois la Suède à l'égard de la France. Je vois ce prince craindre la Russie et l'Autriche,

et n'aimer ni les Anglais, ni les Hollandais. Je suppose
qu'il s'unit étroitement avec Sa Majesté, et vous savez
sans doute que c'est le comble des vœux de son ministre
à La Haye, qui peut tout sur le secrétaire d'État, et
qui est fort aimé de Sa Majesté Prussienne ; ni l'un ni
l'autre ne le font agir, je le sais, mais l'un et l'autre
peuvent assurément le déterminer à ce que lui-même
approuve et désire.

Je suppose donc que cette union peut se faire avec autant de secret que de bonne foi ; je prends alors la liberté
de vous demander si Sa Majesté ferait des difficultés pour
donner des subsides au roi de Prusse, et s'il ne serait
pas très aisé d'ôter aux alliés une partie des subsistances
de l'année prochaine, en les achetant vers le mois de
janvier par avance pour le compte du roi de Prusse,
soit pour Vesel, soit pour Magdebourg, sous cent prétextes plausibles. C'est une idée que je soumets à vos
lumières avec toute la défiance que je dois avoir des
miennes. Mais plus j'y réfléchis, plus il me semble que
le roi de Prusse peut faire beaucoup de mal aux alliés,
et le pis qui en puisse arriver sera de se déclarer à la
fin contre eux. Ce pis serait bien votre mieux.

Vous êtes bien sûr, Monseigneur, que je ne ferai à ce
prince aucune proposition pareille ; mais je vous demande
si vous me permettez de lui laisser entrevoir que la
France pourrait lui donner des subsides. Je parlerai d'une
manière à ne compromettre personne et à ne pas laisser
soupçonner que je sois seulement connu du ministère.

Vous savez les marches de ce monarque ; il ne sera à
Aix-la-Chapelle que le 13 d'août, et, dans ses voyages, il
ne séjournera que deux jours à Berlin. Il m'a fait l'honneur de m'écrire trois fois depuis que je suis à La Haye,
pour me bien recommander de m'établir à sa cour, et

d'oublier pour jamais la France, sur laquelle je vois par toutes ses lettres qu'on lui donne des idées bien funestes qu'il faudrait à tout moment rectifier.

J'attendrai vos ordres, Monseigneur, et je ne précipiterai le moment de voir Sa Majesté Prussienne, qu'en cas qu'elle m'écrive : « Venez me trouver à Berlin, à mon retour de Silésie, et suivez-moi à Aix-la-Chapelle. »

Au reste, si mes liaisons, et le bonheur que j'ai d'être reçu partout avec bonté et sans défiance peuvent être de la moindre utilité, il n'y a rien que je ne sois prêt de faire. Je pourrais même parler avec fruit à milord Stairs, qui a de l'amitié pour moi depuis vingt-cinq ans, et qui m'est venu voir plusieurs fois à Bruxelles. Je vous supplie de croire qu'en tout ceci je suis très loin de chercher à me faire valoir, et que mon unique but est de pouvoir être utile avec obscurité et de vous marquer en secret mon zèle.

Je suis, avec le dévouement le plus respectueux,

        Monseigneur,

        Votre très humble et très obéissant serviteur.

Vous pouvez me donner vos ordres dans le paquet de M. de Fénelon. Je vous entendrai à demi-mot, à moins que vous ne vouliez faire chiffrer.

Amelot à Voltaire.

                      Le 2 août 1743.

J'ai reçu, Monsieur, votre lettre du 21 juillet, qui est venue sous le couvert de M. de Maurepas. Je ne déciderai point sur le plus ou moins de mérite de la personne dont vous me parlez, ni sur ses sentiments par rapport à son pays; mais il a certainement tout ce qu'il faut pour remuer la multitude et pour en exciter le fanatisme; il a prouvé à cet égard de ses talents et de son crédit. Je doute beaucoup qu'un homme de ce caractère puisse jamais être attaché à la bonne cause, ni marcher dans les mêmes voies que ceux qui voudraient qu'on demeurât tranquille, il y perdrait trop personnellement; cependant, si vous croyez qu'on puisse le gagner, indiquez-moi par lesquelles voies vous imaginez qu'on pourrait y parvenir.

A l'égard de l'autre personne dont vous attendez les ordres pour partir, si l'emprunt dont on vous a parlé est véritable, ce n'est sûrement pas par besoin, et je pense que vous en avez deviné la véritable raison. Ainsi, il me paraît peu vraisemblable qu'elle fût tentée de la chose que vous voudriez qu'on lui fît, quoique je ne voie point d'inconvénient qu'en parlant comme de vous-même vous lui laissiez envisager la chose comme possible. Je me flatte que vous êtes bien persuadé de mes sentiments pour vous.

Je crains que cette même personne n'ait été prévenue sur le véritable motif secret de votre départ de ce pays-ci. Je vous en avertis pour que vous preniez plus d'attention à ne pas vous découvrir.

Voltaire à Amelot.

A La Haye, le 6 août 1743, à cinq heures du soir
au départ du courrier.

Monseigneur,

Je reçois la lettre dont vous m'honorez du 2 ce mois L'emprunt dont j'ai eu l'honneur de vous parler est très véritable.

La personne qu'on pourrait gagner serait très sensible à l'espérance de pouvoir être ambassadeur, mais le temps n'est pas convenable.

Dimanche au matin, 4 du mois, on me montra la dépêche de M. Van Hoey du 26, dont vous verrez un article ci-joint.

Le même jour, au soir, arrivèrent des dépêches secrètes du roi de Prusse avec ordre à son ministre de faire des ouvertures et des instances pressantes pour la pacification de l'Allemagne, sans y mêler les affaires d'Espagne et d'Italie. En conséquence, hier lundi, ce ministre eut une conférence secrète avec M. Fagel et le président de semaine ; ni l'un ni l'autre n'ont goûté la proposition à moins que la France ne s'engage à appuyer les desseins de l'Espagne sur l'Italie.

J'ai cru qu'il était de mon devoir et de la bienséance d'en faire part à monsieur l'ambassadeur, quoiqu'on m'ait recommandé le secret.

Vous n'ignorez pas le refus qu'a fait la ville de Nimègue, jointe à la noblesse de ce quartier, de payer les subsides ultérieurs pour la guerre, et la part de la seconde moitié des 1,600,000 florins ci-devant accordés à la reine de Hongrie.

Hier, un des hommes des mieux instruits m'assura que les Anglais font au roi de Prusse les propositions les plus fortes. Il m'a promis de m'en donner copie ; mais je doute de l'exécution de sa promesse.

J'irai à Spa avec le ministre du roi de Prusse qui est mandé par son maître. J'espère vous servir fidèlement et vous rendre toujours un compte véritable quand même on se douterait de mon voyage ; mais j'ai lieu de croire que la personne intéressée ne me soupçonne pas.

J'ai trouvé une occasion fort simple de faire accepter

à M. le comte de Podevils un petit présent comme une marque de ma véritable amitié pour lui. Je fais entourer ce petit présent de diamants et j'y emploie l'argent que vous voulez bien permettre que M. de Fénelon m'avance.

Cette petite galanterie, qui ne tire à aucune conséquence, est du moins un nouveau lien de l'amitié très utile qui subsiste entre ce ministre et moi. Il est infiniment agréable à son maître, et je me flatte de ne pas lui inspirer de mauvais sentiments.

Je vous manderai toujours vivement et simplement ce qui parviendra à ma connaissance. La chose dont j'ai eu l'honneur de vous parler dans mes deux précédentes subsiste toujours. J'attends vos ordres, et je tâcherai de mériter d'en recevoir.

V***.

Voltaire à Amelot.

A la Haye, ce 13 août 1743.

Voici, Monseigneur, une pièce très secrète que j'ai depuis samedi, 10 du mois, jour auquel elle a été présentée. Je ne crois pas que rien puisse mieux faire connaître l'état présent de ce pays.

Je n'ai point eu l'honneur de vous envoyer la route des troupes qui prennent un chemin si long pour arriver si tard, parce que cette pièce était publique.

Le poète Tyrtée est revenu de Frise, où il a fait tout ce qu'il a voulu. Je ne crois pas que les poètes français soient aussi heureux.

Il n'y a rien de changé ni dans le petit service qu'on vous rend secrètement, et dont je vous ai parlé trois fois, ni dans l'emprunt qu'on fait, ni dans le voyage qu'on doit faire.

Je voudrais que vous fussiez content de mon zèle; mais les choses sont à présent dans une situation qui me fait craindre que ce zèle ne soit inutile, et qui me fait prendre la liberté de vous demander quelques instructions qui m'empêchent de faire un faux pas. Je pourrais encore avoir le temps de recevoir vos ordres.

Je suis, avec l'attachement le plus respectueux, etc.

P.-S. — On vous mande sans doute qu'un homme avec qui je dois faire un petit voyage a beaucoup parlé de paix et a offert ses services. Vous voyez, Monseigneur, que c'est la suite des nouvelles que j'ai eu l'honneur de vous mander, et que je ne me suis trop avancé en rien. Je me flatte que vous m'approuvez de chercher à gagner par tous les moyens possibles l'amitié et la confiance de ce ministre.

Le roi de Prusse est toujours fort inquiet des démarches des Russes. La rigueur des Suédois est ici en exécration.

Amelot à Voltaire.

Le 22 août 1743.

Comme il est important, Monsieur, que ce billet vous arrive avant votre départ pour Berlin, je ne m'entretiendrai pas longtemps avec vous aujourd'hui, et je me hâte de vous écrire deux mots pour ne point retarder le courrier que j'envoie à M. de Fénelon. Je veux donc seulement savoir de vous s'il est encore nécessaire que M. de Maurepas écrive la lettre dont on était convenu pour vous rappeler. Comme vous ne devez plus vous donner comme mécontent de la France, que vous aurez même incessamment lieu d'être satisfait par rapport à la tragédie de *César*, qui sera représentée ces jours-ci, et sûrement avant le voyage de Fontainebleau, ne vous semble-t-il pas que cette lettre serait aujourd'hui entièrement déplacée? c'est sur quoi j'attends votre réponse.

Au surplus, vous pouvez être certain qu'on est ici très content de la manière dont vous vous conduisez, et qu'on vous en sait tout le gré que vous méritez. Je charge M. de Fénelon de vous faire part d'une réflexion que j'ai faite, et dont je crois qu'il est très important que vous fassiez usage.

Je suis plus que personne du monde, monsieur, entièrement à vous.

Voltaire à Amelot.

La Haye, 17 août 1744.

Monseigneur,

J'observe que le roi de Prusse n'a été instruit du passage des troupes de la République que par des dépêches datées de La Haye du 30 juillet dernier, ainsi il n'a ni balancé, ni perdu un moment pour agir, ou du moins pour paraître agir en roi.

A l'égard de l'arrêt des munitions de guerre que j'ai été assez heureux pour ménager, la personne qui s'était chargée de cette affaire avait le consentement du roi de Prusse pour mettre empêchement au passage dès les premiers jours de juillet; et cela malgré la permission que les États devaient demander pour le passage de ces munitions,

Ces effets sont assez considérables, et j'aurai l'honneur de vous en adresser le mémoire par le premier ordinaire quand je l'aurai traduit de hollandais en français.

La mésintelligence qui va donc naître de l'arrêt de

ces effets n'est fondée que sur l'intérêt; celle qui va éclore du passage des troupes sera fondée sur le maintien de la dignité de la couronne. Je souhaiterais que ces deux motifs pussent contribuer à déterminer le roi de Prusse vers le grand but où il faudra l'amener.

J'ai peur que son ministre à La Haye, qui aime passionnément ce séjour, par plus d'une raison, ne ménage autant qu'il pourra une réconciliation; je n'attends donc pas une rupture ouverte. Mais je tâcherai de l'engager à ne faire sa déclaration aux états que peu de temps avant son départ; car plus il aura tardé à éclater, et plus tard la réconciliation se fera, et plus longtemps aussi les munitions de guerre seront arrêtées.

Au reste, je partirai pour Berlin avec le ministre, et je prends sur moi de vous répondre qu'il fera l'impossible pour engager le roi, son maître, à s'unir avec Sa Majesté, pour humilier l'Angleterre, et pour lui faire tomber des mains la balance et le sceptre de l'Europe qu'elle se vante de tenir.

Je partirai au plus tard de dimanche prochain en huit. Si vous avez quelques ordres ultérieurs à me donner, daignez me les envoyer à Berlin.

Je suis avec le plus profond respect et le plus sincère attachement,

Monseigneur,

Votre très humble et très obéissant serviteur.

Voltaire à Amelot.

A La Haye, ce 19 août 1743.

Monseigneur,

Hier, le comte de Podevils reçut une lettre particulière du ministre d'État, son oncle, qui le prie de concilier autant qu'il pourra les esprits, et d'assoupir la querelle naissante au sujet du passage des troupes hollandaises sur le territoire du roi, son maître.

L'envoyé de Prusse n'a donc point mis par écrit ses plaintes; mais il a montré au grand pensionnaire et au greffier la lettre du roi, son maître qui demande réparation de l'outrage fait à la dignité de sa couronne.

Cette querelle d'honneur sera, je crois, peu de chose; mais la querelle d'intérêt sera plus sérieuse. Le grand pensionnaire a été confondu quand le comte de Podevils lui a déclaré ce matin qu'il n'aurait point de passeport pour les munitions de guerre.

Il a exigé des états le payement des droits qui sont hors d'usage, et la restitution d'une somme que le roi de Prusse réclame.

Avant que ces difficultés soient portées des états généraux aux villes, et que tout soit dans les formes, le temps de se servir des munitions de guerre en question sera bien avancé.

J'ai l'honneur de vous envoyer l'état de ces munitions. Je pars le 22 ou le 23 au plus tard, et je suis toujours avec le même respect et le même zèle,

Monseigneur,

Votre très humble et très obéissant serviteur.

V.

Voltaire à Amelot.

Route de Magdebourg, à deux heures
après-midi, le 27 août 1743.

Monseigneur,

Je reçois la lettre dont vous m'honorez, accompagnée d'une lettre de M. de la Ville, dans laquelle il me fait part de l'article en question de cette dépêche de l'envoyé Burmania du 20 mai dernier.

Je prends la liberté de vous dire que je crois que, le 20 mai, on trompa l'envoyé Burmania, ou que lui-même trompa les états généraux pour donner alors plus de crédit au parti anglais, ou que je suis fort trompé moi-même.

Je tâcherai de démêler la vérité; mais, quelles que soient toutes les infidélités passées, je ferai mes efforts pour faire sentir à Sa Majesté Prussienne ses intérêts présents. J'ose croire que je serai bien secondé, et que, si on peut servir efficacement le roi, voilà le moment le plus favorable.

Je crois, jusqu'à présent, n'avoir point donné de faux avis. Je ne veux pas non plus donner de fausses espérances; mais je peux répondre que je serai bien instruit de ce qui se passera.

Je ne compte pas pour peu de chose le plaisir de recevoir une lettre de M. le comte de Maurepas. S'il veut seulement me faire l'honneur de me mander avec bonté qu'il faut que je retourne incessamment en France, cette lettre fera un très bon effet, en déterminant le roi de Prusse à ne pas me garder plus longtemps que je ne le croirai nécessaire pour votre service.

Je vous prie d'être persuadé de mon respect et du zèle le plus sincère et le plus vif.

Quelque chose qu'ait mandée le très Autrichien Burmania, et quelque chose qu'on le suppose avoir écrit, je suis bien sûr que les munitions de guerre des Hollandais ne passeront point, et les états étouffent autant qu'ils peuvent la querelle sur le passage des troupes. Ils cachent la hauteur avec laquelle le roi de Prusse s'est expliqué, la crainte qu'ils ont de lui, et la soumission qu'ils lui témoignent.

Voltaire à Amelot [1].

A Bruxelles, le 5 novembre au soir, 1743.

Monseigneur,

Étant tombé malade, aussi bien que mes domestiques, en revenant de La Haye, et ne sachant encore quand je pourrai partir de Bruxelles, je vous dépêche un courrier jusqu'à Lille, pour vous rendre compte de plusieurs particularités dont je n'ai pu encore avoir l'honneur de vous informer.

Je crois d'abord devoir vous dire que, dans mon séjour dans les états du roi de Prusse, Sa Majesté Prussienne avait la bonté de m'écrire quelquefois des billets par lesquels il était évident qu'on lui avait donné de très sinistres impressions, et ces préjugés diminuaient à mesure que ce commerce devenait plus vif.

J'ai devant moi une lettre de ce monarque du 7 septembre, écrite de Postdam à Charlottembourg; elle commence ainsi :

« Vous me dites tant de bien de la France et du roi, qu'il serait à souhaiter qu'il y eût partout d'aussi bons citoyens... un roi digne de cette nation, et qui la gouverne aussi sagement, peut lui rendre aisément son an-

---

1. Cette lettre est tellement semblable sauf certains détails, à celle qui est insérée dans la *Correspondance générale,* sous la date du 27 octobre, qu'il est difficile de croire que l'une ne soit pas l'expédition rectifiée et corrigée dont l'autre, trouvée dans les papiers de Voltaire, n'est qu'une première ébauche.

cienne splendeur. Personne ne peut acquérir plus de
gloire que lui, et nul souverain ne sera assurément
moins jaloux que moi de ses succès... »

Je vis ces dispositions se fortifier de moment en moment. Ce prince ne me parlait plus du roi ni en particulier, ni à ses repas, où règne la plus grande liberté,
qu'avec une estime, j'ose le dire, respectueuse, tandis
qu'il s'expliquait sur les autres avec peu de ménagements, et je saisissais avec bien de l'ardeur toutes les
occasions de l'échauffer en faveur de la France. Mais,
lorsqu'il fut prêt de partir pour la Franconie, on lui
manda que j'étais venu pour épier sa conduite. Il me
parut alors réservé et atterré, et je crois qu'il écrivit à
M. Chambrier quelque chose de ses soupçons.

J'eus encore le malheur qu'on écrivit à M. de Valori
que j'étais chargé d'une négociation secrète à son pré-
judice. Ma bonne foi dissipa tous ces nuages ; je dis au
roi de Prusse lorsqu'il me fit des reproches qu'il était
vrai que j'avais eu l'honneur de vous parler en partant,
et que vous m'aviez recommandé seulement de cultiver
autant qu'il serait en moi la bonne intelligence qui doit
régner entre les deux monarques, simple conseil dont
mon zèle n'avait pas eu besoin.

Je dis à M. de Valori que je ne serais que son secrétaire, et que je ne profiterais de la bonté et de la familiarité du roi de Prusse que pour faire valoir ce ministre. Je tins exactement parole. L'un et l'autre furent
très satisfaits, et le roi de Prusse me mena en Franconie
avec les attentions les plus flatteuses.

Je dois vous informer, Monseigneur, qu'avant ce
voyage, je pris la liberté de conseiller au ministre de
l'empereur d'engager son maître à écrire au roi de
Prusse une lettre touchante. Vous savez que le roi de

Prusse répondit à cette lettre d'une manière dont l'empereur fut très content. Vous savez tout ce qui s'est passé depuis. Je ne cessais de représenter tout ce que vous m'aviez ordonné avec tant de sagesse.

Sa Majesté de Prusse me dit plusieurs fois que je devais avoir une lettre de créance; mais je n'eus garde de la demander; mon seul but et mon seul devoir étaient de mettre M. de Valory en état de réussir, et j'aimais bien mieux parler au roi de Prusse comme attaché à lui, que comme envoyé à sa cour. Il me semble que le service du roi y gagnait davantage.

J'allai le 11 octobre à Postdam, où les ministres ne vont jamais; je trouvai le roi de Prusse irrité contre le roi d'Angleterre, et plus prêt que jamais, me dit-il, à servir puissamment l'empereur, mais encore peu certain sur les moyens. Il me dit enfin que, si les choses tournaient comme il l'espérait, il enverrait au printemps quarante mille hommes soutenir sa médiation, et je remarquerai que, le 10 octobre, un de ses ministres d'État m'avait dit la même chose à Berlin.

Ce monarque voulut qu'à mon retour je passasse par Brunswick. Il me chargea de lettres pour monseigneur le duc, qui me reçut comme un homme attaché au roi son beau-frère. Il fallut rester six jours à Brunswick, où le duc me fit l'honneur de me dire qu'il refusait constamment deux régiments aux Hollandais. Il m'assura que lui et beaucoup de princes n'attendaient que le signal du roi de Prusse, qui tenait le sort de l'empire dans ses mains. Il m'ajouta que le collège des princes était indigné contre l'électeur de Mayence au sujet de ce mémoire de la reine de Hongrie présenté à la dictature sans les avoir consultés.

« Je souhaiterais, dit-il, que le collège des princes pût

s'adresser au roi de Prusse pour soutenir leurs droits, en qualité de roi allié à l'empire. Cette union pourrait en amener bientôt une plus importante. »

Il daigna approuver l'idée où j'étais que, si l'empereur, après le temps où les délais épuisent la patience, signifiait au roi de Prusse qu'il est obligé de se jeter entre les bras de la cour autrichienne, et de concourir lui-même à faire le grand-duc roi des Romains, cette déclaration, arrachée par la nécessité, précipiterait l'effet d'une bonne intention trop longtemps infructueuse.

Le même prince et le vieux ministre Shlenitz m'assurèrent qu'on commence à redouter, en Allemagne, le caractère inflexible de la reine de Hongrie, et la hauteur du grand duc, et que vous pourriez profiter de cette disposition des esprits.

Oserais-je ici vous soumettre une idée qu'un zèle, peut-être mal éclairé, me suggère? Serait-il mal à propos qu'au lieu de s'en tenir aux négociations d'une diète, dont plusieurs ministres sont vendus au parti autrichien, l'empereur écrivît lui-même des lettres pressantes aux princes dont il attend le plus; que les réponses de ces princes, portant qu'ils n'attendent que de voir l'étendard de Prusse, fussent portées à Berlin, comme une association déjà signée qui mettrait le roi de Prusse dans la nécessité de se manifester? Je vous demande pardon de cette digression et je continue mon journal.

A mon passage à La Haye, j'ai été témoin que le ministre prussien a pressé fortement plusieurs membres de la régence sur la pacification. Il a été jusqu'à déclarer au pensionnaire d'Amsterdam que le roi, son maître, serait obligé de prendre des mesures efficaces.

M. le comte de Sinzeim et lui m'ont assuré qu'il fallait que le roi de Prusse demandât la paix en Hollande,

mais que, si vous vouliez l'avoir, il ne fallait jamais
paraître la désirer. En effet, je suis témoin que le parti
autrichien, à La Haye, tâche toujours d'imputer à faiblesse
vos démarches les plus raisonnables, et que la ville
d'Amsterdam a besoin de vous craindre pour prendre
des mesures pacifiques.

J'ai vu deux jours presque entiers le comte de Stairs
et beaucoup d'Anglais de mérite. Ils m'ont confirmé qu'il
se forme à Londres un parti très considérable qui désire
la paix, et que deux cents membres de la Chambre des
communes se sont déjà associés. L'un des chefs de ce
parti est M. Dodington ; je le connais particulièrement,
c'est un homme très riche, très actif, très ferme et de
beaucoup d'esprit.

Voilà à peu près les choses principales qui sont venues
à ma connaissance. Il ne me reste qu'à vous souhaiter
des succès dignes du roi et de ses ministres, et à vous
assurer de mon profond respect.

VOLTAIRE.

B

(Voir page 256.)

Correspondance de Voltaire avec Amelot après son retour
de Prusse.

Toutes ces lettres sont inédites et se trouvent dans la
correspondance de Hollande au ministère des affaires
étrangères.

MINISTÈRE DES AFFAIRES ÉTRANGÈRES. — (*Correspondance
de Hollande.*)

Voltaire à Amelot.

A Paris, le 14 décembre 1743.

Daignez, Monseigneur, agréer encore cette petite
marque de mon zèle et de mon attachement. C'est le
denier de la veuve. Vous verrez que l'offrande aurait été
plus considérable si j'avais eu le grimoire que vous
m'avez promis. Je me doute bien que quelque mauvais

vent a soufflé, mais il n'y a point de vent qui puisse
nuire au véritable dévouement que vous m'avez inspiré.
Je prends la liberté de vous adresser ces papiers parce
qu'ils contiennent des nouvelles fort bonnes, fraîches ou
vieilles. Je ferai en sorte, dorénavant, que l'on com-
munique tout à ceux qui doivent naturellement vous
rendre compte. Je n'ai d'autre objet, sinon votre service,
et je voue supplie d'être bien persuadé que je ne suis
point ce que les Anglais appellent *busy body*, les
Romains *ardelio*, et les Français, par périphase, *homme
qui se fait de fête*. Ma fête est que vos affaires prospèrent,
Monseigneur, comptez que personne ne fait des vœux
plus sincères pour vos succès. Permettez qu'ils servent
pour le *premier jour de l'an*, tout sincères qu'ils sont.

Je vous supplie, Monseigneur, de me renvoyer mes
chiffons, et de recevoir, avec votre bonté ordinaire, les
respects et le tendre attachement de V...

Faubourg Saint-Honoré,
près de l'hôtel Charost.

Voltaire à Amelot.

30 décembre 1743, à Paris.

Monseigneur,

J'ai l'honneur de vous envoyer les deux lettres ci-
jointes, toutes deux très récentes, l'une de l'ambassadeur de Hollande en cette cour, l'autre du résident de
Hollande à Berlin.

On me mande, d'ailleurs, que le voyage de M. de Benting n'est plus un mystère. On sait qu'il est allé voir
incognito le prince d'Orange, et que le greffier Fagel
veut enfin le faire stathouder.

On m'assure que la crainte de voir la Flandre devenir

le théâtre de la guerre retient encore beaucoup de régents, et que, si vous tournez vos armes dans les Pays-Bas, il est à croire qu'alors le cri public forcera le parti pacifique à se joindre au parti guerrier.

C'est à vous, Monseigneur, à concilier, avec ces idées dont je rends simplement compte, les impressions que peuvent donner d'autres personnes mieux informées.

Je vous dirai avec la même simplicité qu'on croit le prince Guillaume de Hesse très peu attaché à la France, et que les Hessois pourraient vous coûter beaucoup et servir peu. On ajoute que le prince Guillaume de Hesse est cassé, et que l'empereur a besoin d'un général dont la tête et le corps aient beaucoup de vigueur.

Vous savez, Monseigneur, ce qui s'est passé entre M. le margrave de Bareith et moi, dans le plus grand secret. Il est général du cercle de Franconie, il a des troupes, des amis, du zèle, de la bonne volonté pour l'empereur. Voici le moment où il pourrait engager le roi de Prusse, son beau-frère, et le mener plus loin que ce monarque ne voudrait d'abord peut-être.

Je crois que ce parti pourrait être assez prompt, très utile, et moins coûteux que tout ce que le roi de Prusse vous propose pour vous ruiner et en profiter.

Si Sa Majesté trouve dans ces ouvertures quelques apparences d'un avantage réel, j'aurai l'honneur de venir recevoir vos ordres. Les liaisons secrètes que je me suis ménagées me mettraient peut-être en état de témoigner mon zèle pour le service de Sa Majesté.

Je suis avec respect et reconnaissance,

    Monseigneur,

    Votre très humble et très obéissant serviteur.

                  V...

Lundi, 30 décembre, faubourg Saint-Honoré.

Voltaire à Amelot.

4 janvier 744, à Paris.

Voici, Monseigneur, deux copies de dépêches que j'ai l'honneur de vous envoyer.

Je crains de vous dire des choses très inutiles en vous marquant que, malgré le bruit répandu en Hollande de l'accession de la province de Groningue entière au paye-ment des subsides, cependant celui qui a vu la résolution de cette province entre les mains de son premier député, m'assure qu'il n'en est rien, et que Groningue ne cherche que des subterfuges pour ne point payer. Je crois qu'Utrecht refuse sans subterfuges. Puisse cette diver-sion être aussi funeste à la Hollande que l'union dans laquelle on obéit ici aux ordres du ministère doit être utile à la France.

Je vous renouvelle, Monseigneur, les assurances de mon tendre et profond respect.

V...

A Paris, en arrivant, le 4 au soir.

Voltaire à Amelot.

A Paris, ce 8 janvier 1744.

Voici, Monseigneur, les propres mots soulignés de la lettre du 3 janvier que je reçus hier au soir en chiffres.

« Une personne qui vient d'arriver d'Amsterdam
» m'assure positivement que le magistrat de cette ville
» avait entièrement changé de sentiment, et qu'il insis-
» tera à la prochaine assemblée des états de Hollande
» sur les moyens de rétablir la paix. Je crois qu'on peut
» faire fonds sur cet avis. »

Vous n'ignorez pas, Monseigneur, que le roi d'Angleterre a écrit aux États généraux qu'il les priait de se joindre à lui pour l'élection d'un évêque de Liège, et qu'ils ont répondu qu'ils ne s'en mêleraient absolument pas.

Ce n'est pas une nouvelle bien importante que M. Trevor ait demandé aux Hollandais de munir les places où les troupes de la République sont en garnison, et qu'on lui ait répondu que c'est aux Anglais à faire la moitié des frais; mais enfin cela prouve toujours qu'il y a de petites semences de zizanie.

Mais une nouvelle plus intéressante, et en même temps assez désagréable, c'est qu'il y a un traité de subsides entre l'Angleterre et Cologne; je le sais de science certaine, me dit mon correspondant.

Vous savez sans doute, Monseigneur, qu'un homme cria « Vive le prince d'Orange », dans la grande église hollandaise, le jour de l'an, à La Haye, et qu'il ne fut ni secondé, ni réprimé.

Voilà toutes les nouvelles qui sont venues à ma connaissance. Je suis un serviteur bien peu utile, mais je vous suis attaché avec l'estime la plus juste, et avec le plus profond et le plus tendre respect.

Voltaire à Amelot.

13 janvier 1744, à Paris.

On me mande, Monseigneur, le résultat d'une conférence secrète qu'on a eue avec MM. de Witt, Halluin et Rosendal, fermement unis entre eux dans des vues de paix et de liberté. Ils sont persuadés que MM. d'Obdam,

Benting, Fagel, le grand Pensionnaire, etc., veulent
parvenir à faire le prince d'Orange stathouder.

J'ai toujours de la peine à croire que le fameux Van
Haren, qui a le fanatisme de la guerre, entre aussi dans
celui du stathoudérat. Je me fonde sur un portrait satirique qu'il a fait de ce prince et qu'il m'a confié. Cependant je sens bien qu'à toute force on peut vouloir
aujourd'hui, pour maître, celui contre lequel on a fait
hier une satire, tant les esprits des hommes son' incon-
séquents.

Les amis de qui j'ai l'honneur de vous parler disent
que les troupes qui peuvent agir contre la France dans
les Pays-Bas, si les choses restent sur le même pied, ne
peuvent aller à soixante mille hommes.

Et voici les expressions dont se servent, mot pour
mot, les personnes bien intentionnées :

« Il faut nous faire voir le danger de plus près pour
» qu'il fasse impression sur notre république. Nous con-
» venons que l'armée du maréchal de Maillebois occa-
» sionna notre dernière augmentation; mais, comme ce
» ne fut que par la conduite peu circonspecte de plu-
» sieurs officiers français, encore n'est-il pas douteux un
» moment que si cette armée eût resté dans ces quar-
» tiers, nous n'aurions pas osé remuer.

» Le même expédient reste au roi de France, supposé
» qu'il ait assez de troupes pour opposer une armée à
» celle des alliés aux Pays-Bas, qui sera à peine forte de
» soixante mille hommes, et envoyer un corps de vingt
» à vingt-cinq mille hommes du côté de la Meuse et du
» Bas-Rhin, en se tenant sur la défensive aux Pays-Bas.
» Il n'y a qu'un inconvénient à craindre, c'est que la
» grandeur du danger n'excite nos peuples à la révolte,
» et à demander un stathouder. »

Je ne suis que copiste, monseigneur, et je sais où je dois me borner, quoique je ne borne point mon zèle.

Je suis sûr même que M. de la Ville vous donne des avis plus importants, et que les miens sont souvent bien peu de chose. Mais comptez du moins sur mon exactitude et sur ma fidélité, comme sur mon tendre et respectueux attachement.

V...

A Paris, ce 13 janvier.

Voltaire à Amelot.

A Paris, le 14 janvier 1744 (au soir).

Je sens bien, Monseigneur, que je ne vous mande presque jamais que ce que vous savez déjà; cependant je hasarde toujours mes inutilités.

Voici la copie d'une lettre de M. Van Hoey, avec deux mémoires importants qui doivent déjà vous être parvenus par d'autres voies.

Peut-être jugerez-vous, par les dernières lignes du mémoire de l'envoyé de Prusse, qu'on pourrait profiter de cette disposition des esprits.

Il y a longtemps que je songe à vous gagner entièrement ce ministre, qui fait déjà bien des démarches hasardeuses pour vos intérêts.

Je pourrais y réussir par le moyen d'une dame hollandaise, et, si le roi le veut, je tenterai l'entreprise.

Le mémoire de ce ministre doit être suivi, et l'est déjà peut-être, d'un autre non moins fort sur un autre sujet. Si le roi juge que l'occasion soit favorable, vous connaissez mon zèle, j'irais à Bruxelles sous le prétexte du procès de madame du Châtelet, et, de là, je me ferais prier par tous mes amis de La Haye d'aller y faire un tour, ce qui rendrait mon voyage très simple. Mais je vous supplie, Monseigneur, en cas que je puisse hasarder la tentation de rendre ce ministre votre pensionnaire, de n'en parler au roi que de vous-même. Il ne m'appartient pas de rien proposer. Ce serait peut-être un moyen de pousser le roi de Prusse à tomber sur les Hollandais, et à les traiter comme il a traité l'évêque de Liège. Vous savez combien il est capable de résolutions soudaines, surtout quand il croit n'être menacé par personne.

J'avais eu l'honneur de vous mander de La Haye que je tenais de milord Stairs même, qu'environ deux cents personnes s'étaient liées par serment pour s'opposer aux vues de la Cour de Londres. Il ne me trompait pas. Vous savez qu'ils ont encore renouvelé ce serment, et, en dernier lieu, ils ont écrit aux lords Carteret, Newcastle et Pelham qu'ils les massacreraient s'ils continuaient à vouloir soudoyer les troupes de Hanovre. C'est bien dommage de n'avoir dans ces circonstances qu'un prétendant qui est à Rome.

Vous n'ignorez pas que le Conseil d'État de Hollande a remontré aux états que c'est à la reine de Hongrie à fournir les magasins et les munitions pour les places où les troupes hollandaises sont en quartier. C'est un objet considérable. Puisse-t-il être un sujet de mésintelligence !

Recevez, Monseigneur, avec votre bonté ordinaire, les assurances de mon respectueux et tendre dévouement.

V.

Voltaire à Amelot.

le 15 janvier 1744, à Paris.

Voici, Monseigneur, de nouvelles inutilités de la part du plus médiocre et du plus tendrement dévoué de vos serviteurs.

V.

Martin, commerçant à Paris, à Amelot[1].

24 janvier 1744, à Paris.

Monseigneur,

Je sors à l'instant de votre hôtel à Paris, où, ayant appris que vous étiez à Marly, cela m'occasionne la liberté que je prends de vous écrire le contenu de la présente dont j'allais faire part à Votre Grandeur. Ayant eu occasion d'entrer en correspondance de lettres avec monseigneur le comte de Podewils, ministre extraordinaire du roi de Prusse à La Haye, j'en reçus, le 29 de novembre passé une lettre que j'envoie ci-incluse à Votre Grandeur, avec prière que me faisait le dit seigneur de remettre en mains propres une autre lettre incluse en la mienne à M. de Voltaire ; ce que j'ai fait sitôt réception, croyant obliger, par mon exactitude, et monseigneur de Podewils, et M. de Voltaire. Il y a aux environs de dix jours, j'ai reçu une lettre à mon adresse, et, l'ayant décachetée, je n'ai trouvé que l'enveloppe seule

1. J'insère ici cette pièce qui m'a paru curieuse par les détails qu'elle donne sur le moyen qu'employait Voltaire pour communiquer avec le ministre de Prusse à La Haye.

pour moi, sans le moindre mot d'écriture dedans : j'ai
trouvé seulement, dans la dite enveloppe une lettre ca-
chetée avec bien des soins, avec cette inscription : « A
Monsieur de Voltaire, faubourg Saint-Honoré, à Paris. Je
la portai encore moi-même à M. de Voltaire, qui me fit accueil gracieusement, et après être passés ensemble seuls
dans un appartement proche de celui où il était, il prit la
lettre que je lui présentais, la décacheta assez proche de
moi, et, sur la vue du dedans d'icelle, il s'écria : « Par-
bleu ! voilà bien de l'ouvrage qu'on me donne... Lisez, dit-
il, si vous le pouvez, en me la présentant en riant. Je m'a-
perçus que cette lettre était toute écrite en chiffres, et
qu'elle avait huit à dix pages ; je fus un peu étonné, et,
après m'être retiré, je pensai qu'il pouvait bien y avoir
là dedans du mystère. La lettre de M. de Podewils qu'on
m'avait prié de remettre en mains propres vint, avec
l'écriture en chiffres de la seconde, que je soupçonne de
la même part, me confirmer encore dans cette idée ; de
façon que je me promis bien, s'il en revenait une troisième, d'en faire un usage différent de celui que j'avais
fait des deux premières. Hier, Monseigneur, celle que
vous trouverez incluse m'est arrivée encore sans un mot
d'écriture dedans pour moi ; quoique j'aie un intérêt
accidentel et inutile à dire ici de ménager M. de Voltaire, et quoique ces lettres puissent ne rien renfermer
de conséquence, il se peut faire aussi qu'elles aient une
liaison intéressante pour ou contre les affaires de l'État.
Comme je n'entends point tremper en façon quelconque,
de près ni de loin, en choses qui pourraient préjudicier
au roi ou à la patrie, j'ai cru devoir en faire part au
ministère, et, pour cela, je me suis adressé à Votre Grandeur. Vous avez donc ci-inclus la dernière lettre qui m'a
été adressée pour mon dit sieur de Voltaire. Vous en

ferez, Monseigneur, tel usage qu'il vous plaira ; je vous
demande seulement en grâce de ne point me compromettre avec lui. Et, si vous souhaitez, après en avoir pris
lecture, et l'avoir fait bien recacheter, que je la remette
à M. de Voltaire, Votre Grandeur aura la bonté de me la
renvoyer promptement à l'adresse jointe en bas, et me
marquer si elle souhaite que je cesse ou continue de recevoir ces sortes de lettres, pour les remettre ensuite,
comme je fais de celle-ci, à Votre Grandeur.

J'ai l'honneur d'attendre ses ordres, et d'être avec le
plus profond respect,

Monseigneur,

De Votre Grandeur,
Le très humble et très obéissant serviteur.

MARTIN.

Chez M. Maillet, Procureur, rue Quinquempoix, à Paris.

Paris, ce 24 janvier 1744.

Martin à Amelot.

Paris, le 25 janvier 1744.

Monseigneur,

Puisque Votre Grandeur pense qu'il n'y a rien contre
le service du roi dans la lettre que j'ai eu l'honneur de
vous envoyer, je la remettrai à son adresse, ainsi que
celles qui me parviendront de la même façon à la suite.
J'ai cru du devoir et même de l'obligation d'un honnête homme, et d'un fidèle sujet, d'en agir ainsi que
je l'ai fait. La crainte, comme j'ai eu l'honneur de
vous le marquer, de servir de ministère à trahir le roi
ou la patrie, m'a seule guidé; je n'ai point entendu

desservir M. de Voltaire, que je suis, au contraire, et serai toujours charmé de trouver les occasions d'obliger, mais pour lequel, non plus que pour aucun autre, ni pour intérêt que ce puisse être, je ne ferais rien que je soupçonnasse contre le roi mon maître, auquel je suis serviteur avant tout. J'ai une grâce à demander à Votre Grandeur, qui est de la supplier, avec bien de l'instance, que cette affaire ne vienne en aucune façon à la connaissance de M. de Voltaire. En voici les conséquences pour moi : je suis un jeune homme ardent et plein d'envie de travailler. Mon commerce est de faire des envois de toute sorte de marchandises au dedans et au dehors du royaume. L'ambition de faire quelque chose m'a dicté de faire des offres de service à la cour de Prusse, où un seigneur me doit même en conséquence une somme assez considérable pour le peu d'avancement où en est ma fortune. J'espère, avec l'aide du Seigneur, voir rentrer incessamment mon dû ; mais, si, par un malheur dont Dieu me préserve, j'avais affaire à une mauvaise paye, M. de Voltaire, qui a été très gracieusement accueilli du roi de Prusse, pourrait, et m'a même promis si besoin était, d'en écrire à Sa Majesté Prussienne pour me faire avoir satisfaction. Si donc M. de Voltaire était instruit de ce que j'ai fait auprès de vous, Monseigneur, par un bon motif, et pour satisfaire à ma conscience, il croirait que je n'ai agi que pour lui faire tort, il m'en voudrait et chercherait indubitablement à s'en venger ; il en pourrait peut-être résulter de la perte de ma créance de la part de mon débiteur que je lui ai nommé, là où, au contraire, au besoin, il peut m'en procurer le payement. Vous voyez donc, Monseigneur, la conséquence qu'il y aurait pour moi que mon dit sieur de Voltaire eût la moindre connaissance de la démarche

que j'ai faite. Je vous supplie bien instamment de la lui
cacher, quand il aurait même l'honneur de vous avoir
pour appui ou pour ami comme il se peut peut-être
faire : j'espère que Votre Grandeur ne me refusera pas
cette grâce, et je souhaiterais qu'elle me fît naître les
occasions de prouver la sincérité, le respect profond, et
le parfait dévouement avec lesquels,

J'ai l'honneur d'être, Monseigneur,

De Votre Grandeur,

Le très humble et très obéissant serviteur

MARTIN.

Marchand rue Saint-Denis, vis-à-vis
Saint-Sauveur.

Paris, le 25 janvier 1744.

Si la lettre que m'a écrite monseigneur de Podewils, et
que j'ai eu l'honneur de vous envoyer n'est point nécessaire à Votre Grandeur, je la supplie de me la renvoyer,
ne l'ayant point reçue aujourd'hui dans le paquet qui
m'est venu de votre part.

Voltaire à Amelot.

Paris, le 29 janvier 1744.

Le correspondant me mande, Monseigneur, qu'il se
donne sous main tous les mouvements possibles pour
les intérêts du roi et de l'empereur; mais il m'avoue
qu'il a de fortes raisons de croire que le roi, son maître,
ne fera rien d'ouvertement contraire au traité de
Breslau.

Il dit qu'on est persuadé que vous n'agirez pas vivement du côté de la Flandre ; qu'en ce cas, on laissera les troupes hollandaises où elles sont. *Il dit qu'on commence à tenir une mauvaise contenance et il m'en promet des preuves.*

Cependant, vous savez que la province de Hollande va négocier quatre millions de florins, et faire une loterie de seize millions en rentes viagères ; cela fait quarante millions de notre monnaie, et n'a pas l'air si pacifique.

Vous en savez sur cela, monseigneur, plus que moi, et peut-être plus qu'eux.

V...

J'ai péché contre la grande règle qu'en affaires, il vaut mieux dire trop que trop peu pour se faire entendre. J'ai oublié ces mots : « en Hollande ». C'est de la mauvaise contenance des Hollandais dont il s'agit.

Comment pourrait-on dire que c'est vous qui faites mauvaise contenance quand vous couvrez la terre de soldats et la mer de vaisseaux ?

(Ces dernières lignes sont une réponse à une note de M. Amelot qui dit en marge de la lettre : « Je vous prie, Monsieur, de vouloir bien m'expliquer le sens de ce que j'ai souligné avec du crayon ; je n'entends pas bien de qui on vous parle.)

Voltaire à Amelot.

5 février 1744, à Paris.

Je vous sacrifie toujours, Monseigneur, les lettres du bon M. Van Hoey, qui vous fait toujours citer l'Écriture sainte. Vous savez les débats excités dans l'assemblée des états généraux.

Conservez-moi, Monseigneur, vos bontés et votre indulgence pour mes inutiles efforts.

V...

Ce mercredi.

Voltaire à Amelot.

Ce samedi 7 février 1744, à onze heures du soir.

Monseigneur,

Samedi, premier, les états généraux ont pris la résolution de demander à la reine de Hongrie le payement des arrérages de ce qu'ils ont prêté à l'empereur son père, sur la Silésie. On ne doute pas que les puissances calculantes ne retiennent cet argent sur les subsides qu'ils fournissent à la reine.

Plusieurs régents, et surtout ceux d'Amsterdam, reçurent, avant la séparation des états, un écrit qui renfermait ces paroles :

« Il est échappé au comte Maurice de Nassau de dire
» que le parti des bourgeois voulait toujours dominer,
» mais qu'il y aurait un stathouder en moins de trois
» mois, que ce serait un prince agréable à la nation, et
» fait pour soutenir la cause commune qu'il allait pour
» cet effet en Angleterre. »

M. l'ambassadeur Van Hoey a mandé que le roi avait résolu de n'agir que défensivement du côté des Pays-Bas.

La ville de Dordrecht a opiné dans le comité secret des états de Hollande, d'envoyer un homme de confiance à Versailles. Rien n'est plus certain. Je me hâte, monseigneur, d'envoyer chez vous ces nouvelles, qui peut-être ne vous parviendront, d'ailleurs, qu'à l'ordinaire prochain. Si vous le savez déjà, daignez recevoir avec bonté le denier de la veuve.

V., vous est dévoué avec le plus tendre respect.

Voltaire à Amelot.

1ᵉʳ mars 17 4, P ris.

Voici, Monseigneur, une lettre de l'orateur Van Hoey On me mande que les grosses têtes hollandaises ne pensent pas que vous tentiez un débarquement en Angleterre.

Quelque chose que vous fassiez, je suis votre admirateur, votre très humble et très obéissant et très attaché serviteur.

V.

Ce mardi, à minuit.

Voltaire à Amelot.

Ce mercredi 4 mars 1744, à six heures, à mon retour à Paris.

On est fort intrigué à La Haye, Monseigneur, comme vous le savez de reste.

Mathieu avait mandé qu'il battrait la flotte combinée, mais qu'il ne se sentait pas assez fort pour résister à la flotte de Brest jointe avec deux autres. Mathieu paraît s'être trompé.

Trévor, selon la modestie ordinaire de son pays, dit que l'amiral Nouris a ordre de battre la flotte partie de Brest.

Vous savez sans doute, Monseigneur, pourquoi M. de Boëtslaer va en Angleterre. On me mande que c'est pour jeter des propositions de paix. Mais ce n'est pas pour cela que M. le duc d'Aremberg y est.

Voici une pièce d'éloquence de mon cher voisin le Platon de Hollande [1], non moins bavard, mais moins éloquent; il est comme le perruquier du *Lutrin*.

C'est l'unique souci d'Anne la perruquière; car il a épousé une perruquière dont il avait des enfants, pour le bien de la République.

Comptez, Monseigneur, que vous n'avez point de serviteur plus attaché et plus pénétré d'un tendre et sincère respect.

V...

Voltaire à Amelot.

A Cirey, par Bar-sur-Aube,
20 avril 1744.

Monseigneur,

J'eus l'honneur, en partant de Paris, de vous envoyer la seconde édition des *éléments* de Newton, livre plein de problèmes moins intéressants et moins difficiles que ceux que vous avez à résoudre. Ce livre que vous n'avez pas le temps de lire était accompagné d'une lettre que je désirais fort que vous lussiez, et dont je vous suppliais de

1. M. Van Hoey.

faire usage. J'apprends qu'on vous a rendu la lettre et
que vous n'avez pas reçu le livre. Permettez que je vous
l'envoie comme un hommage que je rends au sage plus
qu'au ministre.

Mon correspondant m'écrit de temps en temps et con-
tinuera pendant la campagne. Le hasard peut faire qu'il
donne quelques avis importants. Je lui ai retranché les
inutiles dépêches de l'orateur hollandais qui dit rare-
ment ce qu'il faut dire et qui vous fait toujours dire ce
que vous n'avez pas dit. Le correspondant m'assure que
les états de Hollande et de West-Frise sont dans la ferme
résolution de vous envoyer un homme de confiance pour
parvenir au grand but de la paix si souhaitée, que mon
ami Van Haren et les Bentink et les Fagel ne s'opposent
pas à cette généreuse résolution dont vous êtes sans
doute instruit. Le pensionnaire d'Amsterdam a avoué,
il y a quinze jours que sa province doit plus de 36 millions de nos livres. C'est sur quoi vous pouvez compter,
Monseigneur, et c'est ce qui rend très vraisemblable l'in-
clinaison à la paix, malgré l'influence exercée par le ministre anglais. Tâchez que je puisse mettre un peu d'allusion pour vous dans les divertissements que je fais pour
le mariage de M. le Dauphin. Ce serait bien le plus *bau*
(sic) de la fête.

Je vous supplie en attendant de daigner vous souvenir
des petits services que j'ai rendus ou voulu rendre. Je
puis assurer, sans vanité, que j'ai été assez heureux pour
rendre la *personne plus respectable* au roi de Prusse et
j'en ai les preuves par écrit. Je demande seulement que
vous daigniez l'instruire de mon zèle. Je demande qu'il
sache que ce zèle me fait renoncer à douze mille francs
de pension et à une maison toute meublée que le roi de
Prusse me donne à Berlin. Le seul prix de ce sacrifice

est que S. M. en soit informée, je ne demande même point d'autre récompense. Mais je vous supplie, Monseigneur, de me donner celle-là, et de vouloir bien me renvoyer la lettre du roi de Prusse qui était dans le paquet que j'eus l'honneur de vous adresser en partant de Paris et qui vous a été rendue trop tard. Je suis, avec le plus grand respect et l'attachement inviolable, votre très humble et très obéissant serviteur.

VOLTAIRE.

C

(V. p. 345 et suiv.)

Récit officiel de la maladie du roi, envoyé par Ledran, premier commis des affaires étrangères, aux agents diplomatiques.

MINISTÈRE DES AFFAIRES ÉTRANGÈRES. — (*Fonds de France*, 1744.)

13 août. — Le roi ayant eu une mauvaise nuit fut saigné de pied le matin. On dit, vers les dix heures, la messe dans son antichambre : il se confessa ensuite au jésuite Perusseau, son confesseur, et écrivit à la reine pour lui demander de se rendre promptement auprès de lui et il fit dire à la duchesse de Châteauroux de partir de suite, ce qu'elle fit avec la duchesse de Lauraguais, sa sœur. Ce fut le principal médecin Chicconneau qui annonça au roi qu'il ne devait pas refuser de recevoir les sacrements de l'Église. Il dit à Sa Majesté que, si lui et les autres médecins eussent plus tôt pensé que Sa Majesté était en danger, ils n'auraient pas manqué de faire leur devoir en l'avertissant. Sa Majesté leur répondit : « Je vous crois, mais vous vous trompez souvent. » L'évêque de Soissons

Fitz-James, premier aumônier, avait de lui-même fait
entendre à Sa Majesté, dès avant le confesseur, qu'il ne
pourrait lui donner les sacrements s'il ne renvoyait la
duchesse de Châteauroux. Sa Majesté dit à son confesseur qu'elle souhaitait de ne pas revenir de cette maladie,
ne croyant pas que les autres confessions qu'elle pourrait
faire par la suite fussent meilleures. Elle dit aussi
qu'une des raisons qui lui faisaient souhaiter de ne
pas guérir était qu'elle reconnaisait qu'elle avait mal gouverné ses peuples, et qu'elle appréhendait de ne pouvoir
les mieux gouverner par la suite.

... Le premier aumônier avait fait une action d'éclat
à l'occasion des prières des agonisants. Il avait fait
approcher le duc de Chartres, premier prince du sang,
et les autres princes ou seigneurs qui se trouvaient dans
la chambre, et, après avoir dit hautement que l'on
savait que la duchesse de Châteauroux ne s'était éloignée
que de cinq lieues, il avait fait entendre qu'avant toute
chose il fallait que Sa Majesté ordonnât à cette dame de
continuer son voyage. Il avait même adressé la parole à
Sa Majesté en lui demandant si c'était son intention, et
elle avait répondu: « Oui. » Le premier aumônier, continuant, avait demandé de plus à Sa Majesté si elle ne
voulait pas révoquer la nomination qu'elle avait faite de
cette dame comme surintendante de la maison de la
future dauphine. Sa Majesté avait répondu qu'elle
révoquait cette nomination, et aussi celle de la duchesse
de Lauraguais, sa sœur, comme dame d'atour de cette
princesse.

FIN DE L'APPENDICE DU TOME SECOND

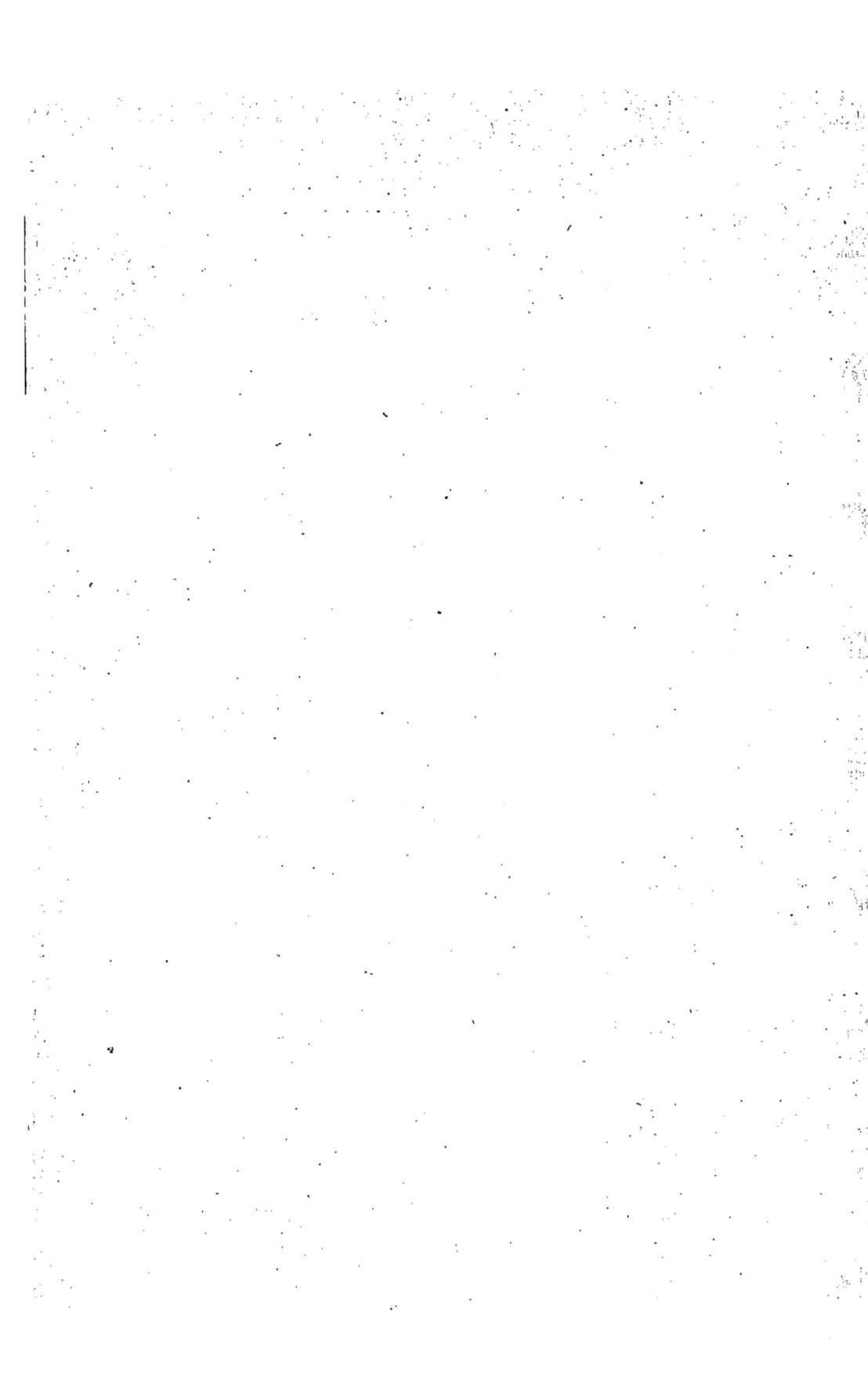

TABLE

CHAPITRE III

MISSION DE VOLTAIRE A BERLIN

CHAPITRE IV

LOUIS XV A L'ARMÉE

TABLE 443

CHAPITRE V

LA MALADIE DU ROI

TABLE 445

APPENDICE

A

B

C

BOURLOTON. — Imprimeries réunies, B, rue Mignon, 2.

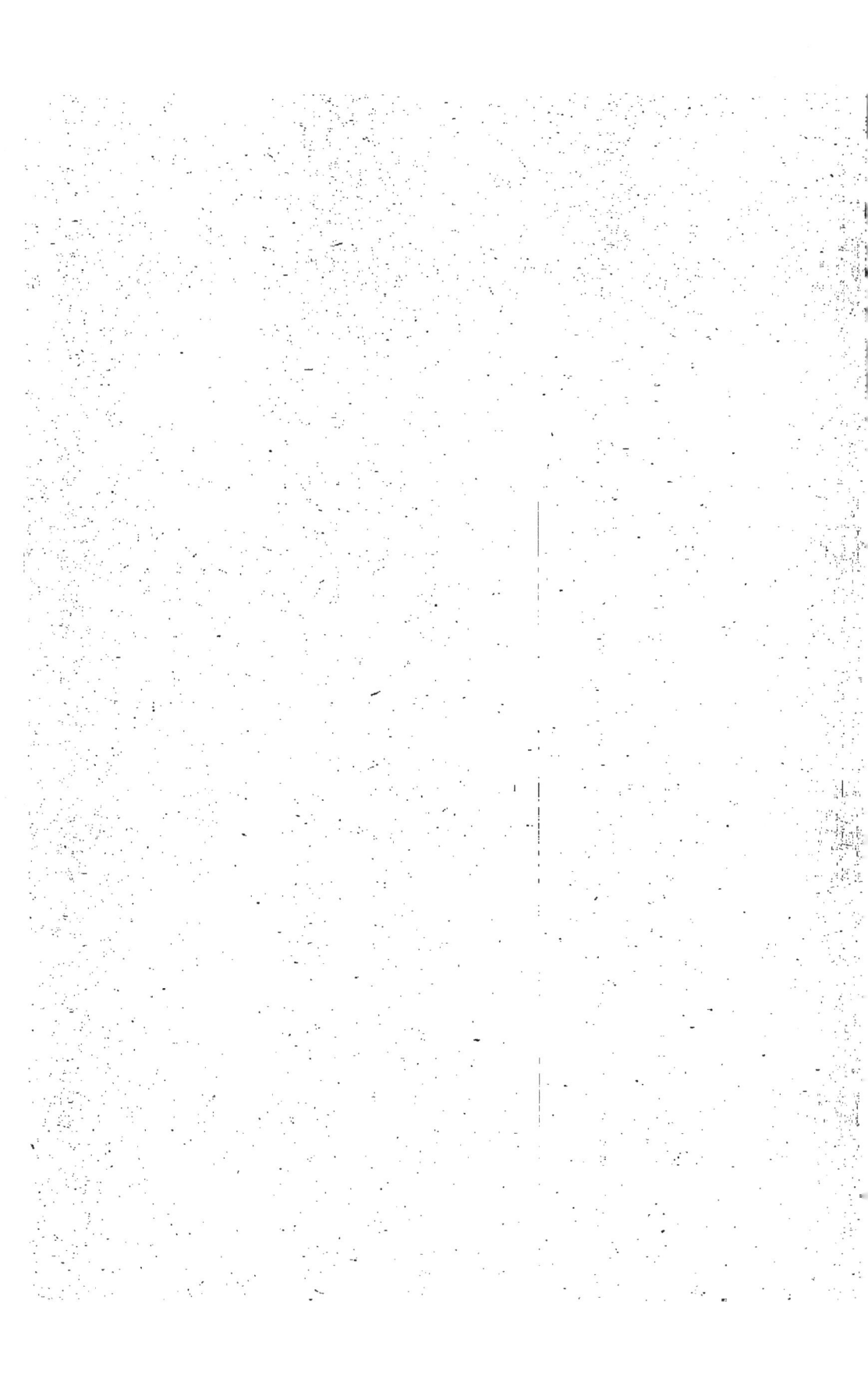